教子有方

——家有小学生

主　编／罗清红　卿子俊

副主编／吕红霞　周　玫　范皑皑　李浩英

编　委／陈　锐　张艾娜　张　芃　吴少娟
陈　丽　蒋　娅　梁　坚　唐　芳
刘　捷　周　聪　王　慧　段　旭
谯　宏　陈　琴　宋欢歌

电子科技大学出版社
University of Electronic Science and Technology of China Press
·成都·

图书在版编目（CIP）数据
教子有方：家有小学生 / 罗清红，卿子俊主编.
成都：成都电子科大出版社，2024. 12. -- ISBN 978-7-5770-1170-7
Ⅰ. G78
中国国家版本馆CIP数据核字第20243U8J77号

教子有方——家有小学生
JIAOZIYOUFANG——JIA YOU XIAOXUESHENG

罗清红　卿子俊　主编

策划编辑　岳　慧　杨梦婷
责任编辑　杨梦婷
责任校对　刘亚莉
责任印制　段晓静

出版发行　电子科技大学出版社
成都市一环路东一段159号电子信息产业大厦九楼　邮编 610051
主　　页　www.uestcp.com.cn
服务电话　028-83203399
邮购电话　028-83201495

印　　刷　成都市锦慧彩印有限公司
成品尺寸　170 mm×240 mm
印　　张　17.75
字　　数　350千字
版　　次　2024年12月第1版
印　　次　2024年12月第1次印刷
书　　号　ISBN 978-7-5770-1170-7
定　　价　78.00元

Foreword 前言

2021年10月23日，第十三届全国人大常委会第三十一次会议通过了新制定的《中华人民共和国家庭教育促进法》，习近平主席签署主席令并予以公布，2022年1月1日起实施。该法对家庭教育的定义是“父母或者其他监护人为促进未成年人全面健康成长，对其实施的道德品质、身体素质、生活技能、文化修养、行为习惯等方面的培育、引导和影响”。

2022年2月，教育部提出深入推进“双减”，促进学生身心健康全面发展。因此，我们要做好加强和改进学生心理健康教育的工作，实施学生心理健康促进计划，做好科学识别、实时预警、专业咨询和妥善应对。

为进一步推动《中华人民共和国家庭教育促进法》落地，以及全面关注中小学生心理健康，2023年成都市启动“成都市中小学家庭心理健康资源建设及关护行动”，编写“教子有方”系列图书便是其中一项重要工作。在成都市教育局和成都市教育科学研究院（简称“教科院”）统筹和指导下，“教子有方”系列图书的编写工作组成立，众多一线中小学教师有序开展编写工作。“教子有方”系列图书分为小学生和中学生两册，分别针对不同学段孩子的家长。本书以问题为导向，坚持和遵循教育规律，以孩子发展为本，旨在将科学的教育理念和教育方法落实到家庭教育的实践中，引导家长更好地担负起家庭心理健康教育的首要责任。

本书围绕家庭教育中的核心议题，提出了如下观点和实践策略。

第一，家庭心理健康教育要坚持立德树人的根本方向。我国是中国共产党领导的社会主义国家，决定了我们的教育必须把培养社会主义建设者和接班人作为根本任务。这要求我们要努力构建德智体美劳全面发展的教育体系，家庭教育是其中的重要一环。本书倡导广大家长要提高政治站位，引导孩子养成和践行社会主义核心价值观，用良好家教家风涵育道德品行。

第二，家庭心理健康教育要明确家长主体责任。家长在家庭环境中负有主体责任，要依法依规履行对子女的监护职责和抚养教育义务。本书坚持需求导向，强调家长的言传身教，既注重解决家长经常遇到的实际问题，帮助他们掌握家庭教育理念和方法，提升科学施教的能力；又强调发挥家长的积极性和主观能动性，引导家长注重提升自身素质，以榜样的力量影响孩子，进而促进亲子互动，实现共同成长。

第三，家庭心理健康教育要遵循尊重孩子的教育原则。家庭教育的基础是对青少年儿童的尊重，主要表现在保护青少年儿童权利、尊重青少年儿童成长规律这两个方面。本书以尊重和保护青少年儿童权利为出发点，将“孩子是独立的权利主体”视角贯穿全书，依据不同学段孩子的不同特点编写，按教育内容划分专题，家长可以根据孩子的成长规律和相应学段的特点选择相应的教育内容。

第四，家庭心理健康教育要坚持协同育人。家庭、学校、社会是促进孩子健康成长的共同体，这是新时代教育的鲜明特征。家长要认识到家、校、社协同育人的重要意义，主动参与家、校、社协同教育。本书以问题为导向，选取目前家、校、社协同育人的突出问题设立专题，帮助家长了解和掌握新时代背景下家庭教育的重要方向和方法。

全书本着科学、实用、有效的原则，从不同学段孩子的常见问题入手，以解决问题为目标，剖析常见的教育案例，阐发家庭教育原理和分享家庭教育指导方法；采用鲜活的实例、生动的语言，进行深入浅出的分析，旨在帮助广大家长树立科学的家庭教育观念，学习基础的家庭教育知识，掌握和运用有效的家庭教育手段和方法。

家庭教育，任重道远。愿本书成为家长科学育儿的好帮手，为家庭教育、学校教育、社会教育形成合力做出应有的贡献。

成都市教育科学研究院

2024年9月

Contents

目 录

阶段一

幼小衔接

专题一

品德培养

注重品德启蒙

小王今年已经6岁了，在家里习惯对父母说："不，不，我就不！"他在家从来不帮忙做家务，还经常任性耍脾气，打断家人谈话，不尊重长辈。当他升入小学后，也慢慢表现出了一些品德方面的问题。

（1）不尊敬师长

小王在家对长辈不礼貌，以自我为中心，不尊敬长辈；在学校见到老师不打招呼，对老师的教导不理不睬，不遵守课堂纪律，不接受指导。

（2）不懂宽容与谦让

小王经常因为一些小事和同学们发生争执，即便是他个人的问题他也不承认，反而认为是其他人的问题，不懂得宽容与谦让。

（3）缺乏保护公共设施的意识

小王在学校时，经常在班级墙面、桌椅上乱涂乱画，践踏校园草坪，还将粉笔带回家。

（4）冷漠且缺乏同理心

小王在与人相处上表现出自私和不关心他人感受的行为。在与同学相处时，他表现得冷漠和缺乏同理心，如他会说："他哭了跟我有什么关系，我也不开心啊，他还不是有错吗？"

那么，小王同学这样的问题如果长期存在并延续，会有哪些更为严重的问题呢？

第一，人际关系日趋紧张。不尊重他人和缺乏同理心会影响孩子与师长、同龄人的关系，甚至会导致孩子被孤立和排斥。

第二，学业受到影响。学习效果不佳，不听从老师的教导，从而影响学习成绩。

第三，安全风险增加。因为不懂得宽容常同其他人发生争执，不仅会增加自身的风险，也可能给他人带来麻烦和危险。

第四，规则意识淡薄。不遵守班级、校园规则，若不及时制止和纠正会导致孩子规则意识淡薄，乃至造成严重后果。

（5）品德受损。孩子的品德发展受到阻碍，形成不良的品德观念和行为习惯。

小王的父母很着急，担心孩子的成长，便采取了以下方式。

①严厉惩罚。比如，小王爸爸采取了严厉的批评、不让孩子出门玩等措施。然而，过度的惩罚会导致孩子产生逆反心理，甚至影响到他们的自尊和自信。

②言语唠叨。小王妈妈过多的言语唠叨会使孩子产生厌烦情绪，甚至降低他们对规则的重视程度。

很显然，以上的方法治标不治本，效果自然都不太好，来看看我们的建议吧！

（1）加强礼节教育并培养同理心

①明确礼貌行为标准。给孩子讲解和示范不同情境下的礼貌行为。例如，在餐桌上，可以告诉孩子“我们要等长辈先动筷，吃饭时不要发出声音，吃完饭后要对长辈说‘我吃好了，你们慢慢吃’”；在社交场合，如参加生日派对，可以提前告诉孩子“我们要准时到达，见到主人要主动打招呼，别人送礼物给你时要说谢谢，玩完玩具要放回原位”；等等。这样孩子在实际场景中就能有意识地按照这些标准去行动。

②以身作则。家长要时刻注意自己的言行举止。例如，当家长在公共场合主动给老人让座、对服务员说“谢谢”时，孩子会看在眼里。家长在日常生活中使用礼貌用语，如“请”“谢谢”“你好”“再见”等，孩子也会逐渐学会模仿。家长之间的相互尊重和礼貌交流也很重要。夫妻之间在对话中保持温和的语气、耐心倾听对方，孩子会感受到礼貌的沟通氛围，从而在与他人交流时也会模仿这种尊重他人的态度。

③及时表扬和纠正。当孩子表现出礼貌行为时，要及时给予正面的反馈。比如，孩子主动和别人打招呼，家长可以说“宝贝，你今天主动和叔叔阿姨打招呼，真有礼貌，他们一定很高兴”。这种表扬会让孩子感受到自己的行为是被认可的，从而更愿意继续保持这种行为。如果孩子出现不礼貌的行为，如插嘴或者抢别人东西，要以温和的方式纠正。可以蹲下来，看着孩子的眼睛，用简单的语言告诉他“这样做是不对的，别人会不开心。我们要等别人说完再说话，或者要

先问别人能不能借给你玩"。同时，可以引导孩子思考别人的感受，让孩子理解自己行为的后果。

④分享和倾听。鼓励孩子分享自己的感受。当孩子遇到高兴或者难过的事情时，家长要耐心倾听，让孩子知道自己的感受是被重视的。例如，孩子说"我今天在班里画画得了第一名，我好开心"，家长可以回应"哇，宝贝，你一定很自豪，你画画的时候一定很用心"。这样孩子就会学会关注自己的感受，进而也能更好地理解他人的感受。教会孩子倾听他人说话。可以通过一些简单的对话练习，在家庭聚会时，可以引导孩子"现在是叔叔在说话，我们要安静地听，等叔叔说完了，你再说"。同时，家长也要以身作则，认真倾听孩子的想法，这样孩子才会学会倾听他人的感受和想法。

⑤通过故事和角色扮演来培养。角色扮演是很好的方式。可以和孩子一起扮演不同的角色，如医生和病人、老师和学生等。在扮演过程中，让孩子体验不同角色的感受。比如，在"医生和病人"游戏中，孩子扮演病人时，家长可以引导孩子感受身体不舒服、需要帮助的心情；当孩子扮演医生时，引导孩子去关心"病人"，体会照顾他人的责任和情感。

（2）建立规则意识

①自制规则，体验成败。可以和孩子一起从制定家庭规则做起。比如，我们规定如果孩子遵守规则，他们就能获得奖励，但如果违反规则，就会有相应的惩罚。这不仅教会了他们责任感，还培养了他们的自律能力。

②融入形式多样的游戏情节，探索自主遵循的规则。孩子们最喜欢的学习方式之一就是通过玩游戏来完成学习。比如，家长可以和他们一起玩过家家或者角色扮演游戏。让他们扮演家长或者老师的角色，体验颁布规则和维护规则的责任感。通过这种方式，他们会自发地学习和遵守规则，在不知不觉中就养成了良好的行为习惯。

③情绪辅导。当孩子们遇到问题时，他们有时候会表现出不愿意遵守规则的行为。这时候，我们需要理解他们背后的真正需求，并提供适当的帮助和支持。情绪辅导是非常重要的，它能帮助孩子们学会用语言表达情绪，而不是通过违反规则来发泄情绪。

④以身作则，言传身教。家长其实是孩子最亲近的榜样。如果我们要求孩子保持房间整洁，我们自己也应该时刻保持桌面整洁、抽屉整齐。小到每天的日常习惯，大到核心的价值观，我们都要以身作则，成为孩子们的榜样。

⑤通过故事传递规则。有时候，抽象的规则可能会让孩子们感到难以理解。这时候，我们可以借助有趣的故事来向他们传递规则的重要性。通过生动有趣、引人入胜的故事情节，我们可以唤起他们的品德和规则意识。

⑥共同防范，让规则执行有标尺。规则不仅是制定出来的，更重要的是执行起来要有据可依。就像签订契约一样，我们要确保规则得到严格执行，这样才能真正起到约束和引导作用。

确立生活规则

“不以规矩，不成方圆。”“欲知平直，则必准绳；欲知方圆，则必规矩。”“圣王者不贵义而贵法，法必明，令必行，则已矣。”这些警句都是关于规则重要性的论述，说明无论是个人还是国家都必须要重视规则。

一、明确规则的重要性

前几日，一位家长来咨询，她家孩子上一年级，最近多次收到老师的反馈：孩子上课说话，常常上课去厕所，作业不按时上交，跟老师唱反调；面对老师的批评不予理睬，有时还要跟老师发火，认为老师在故意针对他。后来，同学们渐渐疏远了他，因为他总是与同学发生矛盾。

在排除了注意力缺乏、多动症等情况后，我们发现这个孩子被孤立的原因在于没有很好地建立规则意识，不明白如何与人相处，也难以遵守学校的日常规则，不服从老师的管理。

那么，找到了问题的原因，具体该怎么做呢?

（1）日常生活中融入自控能力教育

可以在日常场景中融入自控能力教育，如在游乐园秋千场景中，家长可提前和孩子说明排队规则，可以对孩子说 “宝宝，我们要玩秋千的话，需要和其他小朋友一样，在队伍后面排队，轮到我们才能玩哦”；当孩子出现插队冲动时，蹲下来和孩子平视，耐心询问原因，引导孩子说出感受，再用温和坚定的语气重申规则，如 “妈妈知道你很想快点玩，但大家都在排队，我们插队其他小朋友会不开心的，我们一起遵守规则，等一等，好吗”。通过反复的引导和示范，帮助孩子逐步克制冲动，提高自控力。

（2）制定简单有趣的家庭规则

根据孩子喜爱玩游戏的特点，制定简单有趣的涉及家庭规则的游戏。以建立生活规则为例，设计 “整理小能手” 游戏，将整理玩具、衣物等规则融入游戏中，规定在一定时间内完成整理任务，孩子就能获得积分，积分可以兑换小奖品。每天在固定时间进行亲子规则学习，如睡前 15 分钟，通过讲《小熊不排队》《小兔子遵守约定》等绘本故事，让孩子在故事中理解规则，逐渐养成遵守规则的意识，在规则的引导下健康成长。

（3）以身作则示范社会规则

在日常生活中，家长以身作则是关键。例如，答应孩子周末去公园玩，就一定要兑现承诺；去超市购物时，自觉排队结账，让孩子观察并学习；带孩子外出社交时，提前教导孩子礼貌用语和社交规则，如见到长辈要问好，接受他人帮助要说谢谢等。当孩子在社交场合遵守规则且表现良好时，及时给予肯定和奖励，如一个小贴纸或者一个拥抱；若出现违反规则的情况，如打断别人说话等，事后要和孩子沟通，指出问题并引导其改正，让孩子明白遵守社会规则的重要性。

因此，帮助孩子尽早理解规则、遵守规则，有助于孩子成为一个用合理规则铸就美好人生的人。

二、如何培养规则意识

（1）从生活着手

对幼小衔接阶段的孩子来说，最适宜从生活中感知凡事都有方圆。例如，按时吃饭睡觉，脏东西要放到垃圾桶，回家要换鞋，不随便接话。引导孩子从生活中去理解规则的存在，懂得规则时时处处都在。

（2）科学实施

①明确规则。用简单的语言，给孩子说明要做什么，如果不这样做有什么后果。避免把规则混杂在责备中，让孩子的关注点走偏，如“吃饭前先洗手”或“洗手再吃饭”而非“你怎么又没有洗手，这么脏，说了多少次了吃饭之前要洗手”；“超过晚上八点，不能吃零食”而非“这么晚了吃什么东西，一天就知道吃，你看你今晚吃了多少了。这么晚吃东西，小心牙齿坏掉”。越清晰且能直接指向动作的语言，孩子越明白要做什么。

②解释原因。用清晰的语言，解释这个规则的由来。帮助孩子明白为什么需要这么做。可以用讲故事的方式帮助孩子理解。如玩完玩具之后，告诉孩子要把玩具放回原来的位置就可以告诉孩子，“玩具宝宝们”参加完游戏，需要回到自己的家里找他们的爸爸妈妈了，现在和“玩具宝宝们”说再见，送他们回到自己家吧，爸爸或者妈妈去陪你一起去。

③家长示范。在这个过程中，家长也要遵守相应的规则，给孩子良好的示范。如若制定了吃饭时不看手机的规则，那么，大人也不能在吃饭时看手机，避免让孩子觉得规则只是给他一个人定的。生活规则是约束我们每个人的，所以大家都需要遵守。

④正面激励。即时表扬，越小的孩子，越需要即时的赞许，把愉快的感受与行动联系起来，帮助他下次更主动完成任务。如玩具收好之后，立即表扬孩子："谢谢你，玩具们都回到了家，而我们的家也变得整洁起来，方便下次和玩具们一起玩。"

（3）把握尺度

让孩子有规则意识，是不是等于要孩子听话呢？其实，规则和听话这两个词语的背后潜藏着不同的含义。听话的潜台词是你要服从，不能有太多的个人意识和想法，你需要听我的。而有规则意识则是要遵守规则，需要尊重规则、理解规则并在这个基础上，还可以创造规则。

三、应注意的要点

（1）温柔而坚定的态度

在建立规则的过程中，孩子可能会不情愿、抵触或者反对，那么这时应避免用简单粗暴的语言批评和指责孩子，我们应语言温柔、态度坚定，鼓励孩子继续完成。

（2）保持一致性

保持各项规则的内在一致性，也就是逻辑要自洽。若干小规则的背后，应有一个整体的规则。例如，睡前不吃东西、睡前要刷牙、晚上九点半之前要上床，它们背后的大规则是健康的生活作息。第一个一致性是指我们的小规则都符合大规则，这样孩子更容易接受和理解；第二个一致性是规则在通常情况下，都需要遵守。例如，看手机一次不超过20分钟，那么这个规则今天是这样，明天也是这样，爸爸要遵守，妈妈要遵守。

（3）灵活调整

孩子的规则也需要根据情况变化。在变化前，可以跟孩子一起来探讨。例如，吃完饭让孩子负责收拾桌子，那么长期负责擦桌子，可能过一段时间孩子就厌烦了，这时就可以一家人坐下来商量，给孩子布置一个新的家务劳动项目。

（4）有发展性

上面我们总结了这么多，对于学龄前的孩子，我们可以培养他哪些规则意识，使他更能融入小学生活，对他未来的发展更有助力呢？我们可以有意识地教会孩子做这些。

①安全意识：危险的东西不要碰。

②顺序意识：轮流参与，先来后到。

③礼貌意识：把谢谢、你好和对不起记在心上。

④建立边界感：没有经过别人同意，不能拿别人的东西。

⑤生活规律：早睡早起，规律三餐。

没有规则不成方圆，建立规则不仅可以帮助孩子形成有序的生活，还可以帮助孩子去理解生活，理解规律，形成良好逻辑思维。让我们一起用合适的规则，助力孩子建立有序的生活。

培养言行一致

你的孩子有言行不一致的时候吗？你是否为此忧心忡忡？让我们一起讨论：如何培养孩子言行一致。

怎样的表现可以称为言行一致？简单来说就是要说到做到，不只是嘴巴上说说，而是真正行动起来，并且能正确看待和描述自己的行为。

孩子言行不一背后的真实原因又是什么呢？是无心之举，抑或是故意为之？

对2～7岁的孩子而言，可能还无法区分现实和想象，会出现将想象描述为现实的情况，但随着年龄的增长，这一现象会逐渐消失。除了前面提到的年龄特点以外，儿童自制力较为薄弱，言行常常受到自身愿望、需要和情感的影响，为了满足自己的愿望，不假思索就与他人达成约定，但实际上却难以坚持约定。例如，为了出门玩耍答应自己的随身物品自己拿，可出门了却想要家人帮着拿。孩子还容易受到外界不良信息和行为的影响，模仿身边人言行不一的行为。例如，答应周末陪孩子去游乐园，家长却因各种原因失约，孩子可能就会模仿这个行为。还有一些故意为之的情况，需要具体问题具体分析。例如，孩子为了满足自己的需求，明明已经吃过冰淇淋了，还想再吃一支时，会否认自己已经吃过的事实；为了逃避责任，担心打碎花瓶会被惩罚，而矢口否认；为了寻求他人关注，故意将话说得夸张些，甚至撒谎，期待自己被重视、被关注。

想要培养孩子言行一致，家长就得从孩子身心发展的实际情况出发，既要了解该年龄段孩子身心发展的特点，又要掌握孩子行为背后的真实原因，这样才能真实有效地帮助孩子养成良好品德。

首先，要懂得接纳。孩子在成长的过程中出现言行不一的行为是非常正常的。这反映了该年龄阶段孩子的成长特点，也表明孩子言行不一背后有自己的需求没有得到满足，要通过这样的方式来表达自己的诉求。作为成年人的我们应该帮助他们平稳地度过这一阶段，协助他们解决面临的困难。所以，当孩子偶尔有言行不一的行为时，家长不必过分担心。

在明确了接纳是前提的基础上，我们再来具体讨论家长们可以如何培养孩子养成言行一致的良好品质。

（1）设置明确的期待

家长需要设置明确的期待，让孩子清晰地知道言行一致的品德很重要，需要努力做到。由于孩子的认知发展并不完全，家长在提出期待时，需要具体而准确。例如，家长可以说“妈妈期待你是遵守诺言的孩子，能够记得每天起床后都整理好自己的被子”类似的话。这样，孩子既能清晰地回忆起自己有整理被子的任务，又能将这一行为与承诺联系在一起，即孩子在完成具体任务的同时也在强调遵守承诺的期待。

（2）看到言行不一背后的需求

当孩子出现言行不一时，或许背后有更深层次的原因，家长要细心去发现。例如，当孩子犯错后，故意用撒谎来掩盖问题，或许他在害怕犯错带来的后果，逃避惩罚；或许他不知道应该如何处理，需要思考的时间；或许是为了维护自己在家长眼中的形象；等等。这都需要跟孩子沟通，了解具体的原因，针对具体原因才能更准确地帮助孩子解决困扰。

（3）积极强化

家长的积极反馈对孩子的影响巨大，当孩子做到言行一致时，应及时给予积极的反馈，可以是一句表扬，也可以是一个小奖励。例如，家长可以说“你今天遵守约定整理了房间，妈妈就知道你可以说到做到，真是一个有担当的小朋友”。家长的及时反馈能够增加完成任务和愉快感受的连接，在每一次正向的反馈中孩子能够感受到被支持、被鼓励。

（4）家庭教育理念一致

如果家人对孩子的教育理念是一致的，孩子就会接受到一致的期待和要求，才会按照同一标准执行；如果家人对孩子的要求不一致，孩子就容易产生混乱感，不知道应该按照谁的标准执行。例如，孩子和父母约定自己的物品自己整理，而奶奶每次都不让孩子动手，主动帮助他整理了，孩子就不清楚自己是否需要遵守约定。

（5）榜样的力量

家长自身能够做到言行一致，家长如何承诺和兑现承诺，都在潜移默化中影响着孩子。家长对孩子提出的要求，自己也要做到。当我们让孩子自己整理自己的物品时，家里所有成员都要收纳好私人物品，不经他人之手。让孩子感受到接受的教育与看到的现实是一致的，这样才能够让孩子坚定地做到言行一致。

培养孩子言行一致的好品质并非一蹴而就，家长要允许孩子偶有疏失，接受孩子会反复。对孩子而言，接收到家长明确的期待，所有行为背后的需求被看到就是巨大的支持；对家长而言，及时给予反馈，强化孩子的积极行为，统一家庭的教育理念，做孩子成长路上的榜样，就能更好地培养孩子的好习惯、好品质。

培养自理能力

良好的自理能力既是孩子从幼儿园平稳过渡到小学的重要基础，也是孩子自信心和学习能力提升的催化剂。下面，要和大家谈谈如何培养孩子的自理能力。

你一定不愿意看到孩子初入小学就陷入这样的混乱：一大早，赖床、吃饭慢……磨蹭到都快上课了，他才哭哭啼啼往学校赶。在学校吃饭不认真，直到放学都想不起喝水这事。体育课或者课间运动后，外套悄然“出走”。拉开书包，书本、作业本、笔袋杂乱不堪，每一次翻找都如同寻宝，学习用品常常不翼而飞……

这些都是孩子缺乏自理能力的表现。那么，为什么培养孩子自理能力很重要、很必要呢？

（1）社会环境

当下家庭多是两代人共同养育孩子，孩子对家庭成员依赖性过强，缺乏独立面对挑战的机会与能力。幼升小是从家庭的照顾模式转向独立学习生活的重要时期，培养自理能力有助于孩子快速适应新环境。

（2）家长认知

部分家长对自理能力发展目标认知不清，往往因过度保护而忽略孩子自理能力的培养，认为孩子大了自然就会了，殊不知只有放手鼓励孩子自我服务，才能促进孩子良好成长。因此家长需要调整心态，重新调整家庭培养方案。

（3）幼小教学模式差异

幼儿园一个班级配备了三四名老师，对孩子的照顾无微不至，而小学则强调系统性、规范性的自主学习与责任感培养，节奏变快。良好的自理能力是适应这一转变的关键，是促进孩子正常、快乐地学习与生活的重要能力。

为了培养孩子的自理能力，我们可以怎样做呢？家长们不妨试试抓住孩子的好奇心、好胜心和上进心，引导孩子用闯关游戏的方式来提升自理能力。

第一步：共议目标，拟定执行方案。分类拟定培养项目，商议获得徽章和闯关升级需要的徽章数量，制定通关大奖。

第二步：坚持打卡，及时反馈调整。将闯关表格张贴在家中醒目的位置，每日填写反馈，持续形成刺激。

第三步：逐级调整，常备意外惊喜。21天练就一个好习惯，一个闯关练习持续三周。然后升级勇闯下一关。和孩子充分沟通，将自理游戏落实到日常中。惊喜时时有，某天某项任务完成得特别漂亮，不妨奖励一两朵葵花，或者写上一句特别温暖的鼓励语，如“今天叠被子只用了三分钟，还叠得特别方正”等类似既看见效果又看见过程的话语，唤起孩子继续变好的动力。

这里要给家长送上几个小贴士：

①目标不要过多，难易结合来做，给足孩子成长空间；

②徽章设计可以更个性，不妨交给孩子来做，增加趣味性；

③闯关大奖尝试一些新玩法，不妨与时下盲盒设计相结合。

总之，玩法要尊重孩子身心发展规律，正对孩子胃口是更棒的设计。以此类推，学习类、社交类和时间管理类，都可以用上游戏闯关的方式来试一试。相信只要我们家长勇于放手，智慧引导，科学训练，孩子的自理能力一定会在日复一日中稳步提升，成长为那个不用我们操心的“小能人”。

培养分享意识

一、分享及其重要性

分享是与他人在情感和物质上的共享，是孩子为了适应社会生活而产生的一种亲近社会的行为。

然而，有的孩子缺乏分享意识，常常表现出独占的行为。独占行为有拿到玩具就自己玩，不愿意给别人玩；见到喜爱的玩具就要，若不给他就哭（或告状）；抢玩具；想玩但没达到目的，就伤害别人；等等。这些行为反映出孩子缺乏分享意识。

学会分享是孩子社会化发展的一项重要内容。从小具有分享意识，经常有分享行为的孩子，能体会到分享带来的挣扎、犹豫、克制，感受到分享带来的快乐和满足感，能慢慢地理解分享的真正含义，学会发自内心地分享。

二、如何培养分享意识

建立和培养分享意识，是一个缓慢的、循序渐进的过程。以下是一些建议，供大家参考。

（1）家长言传身教，树立榜样

父母是孩子最好的老师，父母乐于分享，孩子也会跟着学。例如，做志愿者献爱心，与他人分享美味食物，经常告诉孩子要帮助有困难的人，学会助人为乐等。家长以身作则，给孩子树立了良好的榜样，为孩子做出“分享示范”，极大地促进了孩子建立分享意识。

（2）遵循发展规律，理解孩子的“物权”需要

有些孩子不愿意和他人分享自己的东西，往往是担心一旦给了他人自己的东西，这个东西就不再属于自己了。因此，要引导孩子正确认识物品归属，让孩子明白玩具是自己的，即便借给他人，所有权也未更改，这样孩子没有了后顾之忧，自然就乐于分享了。另外，家长还应注意不管孩子是否愿意分享，都要尊重其决定，在理解孩子心理的同时进行正确引导。当孩子不愿分享时，可以

说："你有决定自己东西归属的权利，如果这次你不愿意分享，那我们就下次再分享。"

（3）关注情感体验，感受分享的乐趣

科尔伯格曾提出"互利互惠原则"，即"你给我饼干，我给你小汽车"的交换方式。艾森伯格也提出"亲社会行为"，包括合作、分享、谦让、同情等。只有让孩子感受分享的快乐，孩子才会主动分享，体验"独乐乐不如众乐乐"的乐趣。

（4）优化分享方式，创造分享机会

家庭可设立"分享日"，通过"一分钟分享"等方式来正向强化分享行为，既可让孩子充分感受"拥有"并体会分享的乐趣，增强孩子的自信心；也能让孩子知道不必委曲求全来满足他人的期待，从而树立正确的分享观念。

案例1

一个6岁的孩子，不太喜欢与人分享东西，每当有小朋友来家中，他就把自己的玩具和其他东西都收起来；在沙滩上他还独自霸占认为是属于他的区域。

面对这种情况，我们该如何让孩子学会与别的小伙伴一起分享呢？

（1）在分享东西前，让孩子理解分享的情境

例如，在其他小朋友来访前，和自己的孩子商量让来家里玩的小朋友可以玩他的部分玩具，同时向孩子保证，当其他小朋友走后，他所有的东西还是他的，以此鼓励孩子慢慢尝试分享。在孩子们玩耍的过程中，允许孩子将少数他不想分享的东西收起来，来访的小朋友们只玩其他没有被收起来的玩具。

（2）鼓励孩子跟父母分享玩具

父母可以和孩子玩玩具分享的游戏，孩子会较愿意接受和父母分享东西，因为孩子知道爸爸妈妈会小心使用，并且用后也会归还，这样的分享练习可以帮助孩子建立安全感。

（3）鼓励主动分享，而不是直接强迫

父母在劝解孩子把自己的玩具分享给其他小朋友时，可以采用委婉的方式。例如，家长可以说："欢欢没有玩具玩，好心的贝贝可不可以借她一个呢？你想借她哪一个？"

（4）建立一些关于分享的规则

父母要让孩子学会轮流分享，告诉孩子轮流分享可获得友谊，会有更多的小伙伴愿意和他一起玩耍，这样就不会孤单了。父母可以在周末或者下班后，带孩子去一些公共设施有限的地方，让孩子尝试和其他小朋友轮流玩滑梯、体育器械

等，让孩子体会到分享的快乐。

对于孩子分享意识的培养，既要从思想观念上入手，也要让孩子在生活实践中去体会分享的益处。那么，如何为孩子提供参与分享的机会呢？

（1）营造良好的分享氛围

例如，家中的美食要全家人一起享用，不能让孩子独占食物；在用餐时，全家人也可以一起来分享一下自己的快乐与忧伤，让孩子懂得分享快乐可以让自己和他人都快乐，分享忧愁会使忧愁减少，自己也会得到大家的帮助。此外，可以让孩子走出家门融入社会。比如，可以多带孩子走亲访友，让孩子在他人家中体验分享到别人东西的快乐。

（2）创造与同伴交往的机会

家长可以让孩子邀请小伙伴到家里一起玩，在与同伴游戏交往中，让孩子学会与人交往的技巧，变得大方得体，养成孩子关爱他人、谦让友好的行为习惯。

（3）组织分享活动

比较熟悉的家庭间可以经常组织孩子们共同活动，可以是室内或者户外，让孩子们一起玩游戏，共同分享活动的快乐。在家中也可以让孩子参与分享食物的活动，如当家里来了一些客人，可以让孩子将水果、糕点分配给大家。当孩子能合理地给大家分配食物时，父母要对孩子的分享行为进行及时的表扬。

分享是中华民族的传统美德，是每个孩子成长路上的必修课。分享快乐，会加倍快乐，从而可以拥有良好的人际关系。培养孩子的分享意识，需要家长耐心地进行引导，允许孩子慢慢来，不可操之过急。请以欣赏的眼光看待孩子，花开有时，静待成长。

唤起同情心

一、什么是同情心

案例1

幼儿园放学后，小凯不顾奶奶的劝阻，在小区花坛里寻找着什么。原来每天放学后，小凯都要来这里看看流浪猫，还要给它送吃食。奶奶担心野猫抓伤孩子，不让孩子靠近。可是孩子哭闹着不肯离开，嘴里一直喊着："小猫好可怜啊，猫妈妈不要它了。不给它吃东西，它会饿死的。"

案例中小凯善意的举动，就是出于同情心。

同情心是指能站在他人的角度思考，感受到他人的喜怒哀乐，进而产生帮助和关怀的意愿。同情心不仅是人际交往的润滑剂，还是社会和谐与进步的基石。对孩子来说，同情心是家长应当着力引导和培养的品质。

儿童心理学研究表明，同情别人是孩子的天性。婴儿时期听到别人哭泣，孩子也会跟着哭起来；2岁时看到别人哭，孩子会把自己喜欢的东西送去，虽然他们并不太懂得安慰是什么；上幼儿园后，孩子慢慢知道了怎么去安慰他人，这些都是孩子拥有同情心的表现。

但如果不注意后天的培养，这份同情心也可能慢慢消失。

对小伙伴的痛苦无动于衷，难以理解同学的感受，小组合作时缺乏分享的意愿，对兄弟姐妹言语上有些冷漠，这些容易被忽视的行为细节，恰恰是孩子缺乏同情心的表现。

我们要认识到同情心的重要性。拥有同情心的孩子，更容易建立积极的人际关系，更加懂得尊重与关爱他人，从而在未来的学习和生活中更加自信、坚韧。

那么，想要在幼小衔接的关键时期唤起并培养孩子的同情心，家长可以怎么做呢？

二、培养孩子同情心的方法

第一，以身作则。在日常生活中，通过家长的行为展示同情心，如关心邻里、帮助弱势群体、温柔以待家人和朋友，都能在孩子心中种下同情心的种子。

第二，保持沟通。与孩子保持良好的情感沟通，鼓励孩子分享自己的喜怒哀乐，同时也要耐心倾听他们的感受。当他们讲述自己的经历时，我们可以引导他们思考：如果别人也遇到这样的情况，会怎么想呢？这样的提问有助于培养孩子的同理心。

第三，亲子阅读。书籍和故事是开启孩子心灵的钥匙。选择那些富含情感教育的故事书，如选择《一粒种子的旅行》《蚂蚁和西瓜》等以爱心、同情心为主题的故事书，与孩子一起阅读，讨论故事中人物的情感变化和行为选择，引导孩子理解并感受他人的情感世界。

第四，外出参观。带孩子参观历史博物馆、纪念馆等，讲述一些真实发生的感人故事，如救援行动、爱心捐助等。让孩子了解历史人物的艰辛与付出，这些真实的故事和场景往往能够触动孩子的心灵，引发他们对人类命运的共鸣和同情。

三、培养孩子同情心的一些实践活动

（1）社区服务与公益行动

在条件允许的情况下，带孩子参与一些简单的志愿服务活动，如为社区老人送温暖、参与环保清洁等，以及将图书、衣物、玩具等捐赠给有需要的人。通过实际行动，让孩子亲身体验帮助他人的快乐和满足，增强他们的社会责任感和同情心。

（2）动物观察与保护行动

带孩子去自然保护区或公园玩。让孩子近距离观察动植物的生活状态，感受生命的脆弱与坚韧。例如，在观察小鸟筑巢、小动物觅食的过程中，可以引导孩子思考这些生物的不易，培养他们对生命的尊重，让孩子认识到自己也有责任保护这些生命。

（3）日常关爱与照顾行动

营造家庭关爱氛围。在每周末的“家庭日”成长分享会上，设定分享快乐的环节，陪伴孩子感受成长的快乐；也可以设计角色扮演游戏，如“小小医生”“家庭照顾者”等，教会他们基本的照顾技能。

日常任务分配。在家庭日常生活中，给孩子分配一些照顾家庭成员或宠物的任务，如做力所能及的家务劳动、帮忙照顾弟弟妹妹、给爷爷奶奶盛饭、给宠物喂食等。这些任务能让孩子感受到自己对他人的重要性，并培养他们的责任感。

唤起孩子的同情心，并非一朝一夕之功，需要家长在日常生活中持续不断地引导与示范。让我们携手努力，为孩子营造一个充满爱与关怀的成长环境，让他们的心灵在温暖中茁壮成长，成为有爱心、有责任感的社会栋梁！

专题二

学习指导

在游戏中学习

许多家长都认同，幼儿园里孩子需要尽情地游戏，在游戏中获取经验，提升能力。但是，当孩子即将进入小学时，家长的想法可能就变了，他们会说：“为了跟上老师的讲课节奏，还是少玩点游戏吧，毕竟学习才是最重要的啊！”

如果说会玩的孩子更能适应小学学习，也能更好地融入小学生活，你是不是很惊讶？当然，这里的“会玩”，并不是让孩子漫无目的不加限制地玩，而是指能提升诸多能力、对学习有助益的“会玩”。其实，会玩的孩子更具有抽象能力、创造能力和专注力等，这些能力正是孩子进入小学后学习所需要的。那么问题来了：哪些能力可以促进孩子适应小学学习？玩什么样的游戏能提高这些能力？怎样玩效果最好？让我们通过这三个问题，帮助孩子快乐地做好小学的学习准备吧！

一、与学习相关的能力

在传统意义上，与学习相关的能力主要和孩子的智力概念相联系，如注意力、记忆力、观察力、思维力、想象力等。而事实上，从人的认知过程发展来看，感知觉能力是更基础的能力。只有在基础能力得到良好发展的情况下，其他的学习能力才有可能快速发展。所以，幼小衔接要注意培养孩子的感知觉能力、语言沟通能力、专注力。

语言沟通能力和专注力比较容易理解，所以这里主要简单介绍感知觉能力，它主要包括视知觉、听知觉和运动知觉三种。孩子在课堂上获取知识，首先要会听，善用听知觉。这里的听不只是听见了，更重要的是能够把听到的信息传递到大脑，大脑对信息进行加工处理，再把听到并理解的内容清晰地表达出来，这才是会听。孩子除了会听，还要会看，也就是视知觉能力。题目里面的数字是多少？会不会把汉字的正反看错？一段文字读完了，能不能记在脑子里？理解不理解是什么意思？看清楚、看懂了才是会看。那什么是运动知觉能力呢？如果孩子连简单的汉字、数字都写得歪歪扭扭，让人看不明白，很可能就是孩子的手眼协调能力需要提升。所以听、看、动对幼小衔接阶段的孩子，甚至整个小学低年级段的学习都至关重要。

案例1

小强马上就要上小学了，小强妈妈发现他写3、5、7等数字会左右颠倒，而且写得轻飘飘的。在耐心辅导了多次之后一点作用都没有，她很是苦恼，忍不住生气地说："这么简单的数字你都写不来，以后每天必须写3篇数字，直到写对为止！"小强听了很委屈地说："我已经非常努力写好了，为什么妈妈还要吼我？"

你知道为什么吗？

其实，小强之所以会写不对、写不好，是因为视知觉和运动知觉能力出现了问题。在这种情况下还要求孩子重复练习书写，不但效果差，还会让孩子产生消极情绪，抗拒学习。要做好学习准备，准备知识是常规做法，但忽略能力培养，只会事倍功半。而游戏是孩子的天性，如果想提高孩子某方面的能力，最好的方式是带着他玩中学、玩中练，而不是说给他听，强制要求他做。

二、提高与学习相关的能力的游戏

家长对游戏常常有许多误解，提到"游戏""玩耍"，想到的就是带孩子到游乐园或者给孩子买各种玩具。其实游戏有许多种类，如想象游戏（过家家等）、创造游戏（画画、搭积木等）、机能游戏（跑、跳等运动类）和接收游戏（看画册、听故事等），都对孩子感知觉等基础能力的发展具有重要作用。下面，就结合这些能力的培养给大家一一介绍对应的游戏。

（1）视知觉能力培养

视觉对孩子学习来说起到的作用是最大的，大概有70%的信息是通过孩子的视觉通道来传达的。孩子的视知觉能力可以通过创造游戏和机能游戏进行锻炼，如画画、剪纸、折纸、接拍球运动等，也可以通过图片找不同，圈出相同的数字或汉字来练习。找张旧报纸，或者找本旧书，让孩子找到并圈出所有的"我"字。这个游戏就是视觉分辨力的训练。随着孩子的表现逐渐变好，还可以去做一些观察顺序、辨别符号、辨别线条的练习，这也是为训练观察能力作铺垫。

（2）听知觉能力培养

小学生在课堂上大部分时间都需要进行倾听。此项能力可以通过接收游戏来训练，如复述数字，家长念一串数字之后孩子进行复述，随着熟练度的提升，逐渐增加数字的个数；口令游戏，听到指令词语就做相对应的动作。

（3）运动知觉能力培养

运动知觉能力包括大肌肉动作（走、跑、跳等）、精细肌肉动作（主要集中在手部动作，如捏、拧、撕扯等）、平衡能力和协调能力，主要依靠机能游戏、户外运动进行培养，比如投篮、跳绳、单脚站立、平衡木行走、用筷子夹东西、手指操等。

（4）语言沟通能力培养

培养语言沟通能力最主要的就是要让孩子愿意说、能够说。家长可以利用绕口令、童谣、儿歌和故事等素材进行说的练习。不要轻视过家家游戏，当孩子代入不同的场景，扮演不同的角色时，会更愿意说出自己的感受。语言沟通也离不开语言的积累，可以通过各类游戏，如读绘本、故事书等让孩子掌握更多的语言材料。

（5）专注力培养

没有专注力或专注力不强，知识就不能很好地被接受。培养上述四种能力的游戏都可用于专注力的培养。另外，还可以利用舒尔特方格训练和正念练习对专注力进行提升。

三、玩游戏的原则

家长要留心在玩游戏时遵守以下原则。

一是放下身段和孩子一起玩，就像你和他一样年龄大小，给孩子创造一个安全的游戏环境，可以不必顾虑太多，能投入玩耍即可。二是尊重孩子的选择，不强制要求孩子必须玩什么游戏，只给他提供多种选择。三是引导孩子享受游戏过程而不是仅仅看到输赢结果。四是接受孩子的情绪，如果孩子因为输掉游戏而难过，就和他一起总结经验，继续战斗。五是认可孩子每一次小小的进步，清楚明白地夸赞他的行为，让他看到你为他的进步而高兴。

会玩的孩子更适应小学学习，还有一个重要的原因就在游戏本身。游戏是孩子的天性，其过程极大地尊重了孩子的兴趣，激发了他们的学习愿望。而想要去学习的内在驱动力，正是幼小衔接中学习准备的关键。亲爱的家长们，让我们一起用陪伴点亮孩子的游戏世界，让孩子的学习不仅在书本上，还在广阔的游戏天地中。

重视亲子阅读

亲子阅读，相信家长们都不陌生。在沟通中，很多家长谈到自己在孩子的幼儿阶段就很重视亲子阅读。

但通过深入了解，我们发现很多家长对于亲子阅读的理解还不够深刻，大家觉得亲子阅读就是我们大人带着孩子一起看书，看的过程中顺便教孩子认认字、讲讲故事，很多家长又发现孩子好像不太愿意跟着大人的节奏走，于是开始焦虑不安，有的家庭甚至放弃了亲子阅读。

一、亲子阅读的积极意义

在幼小衔接阶段，亲子阅读需要引起家长的重视，因为它有很多重要的作用。

（1）促进语言发展

进入小学后，孩子的学习需要他们进行更多的口头或书面表达。而在亲子阅读过程中，孩子会接触到丰富的词汇，这些词汇在日常对话中可能不常出现，但通过阅读，孩子能够逐渐理解和掌握，为日后的阅读和写作打下坚实的基础。同时，阅读能够激发孩子的想象力和创造力，促使他们更加自信、流畅地表达自己的观点和想法。

（2）培养阅读兴趣

亲子阅读中的故事、图画等元素能够激发孩子的好奇心，促使他们主动探索未知领域，从而培养浓厚的阅读兴趣。此外，持之以恒的亲子阅读活动，会逐渐变成孩子的一种日常习惯，阅读的好习惯将伴随孩子的一生。

（3）增强认知能力

在阅读时，孩子需要集中注意力来听家长讲述或自己阅读，这有助于提升他们的注意力水平。亲子阅读中的故事往往具有一定的逻辑性和连贯性，孩子在阅读过程中需要理解故事情节、分析人物关系等，这有助于培养他们的思维能力。

（4）增进情感交流

亲子阅读是一种高质量的陪伴方式，家长和孩子共同阅读、讨论书中的内容，能够增进彼此的情感交流。书中的故事往往涉及不同人物的情感和经历，孩子在阅读过程中能够逐渐理解和感受他人的情感，这可以培养孩子的同理心和关爱他人的品质。

所以，亲子阅读不仅能够促进孩子的语言发展、培养阅读兴趣、增强认知能力，还能够增进情感交流，为孩子的小学学习做好准备。

二、亲子阅读的误区

相信很多家长都比较认同以上观点，但在实际操作中也会出现一些误区。

案例1

小娜妈妈很重视亲子阅读，她觉得这能帮助孩子认识很多的字，还能让孩子在上小学前就能具备优秀的阅读理解能力。因此，在亲子阅读过程中，她经常打断孩子的阅读，指出并纠正孩子的发音和拼写错误，同时要求孩子背诵书中的生词和句子。小娜妈妈觉得她在亲子阅读上下了大功夫，也很希望小娜有明显的进步。可小娜呢，她觉得这样的阅读特别没意思，很不喜欢和妈妈一起看书。小娜的表现让妈妈很失望、很生气，亲子关系也变得紧张起来。

由此可见，如果像小娜妈妈这样把阅读当作学习任务，可能会招致孩子的反感，产生抵触心理。其实，小娜妈妈还没有领悟亲子阅读的本质和意义。亲子阅读不仅仅是为了识字和提高阅读能力，更重要的是为了让孩子享受阅读的过程，培养阅读兴趣，感受语言文字的魅力。

三、亲子阅读的建议

那么，什么样的亲子阅读孩子更喜欢？也更有效呢？在这里给家长们几点建议。

（1）精心选择阅读材料

观察孩子的兴趣所在，选择与他们当前生活经历、兴趣爱好相关的书籍。例如，如果孩子对动物感兴趣，可以选择关于动物的绘本或科普书。但在选择书籍的时候应注意以下问题。

适龄性：确保书籍的难度适中，既不过于简单又不超出孩子的理解能力。可以参考图书推荐的阅读年龄范围或咨询相关工作人员。

多样性：选择不同类型的书籍，包括故事书、科普书、诗歌、漫画等，以拓宽孩子的阅读视野。

（2）设定固定的阅读时间和地点

将亲子阅读时间纳入家庭日程，如睡前或早餐后的一段时间，并坚持每天或每周固定的时间段进行阅读。

同时，为孩子打造一个温馨、舒适的阅读角落，如配备护眼的灯光、舒适的座椅和足够的书籍储存空间以确保环境安静无干扰，让自己和孩子都能够专注于阅读。

（3）互动式阅读策略

①提问与讨论：在阅读过程中，适时向孩子提问，引导他们思考故事情节、角色动机和主题意义。鼓励孩子发表自己的看法和感受，促进亲子之间的交流和讨论。

②角色扮演：选择适合角色扮演的书籍，与孩子一起扮演书中的角色进行对话。这不仅能增加阅读的趣味性，还能帮助孩子更好地理解角色情感和故事情节。

③预测与回顾：在阅读前，引导孩子预测故事情节的发展；在阅读后，与孩子一起回顾故事内容和角色变化。这有助于培养孩子的预测能力和记忆力。

④延伸想象：在亲子阅读过程中，家长可以适当地设想一些具体的延伸想象的任务。有明确的任务后，再依照任务要求引导孩子展开阅读，让孩子在延伸想象中获得阅读体验，从而逐渐达成阅读学习目标。这样可以让孩子进行深度思考，促使他们在不断地思考想象中形成阅读认知能力。

（4）利用多媒体资源辅助阅读

利用电子书和有声书等多媒体资源，为孩子提供多样化的阅读体验。这些资源通常具有生动的视觉效果和声音效果，能够激发孩子的阅读兴趣。可以利用图书馆网站、教育APP等在线资源，查找与书籍相关的视频、音频和互动游戏等。这些资源可以作为阅读的补充材料，帮助孩子更深入地理解书籍内容。

（5）培养良好的阅读习惯

①爱护书籍：引导孩子爱护书籍，学会正确翻阅和存放书籍。这不仅能保护书籍的完整性，还能培养孩子的责任感和爱护物品的好习惯。

②定期整理书架：与孩子一起定期整理书架上的书籍，将已读和未读的书籍分开摆放。这有助于孩子清晰地了解自己的阅读进度和阅读兴趣所在。

当然，家长作为孩子的第一任老师，要为孩子树立榜样。幼小衔接阶段的亲子阅读，建议家长们做到阅读过程中不看手机，不做其他的事情，拿起书，就要和孩子沉浸在共读的环境里。希望家长按照阅读计划坚持执行。

亲子阅读能够助力孩子阅读兴趣和能力的发展，也能增进亲子关系，促进家庭和谐。

保护好奇心

孩子在幼儿园阶段时，常常会在家长面前问很多的问题，如“为什么鱼生活在水里?”“为什么可乐有气泡?”等，这都出于他们的好奇心。孩子即将步入小学，在这个对事物充满新鲜感的阶段，他们一定会遇到更多的问题。对于我们家长而言，该怎样回答孩子的问题?又是否关注过孩子们的好奇心呢?

好奇心重不重要呢?好奇心与孩子的成长有怎样的关系呢?相信家长也一定很好奇，我们可以联系孩子的生活一起来进行思考。

一、好奇心的重要性

首先，好奇心能帮助孩子探索与认识世界。当孩子们对周围的事物表现出强烈的好奇时，他们会自发地投入观察，提出疑问，进行尝试。比如，他们会好奇为何天空是蓝色的，为何树叶在秋天会变黄，为何夜晚会有星星闪烁。他们不满足于表面的答案，而会穷追不舍，直到理解其中的科学原理。这种积极的探索态度，不仅有助于孩子们积累知识、丰富阅历，还有助于他们逐步认识世界。

其次，好奇心能帮助激发孩子的想象力和创造力。作为创造性人才的核心特质之一，好奇心的重要性已经得到广泛认可。以爱因斯坦为例，他能够取得卓越的成就，强烈且持久的好奇心是重要的原因之一。在生活中，孩子们喜欢玩积木，当他们好奇一个模型是怎样搭建时，好奇心就会激发他们的创造力，同时进行尝试与实践。这样的过程不仅锻炼了他们的实际操作能力，也提升了他们解决问题的能力。

再次，好奇心有利于培养孩子的自主学习能力和养成终身学习的习惯。当孩子们对某一特定领域展现出浓厚的兴趣时，他们会积极主动地寻求相关书籍、资料以及课程，进行深入的自主学习。这种学习方式不仅有助于他们更加透彻地理解知识，而且能够帮助他们养成终身学习的良好习惯。

最后，好奇心能促进孩子的人际交往与情感成长。在他们对世界的探索之旅中，孩子将不可避免地与各类人群和情境产生交集。例如，孩子需要解决自己遇到的问题，他们需要向老师、家长、同伴寻求帮助，这个过程就能促进孩子的人际交往能力的提升。这样的互动过程不仅有助于他们学习如何有效沟通、协同合作和分享资源，更能够深化他们的同理心，并提升他们的情感表达能力。

综合以上例子，我们知道孩子的好奇心与个人成长和发展之间存在着密切的关系。作为家长和教育者，我们都应该充分尊重和保护孩子的好奇心，为他们提供足够的探索空间和资源，鼓励他们的探索精神，从而促进他们的全面发展。

二、保护孩子的好奇心

作为父母，我们应该如何保护孩子的好奇心？著名的美国学者希克森特·米哈伊在谈到好奇心的重要性时说道："通往创造性的第一步就是好奇心和兴趣的培养。"好奇心是需要保护的，也许所有的孩子都有好奇心，但好奇心能否保持到成年，在很大程度上依赖于早期受到的鼓励。因此，父母为了保护孩子的好奇心要做到"五个要"。

一要给予孩子足够的自由空间。孩子们需要在一个宽松、自由的环境中成长，才能充分激发他们的好奇心。家长应该尊重孩子的兴趣和选择，不要过分干涉他们的学习和生活。比如，当孩子对某个领域产生兴趣时，家长可以提供相关的书籍、资料或者让其参加相关的活动，让孩子在自由的环境中自由探索。除此之外，我们还可以为孩子的好奇创造环境和空间，通过有目的的行为，让孩子的好奇心在足够的空间和时间内得到满足。

二要鼓励孩子提问和尝试。孩子们的好奇心往往是通过提问和尝试来体现的。家长应该鼓励孩子多提问、多尝试，即使他们的想法看起来再离奇、再荒谬，也不要轻易否定。家长应该耐心地解答他们的问题，引导他们去思考和探索。比如，当孩子提出为什么天空是蓝色的问题时，家长可以引导和协助他们去查找相关的资料，或者一起进行简单的实验来解答这个问题。

三要给孩子树立榜样。孩子们往往会模仿家长的行为。因此，作为家长，我们要树立一个好奇心强的榜样，让孩子看到我们对未知世界的渴望和追求。我们可以和孩子一起阅读、一起分享知识和经验，让孩子在耳濡目染中养成好学、探索的好习惯。此外，我们也可以与孩子一起探索他们感兴趣的领域。如果孩子对科学实验充满好奇，我们可以陪伴他们一起动手实践，让他们在实验中观察现象、发现规律，满足他们对知识的渴望，从而建立起对这一方面的兴趣基础。

四要关注孩子的情感需求。好奇心不仅是一种认知需求，也是一种情感需求。当孩子对某个事物产生好奇时，他们希望得到家长的关注和支持。因此，家长要时刻关注孩子的情感变化，给予他们足够的关爱和鼓励。当孩子遇到困难时，家长要给予他们及时的帮助和支持；当孩子取得进步时，家长要给予他们充分的肯定和赞扬。比如，当孩子在绘画中表现出色时，家长不应只是简单地评价“画得真好”，而应深入询问他们的创作灵感，以及他们是如何选择这些颜色和布局的。这样的互动不仅能满足孩子的好奇心，还能增强他们的自信心，让他们感受到自己的努力和才华被看见和认可。

五要引导孩子正确地对待自己的好奇心。好奇心有时会使人冲动和盲目，因此家长需要引导孩子学会思考、学会辨别。当他们面对一个新鲜事物时，家长可以引导他们思考这个事物背后的原理和价值，以及他们是否应该深入了解。这样，孩子就能在满足好奇心的同时，提升自己的思考能力和判断能力。

保护孩子的好奇心是一项长期而艰巨的任务，它需要家长的耐心、智慧和坚持。让我们携手努力，为孩子们营造一个充满好奇心的成长环境吧！让他们在这个充满未知和挑战的世界中茁壮成长、创造未来！

入学指南

当孩子从幼儿园踏入小学大门时，他们就走进了一个全新的世界。于他们而言，这是成长道路上的一次飞跃。对此，家长们是否会有一些担心呢？

有家长说："我们家小宝挑食，吃饭动作又慢，这要是读小学了吃不好，可怎么办呀？还有，万一被同学欺负了呢？"也有家长说："我们家孩子根本坐不住，一旦旁边有个风吹草动的，注意力马上就被吸引了，想想就头疼。"

家长们的担心很真实，这些都可能是孩子进入小学后会遇到的难题。要顺利平稳地过渡到小学，比起提前做好的知识储备，孩子们在生活、人际、学习等方面的适应能力显得更为重要。

一、小学阶段需要具备的适应能力

（1）生活适应能力

生活适应能力，包括调整生活节奏和学习生活自理。进入小学后，孩子需要按照学校的作息要求，在规定时间点上学、放学。每天在校内，除了要上语文、数学等若干学科的课程之外，还有大课间锻炼、午间管理、延时服务等活动。集体活动要按要求排队，去功能室上课、午餐打饭也需要遵守规则。同时，像喝水、如厕、收拾整理等这类事情，虽然老师也会定时提醒，但最终还是需要孩子们自行打理。

（2）人际适应能力

人际适应能力，包括与同伴的友好交往，以及和老师的积极互动。小学是一个更广阔的社交环境，孩子们需要学会与更多的小伙伴相处，与来自不同背景的同学建立友谊，学会在小组活动中沟通与分享。在课间休息时，孩子们会在操场上一起玩耍，学习如何在游戏中合作与解决冲突。在课堂上，他们要积极回答问题，参与讨论，要学会倾听老师和同学的意见。要适应不同老师的授课风格，理解并遵循老师的指导和要求。要学会在遇到困难时向老师寻求帮助，同时也要学会独立完成作业和自我管理。通过这些交往与互动，孩子们将逐渐建立起良好的人际关系，为未来的学习和生活打下坚实的基础。

（3）学习适应能力

学习适应能力，包括学习兴趣的激发和学习习惯的培养。小学是孩子求学生涯的开端，学习内容系统且逐步深入。为了激发孩子们的学习兴趣，老师会采用讲故事、做游戏和动手操作等方式，努力让课堂变得生动有趣。同时，学校也会组织各种学科活动或兴趣小组，让孩子们在参与中发现自己感兴趣的领域。与此同时，孩子们会逐步建立起良好的学习习惯，如按时完成作业、预习和复习课程内容、合理安排学习时间等。整个学习过程，老师都会督促孩子的学习进度，定期检查完成情况。此外，孩子们会开始学习独立思考和解决问题，这些有助于提升孩子们的自信心和自主学习的能力。通过这些激发兴趣和培养习惯的措施，孩子们能够更好地适应小学的学习环境，为未来的学习生涯打下坚实的基础。

二、适应能力的培养

了解了孩子入学后生活适应、人际适应、学习适应能力的具体内容，也明白了这对他们未来发展的重要作用，我们家长可以怎么做呢？别慌，这里有一些实用的建议，你可以从任何一点入手，帮助孩子更好地适应小学生活。

（1）做好心理准备

我们要调整心态，树立信心。首先是关注自己的情绪变化，避免将焦虑和压力传递给孩子。其次要相信孩子有能力适应新的学习环境，给予他们足够的信任和支持。家长可以与孩子一起制订一个入学计划，明确具体可操作的目标和能够达成的期望，让孩子感受到家长的关心和支持。

（2）熟悉环境和规则

在开学前带孩子参观学校，让他们熟悉学校及周边环境。了解小学的教室、课桌椅，看看小学的操场和校园文化设施，减少他们的陌生感和紧张情绪。还可以提前帮助孩子熟悉小学的作息时间、课程安排等，让他们对新的生活节奏有个初步的认识。在假期中，我们可以尝试模拟场景，和孩子玩玩上学、放学、上课、下课、举手、发言游戏，带孩子绘制创意课表等，让孩子了解每天的学习任务和时间安排，初步感受小学的生活节奏。可以的话，试着了解孩子即将进入的小学的办学理念、课程资源等优势特点，这将有助于家长更好地指导孩子适应小学的学习生活。

（3）练习生活自理

利用生活场景，着力培养孩子的生活自理能力。陪着孩子练习自己穿衣、洗漱、整理书包、清理桌面等日常生活技能。帮助他们养成吃饭专心吃、细嚼慢咽、不挑食、饭前便后勤洗手等良好的饮食习惯和卫生习惯，保证营养和健康。

同时，合理安排孩子的生活作息，保证充足的睡眠和休息时间，帮助他们养成良好的睡眠节律。

（4）演练人际互动

鼓励孩子多与同龄小伙伴交往，如主动帮助同学、与同学分享自己的生活趣事、与同学一起轮流玩游戏等。鼓励他们主动与同学建立友谊，培养他们的自我表达和沟通能力，如发生矛盾时好好说话，会道歉，能原谅。借助日常生活场景，引导孩子主动和别人打招呼，向成年人寻求帮助，如借机演练如何有礼貌地主动与老师交往。通过这些互动游戏和角色扮演，帮助孩子预演入学后可能遇到的问题，为逐步适应新的社交环境，建立良好的人际关系做好行为上的准备。

（5）全程全心陪伴

幼小衔接阶段是孩子成长的关键期，此时的有效陪伴往往能起到事半功倍的作用。那么有哪些具体的方法呢？我们通常说的安心陪伴放下手机、专心倾听及时回应、保持耐心适当放手、家长的积极参与，以及保持要求一致等方法，都可以帮助我们做到有效陪伴孩子成长。陪伴孩子阅读、做游戏，可以引导他们发现学习的乐趣，体验到创造带来的成就感。陪伴还意味着给予孩子足够的机会，让他们去实践、创造和尝试新事物，从而激发他们的好奇心。除此之外，家长还需要关注孩子的情感需求，给孩子倾诉的机会，倾听他们的心声，了解他们对成为小学生的期待和担忧，分享他们在学习、生活中的需求和困惑。比如，孩子遇到困难或挫折了，家长跟孩子聊聊，跟他说“这件事是否让你很难过呢？”“你有哪些想法，都可以告诉爸爸妈妈”“需要爸爸妈妈怎么帮你”“生活中遇到问题很正常，说明我们正在成长”等。这是向孩子发出“爱”的信号，用行动表达对孩子的关心和爱护，能给孩子提供安全感。

（6）保持家校沟通

为了解孩子在学校的具体表现，家长可以关注学校的各项规定和要求，确保孩子们能严格遵守学校的规章制度。同时，与老师保持良好的沟通，了解孩子在学校的学习和生活细节情况，根据孩子的潜能特点，培养和激发学习兴趣，训练良好的学习习惯，都能更好地为孩子的成长助力。

幼小衔接阶段需要家长与老师的相互支持、全力配合。让我们根据这些实用的建议，结合实际情况，更加从容地陪伴孩子，一起走过幼小衔接这一关键阶段，为孩子的美好未来打好基础！

做好上学准备

孩子就要成为一名小学生了，家长希望孩子更好地适应小学生活，于是报拼音衔接班、书法班、英语班……这些密集的培训是否有必要呢？让我们设想一下六年、九年、十二年后孩子的状态，你一定希望他健康阳光、自律向上。但要知道，做好上学准备绝不是盲目报班，应该是做兴趣准备、习惯准备、能力准备，帮助孩子更快、更好地适应小学生活。

一、兴趣准备

都说兴趣是最好的老师，兴趣准备就是让孩子期待上学。

早晨送孩子去幼儿园，路上见到小学生背着书包，不妨对孩子说“哥哥姐姐们好神气”，让孩子心生羡慕；家长通过网络或学校微信公众号，和孩子一起了解小学的校园环境、学校丰富的特色活动等；和孩子谈谈小学生与幼儿园孩子的不同之处，听他说说对小学生活的期待；带孩子到学校周围走一走，熟悉周围环境；带孩子到有小学生的朋友家做客，听大孩子讲讲小学的学习和生活趣事；和孩子一起购买学习用品，一起布置学习空间，增加仪式感。

二、习惯准备

对于即将进入小学的孩子来说，习惯准备非常重要。孩子有归类整理的习惯，入学后做事情就会更有条理；孩子有科学的作息习惯，入学后就会更自律；孩子有良好的卫生习惯，入学后就会更健康；孩子有阅读识字的习惯，入学后的学习就会更有成效……

家长可以在生活中引导孩子分类整理自己的物品，入睡前叠好脱下的衣物，提前准备好第二天要穿的服装；起床后叠好睡衣和薄被，并放在固定的位置。引导孩子练习整理小书包，将不同的物品放在固定的书包夹层中，每天整理书包时清点书包里的物品，这样孩子就逐步养成了整理的习惯。此外，在孩子出门玩耍前，提醒孩子自己准备要带出门的物品并妥善保管，根据天气变化情况增减衣物等。

孩子还需要养成科学的作息习惯，配合上学后的时间要求，安排好睡觉和起床时间。什么时间该做什么，家长和孩子都要清楚。规律的作息可以让孩子对生活有掌控感，也会更自律。

勤洗澡、勤换衣、饭前便后洗手、垃圾放进垃圾袋、每周修剪一次指甲、多喝水、不憋尿等卫生习惯也很重要，还有要备好干、湿纸巾，教会孩子使用等。良好的卫生习惯不仅关系到孩子的身体健康，还关系到孩子在班级生活中的表现和自信。

阅读是一种终身学习的好习惯，不少家长在孩子上幼儿园时就已经开始了阅读习惯的培养。家长可以将逛书店、去图书馆作为每月的家庭活动；还可以在家中带孩子打造小书架，与孩子一起为书架命名，以书香环境浸润影响孩子。每天有固定的亲子阅读时间，阅读时用手指读内容，可以孩子指家长读，也可以家长指孩子读。在帮助孩子培养阅读习惯的同时，帮助他们熟悉识字，同时增进亲子间的互动与乐趣。读完后，家长可以和孩子聊聊读过的内容，如“如果你是书里的人物，遇到这样的情况会怎么办?”“你最喜欢的角色是谁，为什么?”……此外，引导孩子在生活中主动识别汉字，超市、路牌、包装袋等可以是孩子生活中的阅读与识字材料。

好的行为方式，日复一日地重复，孩子可以毫不费力地养成以上优良习惯。与此同时，孩子相应的能力也就在行为重复的过程中培养出来了。

三、能力准备

在入学前，我们可以有意识地做一些注意力、倾听表达等方面的能力准备。

注意力是有选择地关注某些刺激的能力，也就是孩子在课堂上跟随老师教学的能力。同时，与注意力相互作用的，还有视知觉、听知觉、专注力和精细动作等能力，它们共同影响孩子的学习和行为表现。

举个例子，当孩子写字的时候，有时候多写一笔或者少写一笔，家长不能简单地判定孩子粗心大意、不认真、没看清楚，而是需要客观分析，孩子的视知觉能力怎么样，小手的精细动作能力怎么样，然后再进行有针对性的训练。粗心大意是主观态度问题，视知觉存在问题，那就涉及视觉辨别、视觉记忆、视觉空间理解、视觉运动协调等方面的能力了。

在日常生活中，家长可以有意识地训练孩子的听、说来进行能力准备。

家长在和孩子说话时，可以要求孩子看着你；如果是给孩子读故事，可以让孩子用食指指着，读到哪里，指到哪里，看到哪里；说完或读完以后，让孩子复述以检查孩子是否听明白，孩子复述时要求他尽可能说完整的话。

“玩”也是帮孩子做好能力准备的好办法。

孩子读词语、句子，有时候会颠倒语序，家长可让他玩玩数字连线、找不同等游戏。家长也可以说句子、词语让孩子重复，说一串数字让他记下来，玩“复读机”游戏，还可以玩舒尔特方格、顶纸杯、跳绳、定点拍球、粮食搬运工等游戏。如果孩子坐不住，家长可以每天固定时间坐下来和孩子一起进行亲子阅读，比赛拼图、下棋，给图画涂上对应的颜色，玩木头人游戏等，每次专心投入的时间从5分钟到10分钟，逐渐增加。当孩子沉浸在自己的世界中时，家长不要叫孩子喝水或吃东西，不要随意打扰他。

在入学前，建议让孩子会写自己的名字。假如你教了很多次，孩子还是没办法写出自己的名字，可能是他的手部肌肉无法做到这些精细动作，那就玩玩穿珠子、捡豆子等游戏训练手部肌肉群。

除此之外，家长还可以利用劳动来帮助孩子做好以上能力准备。

以扫地为例，家长可以引导孩子观察他人和自己的动作，体会用扫帚扫地的动作与垃圾、灰尘的关系，慢慢学习控制自己的手部动作，培养孩子专注做事的习惯。当孩子由不熟练到自如扫地，地面也从大花脸到光洁如新时，他手部的肌肉群得到训练，观察力、注意力、坚持力等学习品质，以及做事有条理、讲卫生等习惯也在不知不觉中初步形成。

此外，学会向老师寻求帮助也是非常重要的人际能力准备。家长可以鼓励孩子不懂就问，告诉他们老师都很爱小朋友，在学校有不明白不清楚的地方，或是遇到困难时，都可以礼貌地向老师请求帮助。然后在家演一演。比如，下课才上了厕所，可上课不久又想上厕所了；放在抽屉里的东西不知道到哪里去了；上课时，感到身体很不舒服……用情景模拟的方式演练寻求帮助和解决问题。

在能力培养过程中，家长们要有平和的心态，不要因为孩子完成结果好，就过度高兴；也不要因为孩子哪项没做好，就大发雷霆。这种指向结果的情绪，会让孩子觉得做这些是为了取悦父母。也尽量不要用物质奖励孩子。物质奖励会让孩子误以为做什么事情都是有条件的。家长可以充分与之互动，表达出遇到困难很正常，爸爸妈妈和你一起想办法解决，获得成绩，爸爸妈妈也会和你一样高兴的态度。

做好上学准备，家长一定要沉心静气，观察孩子，相信孩子，有效地帮助孩子。亲子间的更多互动，既是支持孩子成长的合力，又是爱的情感流动。

专题三

身心健康

养成良好卫生习惯

流鼻涕了袖子一抹，吃完饭了衣服一擦，才玩了玩具的手直接拿起水果就往嘴里塞……孩子的这些行为是不是让家长很苦恼呢？每当类似情况发生，家长是不是会大声对孩子说“你太不爱干净了，一点儿都不讲卫生”之类的话？那么，怎样才能让孩子养成良好的卫生习惯呢？

陈鹤琴先生说：“人类的动作十之八九是习惯，而这种习惯有大部分是在幼年养成的，所以幼年时代，应该特别注重习惯的养成。”

那什么是习惯？

《现代汉语词典》对习惯的解释是习惯就是在长时期里逐渐养成的、一时不容易改变的行为、倾向或社会风尚。心理学则这样解释习惯一词：习惯是刺激与反应之间的稳固连接。

由此可见，习惯是人类在某些情况下自觉形成的行为倾向。

一、好习惯的作用

心理学家认为，随着动作协调能力增强，3—6岁这个年龄段的孩子可以独立地完成一些穿衣、洗脸、刷牙等行为。如果这个阶段有父母和老师的有效引导和耐心培养，就可以帮助孩子养成良好的卫生习惯。那么，孩子养成良好的卫生习惯对他们的成长有什么帮助呢？

（1）有效预防疾病

良好的生活习惯是保证孩子身体健康的必要条件，尤其是幼小衔接段的孩子，他们抵抗能力较差，容易感染疾病，更应该讲究卫生。比如，孩子可以通过每天勤洗手来有效减少病菌的传播，避免感染疾病；还可以通过早晚刷牙的习惯来预防蛀牙和口腔问题；等等。

（2）培养自理能力

生活自理能力简单来说就是自己照顾自己的能力，孩子在家如果能做一些自己力所能及的事情，比如饭前便后要洗手、玩完玩具后及时整理等，既能养成良好的卫生习惯，又能养成自理能力。

（3）塑造健康形象

我们每一个人都喜欢整洁、漂亮的事物，孩子也不例外。孩子在外表整洁、精神饱满的状态下去参加各种活动，不仅可以增加自信，还能更好地融入团队，与伙伴建立良好的人际关系。

二、帮助孩子养成好习惯的方法

卫生常识、卫生习惯既是对孩子外在的要求，也需要孩子良好的自觉性和内在动力。作为家长的我们，应该如何培养孩子良好的卫生意识，让他们养成良好的卫生习惯呢？我们可以具体情况具体分析。

（1）树立卫生意识

这一年龄阶段的孩子爱玩、好动，在地上爬来爬去，痴迷于土和沙子，喜欢各处涂鸦等，并且在玩耍的过程中，孩子们只享受玩耍的乐趣，对于“干净”“邋遢”并没有实质性的概念。

所以，家长可以用简单明了的语言告诉孩子相关的卫生知识，帮助他们建立正确的认知。比如，告诉孩子们，人的手上有数以百万计的细菌，每克指甲污垢中含有38亿个左右的细菌，物品接触、做游戏及上厕所等活动都会接触大量的细菌、病毒、寄生虫卵等。如果不勤洗手、勤换衣，将会给传染病提供传播途径。当然，我们还可以通过绘本、儿歌、动画等途径，让孩子们在轻松有趣的氛围中，了解讲卫生的重要性。比如，绘本《根本就不脏嘛》讲述的是一个小女孩不想洗手的多个理由。家长和孩子共读这本书可以让孩子从书中小女孩的碎碎念中知道细菌的危害和洗手的必要性。

（2）学会放手

爷爷奶奶帮忙擦脸洗手，爸爸妈妈帮忙刷牙洗澡，孩子把玩具扔得乱七八糟，大人马上就收拾整齐……相信很多家庭都存在这样的情况，家长认为孩子年纪小，没有办法完成以上的行为。但这样的过度保护和包办代劳，会让孩子一味地依赖家长，缺少锻炼的机会，自理能力差。

例如，有一个5岁的孩子生活很有条理，玩具柜、小书架、抽屉都是自己主动整理，小小的年纪已初步养成了爱整洁、有条理的好习惯。而这一切都是因为他的母亲在他2岁时就立下规矩，要求他玩完玩具必须收回原处，否则就将玩具没收。正是由于这位母亲的放手，让孩子逐步养成了良好的卫生习惯。

（3）做好模范带头作用

幼儿时期的孩子由于没有日常生活经验，会对身边的环境比较新奇，热衷于模仿周围大人的动作和行为。“喊破嗓子，不如做出样子。”家长要积极参与卫生活动，并通过自己的行为示范引导孩子。这会激发出孩子对生活卫生的关注，并对家长的行为进行模仿。比如，家长可以在孩子面前展示正确的洗手方法，并解释洗手的重要性；父母的房间保持着整洁，鼓励孩子也要保持自己房间的整洁。这样的榜样行为会激励孩子养成良好的生活卫生习惯。

（4）了解孩子真实需求

有时候孩子不讲卫生，很有可能是因为某些经历让他们的体验感不好。例如，孩子在此阶段，手部肌肉未发育好，对筷子的使用未能熟练掌握，筷子夹不稳容易导致食物掉落，所以在进食时喜欢直接用手拿食物。再比如，男孩在剪头发时，会比较抗拒，因为孩子会对不熟悉的声音（头发剪短的声音）、不熟悉的工具（吹风机、理发推子等）、不熟悉的气味（理发店里的洗发水、美发产品的气味）、不熟悉的感觉（碎发掉进衣服里）等感到抗拒或害怕。

遇到类似的情境，家长们不能一味地批评，应该通过日常观察和沟通，了解这些情况发生的原因和孩子的真实需求，有针对性地购买适合的生活用品，或是通过游戏、故事的形式讨论孩子抗拒清洁的行为，从而改变孩子的行为意识。

《3—6岁儿童学习与发展指南》要求“帮助幼儿养成良好的生活与卫生习惯，提高自我保护能力，形成使其终身受益的生活能力和文明生活方式”。孩子喜欢玩泥土、玩沙子、玩水是天性，作为父母，我们不能因为孩子弄脏衣物就要大发雷霆，甚至禁止孩子活动，这其实是在扼杀孩子的天性。我们要理解孩子的需求，尊重孩子的天性，帮助孩子正确认识卫生与健康的重要性，逐步培养孩子的良好卫生习惯，让孩子在整洁干净中更加自信阳光！

处理同伴关系

一、什么是同伴关系

孩子快要步入小学了，你是否经常听到孩子说“我不想和××玩了”？你是否担心孩子没法交到朋友，不能很好地融入集体？相信家长们都可能会有类似的担忧。其实，这些都是孩子在这个阶段与同伴交往中的表现。

对于儿童的成长而言，同伴提供了一个不同于家庭的相处模式。在同伴关系中，他不再是一个仰望大人的孩子，他们是平等的。拥有同伴意味着被接纳、被认同、被认为有价值。良好的同伴关系能够给予孩子安全感和归属感，能够持续为孩子提供成长的动力。

二、同伴交往的常见误区

同伴关系如此重要，相信每位家长都期望孩子能够游刃有余地处理同伴关系。但是在生活中，我们常常关心则乱，特别是在听到孩子哭诉时，也容易乱了阵脚，可能就会出现以下几种情况。

（1）护短

当孩子的同伴交往出现矛盾时，有的家长出于“护犊子”的心态，一味地告诉孩子错的是对方，让冲突升级。爱子心切虽然可以理解，但不分青红皂白地护短，往往隐藏着巨大的危害，这会潜移默化地让孩子丧失最基本的是非判断能力。

（2）过谦

有的家长在孩子进行同伴交往活动时，总会不自觉地让自家孩子让着点。不问原委，却极力要求自家孩子谦让，这种看似大度的做法实则忽略了孩子的内心感受，导致孩子产生委屈、愤恨的心理。

（3）代替

有的家长总认为孩子还小，当孩子在同伴交往中出现问题时，就以大代小，代替孩子去解决问题。这样的做法一方面使事情扩大化，另一方面也剥夺了孩子自己解决问题的机会。孩子在同伴相处中处理冲突的能力逐渐弱化。

（4）强迫

在部分家长眼中，只希望自己的孩子和学习成绩好、行为习惯好的孩子做朋友。向优秀看齐，用同伴影响同伴，这当然没有问题，但不考虑孩子感受，强迫孩子必须和家长眼中的“好孩子”做朋友；或者当孩子和行为习惯、学习成绩并不理想的孩子做朋友时，强制孩子切断同伴关系并进行贬损的做法，是不可取的。

三、培养同伴交往小妙招

家长要注意结合实际情况，从不同的方面给予孩子帮助，在幼小衔接阶段建立良好的同伴关系。

（1）提供合适的社交环境

同伴交往作为儿童社会化的一个表现，自然离不开社会环境。作为家长，我们可以让孩子参与适龄的团体活动，如学校俱乐部、社区组织或运动队。这样可以让他们与其他孩子互动，在相处中学习合作、分享和沟通的技巧。

比如，有一个孩子刚入学时特别腼腆内向，但是在加入校网球队以后，他找到了和他志趣相同的人。他们一起练球，彼此分享发球技巧，建立了良好的同伴关系。更让人惊喜的是，这个孩子也开始逐渐向周围的人打开心扉，变得越发开朗起来了。

（2）鼓励主动参与

积极主动的态度是同伴交往中的制胜法宝。不管是发生矛盾冲突时主动低头，还是彼此陌生时主动参与，都能帮助孩子很好地处理同伴关系。家长可以鼓励孩子参与社交活动，如与同学一起玩耍、参加聚会等。给孩子一个机会主动结交新朋友，展示自己的兴趣和才能。

有时候家长为了帮助孩子交到朋友，会发起一些聚会和活动，给孩子提供一个主动和同伴交往的机会。

（3）培养良好的沟通技巧，并提供反馈和指导

沟通技巧并非一蹴而就，但却有迹可循。在平时的相处中，家长可以有意识地教孩子如何与他人进行积极的对话，包括倾听和回应。鼓励他们表达自己的想法和感受，并尊重他人的想法。

这里有两个关键词：倾听和回应。这两点就是培养沟通能力的金钥匙。家长在家里可以营造这样的一个交际场所，在和孩子或者其他家庭成员进行对话时，既要倾听他人的发言，又要给予积极的回应。一段时间后，孩子在这样的语言环

境熏陶下，其沟通技巧也会不断提升。而幼小衔接阶段的孩子模仿能力极强，他们会逐步将家里的沟通模式转移到同伴交往中。

（4）充分了解孩子与同伴的关系状况

对于孩子来说，他们的同伴关系虽然不稳定，对象易变化，但同伴关系作为一种需要，是恒定的。当他今天不再和小勇玩了，可能就会去找小琳玩。如果一个孩子突然从任何交往中退缩出来，一定是有了身心障碍。因此，家长要留心孩子的同伴交往情况，是否交友不慎、是否遇到困难等。如果孩子们一起做一些不好的事，那么家长应该及时对孩子进行教育，如果孩子遇到交往上的困难并难以自己解决，那么家长要适当加以引导和帮助。家长对孩子们的正当交往应当予以尊重，不能横加阻拦，否则会导致亲子之间的尖锐冲突。

（5）注重自身素质和教养方式

研究发现，热情、敏感和权威的家长，培养的孩子容易形成稳定的依恋心理，与成人和同伴都能建立良好的人际关系；对人冷淡随意的家长，容易培养出敌意的、攻击性的孩子，同伴拒绝与其交往，人际关系紧张；好支配他人的严厉的家长，培养的孩子往往喜怒无常和过度焦虑，其同伴会忽视他或不愿与他交往。

其实这很好理解，我们常说“孩子是父母的影子”，就是这个道理。作为家长，我们的示范作用极其重要。在人际交往中家长要热情待人，乐于助人，同情他人，尊重他人，民主地、宽容地处理好人际关系，为孩子做出表率。切忌对孩子的教育是一套，而对待他人是另一套。

同伴关系是孩子社会化的重要动因，与同伴的良好交往是孩子发展的一个重要里程碑。孩子提高同伴交往能力不是一朝一夕的事情。作为家长，我们一定要多关心孩子的身心发展，为孩子创设良好的家庭交往环境，教会孩子与人交往的方法与技巧。相信我们的用心、用情，会更好地帮助孩子建立良好的社交习惯，拥有积极的同伴关系。

了解多动症

一、什么是多动症

你的孩子是否缺乏耐心，是否难以长时间集中精力做一件事？你的孩子是否格外活泼，不停活动，总犯同样的错，一刻也闲不住？你的孩子是否爱招惹别人并且没轻没重，同学都不爱和他玩儿？……

可能他已经让你伤透脑筋，老师不停地“告状”，其他家长不停地“问责”。这些都让你感到颜面尽失，同时也感到很委屈，其实你并非对孩子放任自流，相反，你用心管教，恩威并施，但孩子似乎进步很慢。

有的孩子上课常常走神，无法专注听课，做作业时也坐不住，需要人盯着；有的爱捉弄同学，上课爱玩各种文具，偶尔积极回答问题但同时也爱扭动身体。特别在小学高年级阶段还容易有冲动的表现，如频繁与同学产生激烈的言语冲突，甚至是肢体冲突、情绪失控等。

以上描述的孩子表现，被称为注意缺陷多动障碍（ADHD），俗称“多动症”，是一种以注意力不集中、多动、冲动为特征性表现的神经发育障碍。它是青少年最常见的行为障碍之一。

二、多动症的典型特征

①注意缺陷：如上课注意力不集中，经常开小差，做作业容易受外界刺激而分心，但是对于感兴趣的电视、游戏、书刊能相对集中注意力。

②多动：表现为活动过度，自我控制力差，话多，无法静心。

③冲动：对刺激反应过度，易兴奋冲动，不分场合，不顾后果，缺乏忍耐和等待，好发脾气，任性。

三、怎么教养多动症儿童

在教养多动症儿童时，除了要遵循一般的家庭教育标准外，在养育过程中还要结合他们的特点进行差异化对待。

（1）立即反馈，频繁反馈

针对积极行为应及时反馈。反馈可以是口头表扬，也可以是一些代币、实物，或是承诺。家长和孩子都要从消极的情绪中抽离，干预从及时肯定开始，没有以有效肯定为前提的干预，注定会失败。

面对多动症儿童我们不要期待“讲一次”“教育一次”“示范一次”的三步教育法会奏效，家长需要保持足够的耐心，不断提醒，不断对他们的言行进行反馈。

（2）奖罚结合，先奖后罚

对孩子的宽容并非没有原则和主见，家长必须要有坚定的是非观，无论孩子是否接受、能否接受，家长都要表明态度，给予正确的价值导向。不过，在此还要注意奖励要高于惩罚的比重，在孩子犯错时，要尽可能先找到积极的方面给予肯定，再去关注“错误”。

（3）增加陪伴时间

家长工作固然很忙，但是应该多花时间陪伴孩子，了解孩子的真实需求，同时，也可以对孩子的反叛和挑衅行为进行及时干预纠正。

（4）扩大社交

多动症儿童多情绪暴躁，易与人发生冲突，人际关系较差，因为得不到同伴的欣赏和认可而出现问题。因此，可增加其社交范围，利用周末带孩子参加各项活动，扩大社交范围，让孩子在实践中学习如何与人相处，在同伴中获得认同感。

（5）动静结合

多动症儿童往往需要释放过多精力，可以让孩子通过打球、跳绳、跑步等运动方式去释放天性；也可以通过练习书法、看书等方式让孩子静下来。

（6）学会谅解

人都会犯错，多动症儿童尤其是这样。除了谅解孩子，家长还要谅解自己。有时候家长也会埋怨自己“又没忍住动手了”“又没控制好情绪”……其实，生气并不等于不爱，更何况多动症儿童的家长比其他家长承担着更多压力，所以生气难以避免。学会谅解自己，才能真正谅解孩子。

（7）寻求专业帮助

家长在感到束手无策时也可以寻求专业人员的帮助，提供更全面、更有效的干预方法。

总之，孩子如果在平时的生活或学习中存在上课注意力不集中、作业容易受外界刺激分心等注意缺陷；自我控制力较差、话多；易兴奋冲动，易反应过度，缺乏忍耐等状况，家长应该警惕孩子是否患有多动症。对于多动症儿童，家长在平时教育时要注意根据他们的特点进行差异化对待，选择合适的方式引导他们健康成长。最重要的是，家长应该转变观念，从孩子的健康成长角度考虑，不必对孩子的情况遮遮掩掩，讳疾忌医，必要时可以寻求专业人员的帮助。

科普传染病知识

孩子要上小学了，家长和孩子都在做幼小衔接的准备。例如，调整作息时间，培养阅读习惯，做好上学心理准备等，但往往忽视孩子上学后的身体情况。

学校人员密集，人员流动频繁，在每年的春、冬季节，由于气温变化较大，传染源和其他灾害因子极易出现，加上人员同质性强，对一些疾病或其他灾害因子具有基本相同的易感性，因此学校是传染病防控的重要场所。

小学低段的学生相比中高段的学生，抵抗力弱、自我辨别能力不强，需要家长特别关注孩子的身体健康，做好传染病防控。

一、传染病的种类

首先我们需要了解小学生易感染的传染病有哪些。

常见的传染病有以下六种：麻疹、水痘、手足口病、流行性腮腺炎、流行性感冒、诺如病毒。

①麻疹是麻疹病毒引起的急性呼吸道传染病，主要症状有发热，伴有上呼吸道炎、眼结膜炎等，以皮肤出现红色斑丘疹和颊黏膜上有麻疹黏膜斑为其特征，该病传染性极强，在人口密集而未接种疫苗的地区易发生流行。

②水痘是由水痘-带状疱疹病毒引起的原发感染，是以较轻的全身症状和皮肤黏膜上分批出现的斑疹、丘疹、水疱和痂疹为特征的急性传染性皮肤病，多见于儿童，具有高度的传染性，愈后可获终身免疫。

③手足口病是由肠道病毒引起的消化道传染病。典型的表现是急性起病，发热，口腔黏膜出现散在疱疹，手、足和臀部出现斑丘疹、疱疹，疱疹周围可有炎性红晕，一般预后良好。

④流行性腮腺炎是由腮腺炎病毒所引起的常见的呼吸道传染病。腮腺的非化脓性肿胀疼痛为突出的病征，病毒可侵犯各种腺组织或神经系统及肝、肾、心、关节等几乎所有的器官，常可引起脑膜脑炎、睾丸炎、胰腺炎、乳腺炎、卵巢炎等症状。

⑤流行性感冒主要表现为发热、鼻塞、流涕、咳嗽、乏力、全身酸痛等症状。由流行性感冒病毒引起，包括甲、乙、丙3个型。甲型流感病毒抗原易发生

变异，曾多次引起世界性大流行，每次流行死亡人数达数百万，甚至上千万计。

⑥诺如病毒是全球急性胃肠炎的散发病例和暴发疫情的主要致病源，它具有明显的季节性，常称为“冬季呕吐病”，在当年10月至次年3月常发，有高度传染性和快速传播能力，主要表现为腹泻或呕吐，发病以轻症为主，最常见症状是腹泻和呕吐，成人中腹泻更常见，而儿童比成人更容易出现呕吐。诺如病毒传播途径多样，包括人传人、经食物、经水传播。病人在潜伏期即可排出病毒，排毒高峰在发病后2—5天，持续约2—3周，患病期和康复后三天内是传染性最强的时期。

从以上常见的传染病我们可以看出传染病的流行特点：

①传染源为病人及病毒携带者；

②通过飞沫传播、消化道传播，且传染性强（在低龄儿童间易流行）；

③潜伏期短，发病急；

④感染可发生在呼吸道任何位置；

⑤病后免疫力不稳定。

⑥同一病毒可能反复感染，不同病毒也可引起同一疾病。

二、如何做好传染病预防

了解了以上常见传染病后，如何做好预防呢？这里给各位家长几点建议。

（1）勤洗手

勤洗手是预防流感等呼吸道传染病的重要措施。家长要引导孩子勤洗手，尤其是在咳嗽或打喷嚏后、就餐前或接触污染环境后，要让孩子养成勤洗手的习惯。

（2）保持环境清洁和通风

保持家居环境清洁和良好通风状态。经常打扫室内，每天保证家里开窗通风一定时间。

（3）天气变化多端，注意及时增减衣物

根据天气状况及时增减孩子的衣服，特别要注意孩子在运动后出汗较多，如不及时穿衣容易着凉现象。

（4）尽量减少到人群密集场所活动

在呼吸道传染病高发季节，尽量少去人群密集的公共场所，以减少可能与患病人群接触的机会。尽量避免接触呼吸道感染患者，必要时可以佩戴口罩。

在传染病高发的季节，校外培训班是传染病防控的重要场所，来自不同学校、不同班级的学生聚集在一起，病毒潜伏后会被孩子带回自己的班级，导致病毒四散，感染人数增加。

（5）培养良好的卫生习惯

在咳嗽或打喷嚏时，用纸巾、毛巾等遮住口鼻，咳嗽或打喷嚏后洗手，尽量避免用手触摸眼睛、鼻或口。

（6）及时接种相关疫苗

常见传染病一般都有疫苗，及时接种疫苗是阻止传染病发生的最佳手段。

三、感染后如何护理

一旦孩子出现发热、咳嗽、呕吐、腹泻等症状，应让他在家休息，并及时报备学校老师，既保护自己的孩子，又保护班级里的每一个孩子。在公共场所要佩戴口罩，避免将病毒传染给其他人员。如症状较重，应尽早前往医院就诊，以便时获得有效治疗。家长也可以从以下几个方面对孩子进行护理。

（1）消毒隔离是基础

孩子的房间早晚要通风，用过的衣服、被褥、床单等要进行煮沸或日光照射消毒；上学的孩子应该暂时休假，家里人尽量减少到孩子屋里探望的次数，防止交叉感染。

若为轻症病例，可在家中隔离；若为重症病例，则需住院治疗。有些家庭中有两三个孩子，一旦其中一个孩子感染疾病，其他孩子也需要避免与其接触。

（2）饮食营养要跟上

对于伴有发热的孩子，应鼓励孩子多饮水，必要时给予药物降温，注意观察体温变化及有无水分丢失，防止电解质紊乱及脱水。

在饮食上，应给孩子吃富有营养且易消化的流食、半流食或软食，不要给孩子吃酸、辣、甜味过重及干硬的食物。

（3）皮肤损害勤护理

水痘、麻疹、手足口病等伴有皮肤损害的疾病，一般也伴有不同程度的瘙痒，挠破后易并发感染，因此应注意皮肤局部卫生。

要保持皮肤清洁、干燥，勤换衣服；保持双手清洁，剪短指甲，避免抓破瘙痒处的皮肤，尤其是面部的皮肤。抓破后可引起继发感染，若病变位置深，有可能留下疤痕，特别是患有水痘的孩子。

家长也应教导孩子避免用手揉眼睛，若病毒感染眼睛，可导致角膜炎。

（4）观察病情要仔细

一些传染病可能会有严重的并发症，如水痘、麻疹患儿可出现肺炎、脑炎、心肌炎等并发症，因此家长应密切观察孩子的脸色、体温、精神状态及伴随症状，有无呼吸困难、胸闷、头痛、呕吐等，必要时及时就医。

传染病虽然种类繁多，但只要我们重视预防工作，做到早发现、早隔离、早诊断、早治疗，就可以有效地阻断病毒的流行和传播。让我们一起用细心和耐心为孩子营造一个健康的生活环境。

专题四

安全教育

保障居家安全

一、什么叫居家安全

孩子爬到卧室的飘窗上玩，将手指伸进高速转动的风扇里，伸手去拿装满开水的水杯，把手指插入插线板的孔里……这些描述中的状况，就是我们平常提到的居家安全隐患。这些隐患可能涉及家用电器的使用、用电安全或者家中物品的危险状态等。

那么，什么叫居家安全？作为家长，我们该怎样保障孩子的居家安全呢？

通俗来说，居家安全指的是针对室内存在安全隐患的环境因素进行治理，确保居住环境的健康和安全，包括但不限于电气安全、食品安全、消防安全等方面。居家安全的重点在于消除安全隐患，以实现健康的生活方式为主要理念。

二、保障儿童居家安全的具体做法

家长最关心的是孩子的居家安全。接下来，我们就来谈一谈保障孩子居家安全的具体做法。

（1）对孩子开展居家安全知识教育

在生活中，家长要有意识地引导孩子了解居家可能遇到的危险情况有哪些，学会判断家中是否存在安全隐患。家长可以给孩子设定一些情境，引导他们在观察、思考中了解居家安全的知识，并能够掌握简单的预防、自救的技能或者方法，以此提高孩子居家安全的意识以及自我防护的能力。居家安全主要包括电源电器安全、药物食品安全、物品放置安全三大方面。

第一，电源电器安全，要注意以下三个方面。

①电源插座不能玩。不随意触摸电源、电线、插线板、充电器等，不要将手指或者尖锐的金属物插入插座孔里玩。使用完电器要及时收纳，教孩子用电安全知识，学会自我保护，以免发生意外。

②家用电器不触摸。正在运行的家用电器存在极大安全隐患，如正在工作的电风扇，不要把手伸进高速运转的风扇内。必要时，在保障安全的情况下，家长还可以借助一些物品进行演示，如将一张小的卫生纸放进正在运行的风扇里，让孩子观察最后的结果，这样的方法形象直观，比说教更加有效。

③远离厨房和灶台。厨房是家中重要防范点，火源、煤气、水、电、碗碟、刀叉、烤箱等，几乎都存在安全隐患，须提醒孩子远离，不在厨房里独自玩耍。

第二，药物食品安全，要注意以下三个方面。

①药品不是小糖豆。家中各类药品、药剂应妥善保管，不能让孩子将药品当作小糖豆等零食放进嘴巴里吃，避免发生严重的后果。

②食品期限要知道。食品包装袋上的各种数字代表着不同的含义，家长要有意识地引导孩子寻找和识别包装袋上的生产日期、保质期，不吃过期食品，让孩子懂得健康饮食。

③小心异物进气管。在食用坚果或小零食时，不要说话、嬉笑，不然气管里吸入异物就会导致气道堵塞、肺部受损，甚至窒息。一旦出现异物吸入情况，家长首先应清除鼻腔内和口腔内的呕吐物或食物残渣，但不要试图用手把气管内的异物挖出来，可以采取海姆立克急救法。

第三，物品存放地点安全，要注意以下三个方面。

①不爬窗户与窗台。提醒孩子不蹬踏阳台上的凳子、花盆、纸箱等不稳固的物体，不在窗台附近攀爬，以免失去平衡，发生危险。

②危险物品要收藏。如剪刀、菜刀、螺丝刀和其他的一些家庭常用工具，都要分类收纳、保管。不可随意放置这些东西，以免给孩子带来意外伤害。提醒孩子不要在厨房、储物室内玩耍。

③还有一类特殊的可能存在危险的物品，那就是妈妈的化妆品。孩子会对颜色鲜艳、包装漂亮的化妆品感兴趣，但是化妆品中含有化学成分，可能会让小朋友过敏，如果不小心误食，还可能导致中毒。家长应妥善收纳好这类物品，放在柜子、抽屉或整理箱中，以不引起孩子注意、孩子不要触碰到为要。同时，告知孩子要远离这类化学用品，触碰后要及时清洗双手。

（2）对居家环境因素进行安全治理

使用恰当的安全防护措施，如给家中的玻璃窗或纱窗安装安全锁或者安装安全防护栏，给尖锐的桌角安装上防撞条等，这些都是家长可以采取的有效消除居家安全隐患的措施。具体来说，可以“5S”原则来确保居家安全环境。

①see（看）：用幼儿的眼光审视物品。

家长买回东西后，要观察孩子是怎么使用它的，从孩子的角度出发，去布置房间，检查安全隐患。如成人用来放书的书架，可能会被孩子当作攀爬玩具，踩着它们往高处爬，既容易跌落，也容易被书砸伤，甚至书柜可能倾倒压伤孩子。

②string（绳）：避免过长的绳带。

不要给孩子过长的绳子或线，因为孩子们会把绳子当成玩具，把它们绕在身上，甚至脖子上，有可能导致意外发生。如有的孩子把窗帘绳当成玩具绕在脖子上，可能会造成窒息的危险。

③size（尺寸）：孩子越小，玩具越大。

孩子喜欢用嘴来探索世界，接触到任何东西都习惯性往嘴里放，过小的物品很容易被孩子吞下，如笔套、扣子、珠子、硬币等。一旦被吞下去，很可能伤害食道或引起窒息。所以越小的孩子，家长们要给予越大的玩具、物品。

④surface（表面）：确保物品表面无隐患。

一是确保家居物品的表面不能有尖锐的棱角或缝隙，尽量确保物品表面平滑柔软。因为棱角会割伤或撞伤孩子，而缝隙容易夹住孩子伸进去的手或脚。在这里，就要建议家长们使用防撞角或者防撞条了。

二是确保物品的小部件（如毛绒玩具的眼睛、绒毛等）不会脱落，避免孩子误食，或吸入鼻腔发生危险。

三是确保物品表面的涂层平滑，防止孩子用嘴去啃。像油漆这种涂层，被孩子吞下会对胃肠道黏膜造成损伤，会影响身体健康。

⑤standard（标准）：了解相关的安全标志。

在购买家居用品时，家长们要仔细检查用品上是否有与儿童用品相关的安全标志。如市场上一些童车没有按照规定在链条处加上盖子保护，这种不符合安全标准的产品很容易夹伤孩子的脚，家长们就要杜绝购买这样的童车，消除安全隐患。

保障幼儿居家安全，需要我们一起行动！家长要落实对孩子的居家安全教育，并定期检查家庭环境中可能存在的安全隐患，第一时间采取正确的措施消除隐患， 才能切实提高儿童的居家安全。

慎选玩具和采用合适的玩法

一、正确选择玩具和玩法

说到选择玩具和玩法，作为家长，你有过以下行为吗？

给孩子买一大堆玩具，把孩子的小房间弄成“玩具店”；只买智力玩具，认为只有这种玩具才能促进孩子的发展；只买贵的玩具，认为玩具越贵越好；或者将电子数码类玩具统统排斥在外……这些行为到底正不正确呢？

德国儿童教育家福禄贝尔提出：儿童玩具教育意义深远，是未来儿童生活的胚芽。家长如何为幼小衔接阶段的孩子正确选择玩具玩法的能力涵盖了许多重要内容。

（1）正确的玩具教育价值观

玩具是促进孩子发展的有效因素之一，玩具对孩子的身体运动、语言、认知、社会能力等发展都有促进作用。父母需要关注玩具的教育性与趣味性。然而一些家长却异化玩具功能，一味将“提升智力”作为唯一标准，这会使玩具彻底失去其“玩”的本质，同时将其他类型如锻炼人际交往能力、培养良好个性、提升口语表达能力等作用的玩具拒之门外，无形中扼杀了孩子发展的可能。

（2）清楚玩具的使用方法

现在的玩具有很多的巧妙构思和科技特色，因此在操作中就有更多玄机。比如，一些拼插、变形类的玩具，操作起来有一定的技巧性；孩子玩的许多玩具是动画片中的人物、道具，由于家长不熟悉动画的故事情节，所以对玩具的使用方法也不清楚。

总之，家长要正确认识玩具的作用，遵守科学性、教育性、有趣性的玩具选择原则，真正从孩子身心发展实际出发，为孩子选择合适的玩具。

二、选择正确的玩具并采用合理的玩法

如何培养选择正确的玩具及采用合理的玩法的能力呢？需要家长采取一系列有针对性的措施。以下建议供家长们参考。

（1）明确玩具作用，提高自制类玩具占比

自制类玩具的操作性较强，能为孩子的奇思妙想提供充足的空间，从做什么、用什么做、怎么做，以及做好之后的用途，均可由孩子操作与把关，这对孩子思维的创造性与严谨性、动手操作的精细度、耐心细心品质以及自信心和成就感等方面的培养，均有着极大的好处。因此，家长选择玩具时不仅要关注玩具的功能性，还应结合孩子发育的阶段性特点，选择一些开放性的自制类玩具或半成品玩具，给予孩子更广阔的玩具探索空间。家长可利用生活素材和资源，与孩子一起设计制作玩具。例如，家长用纸板设计、拼接制作成滑梯，为孩子“打样”，培养孩子动手自制玩具的意识，引导孩子自主探索生活材料在玩具制作中的应用方法。家长要扮演好示范者的角色，开发、利用一块石头、一个饮料瓶，甚至是一抔泥土，引导孩子探索常见材料的玩具化转换。家长在孩子活动空间内，除了投放成品玩具，还要投放孩子可自主开发的玩具材料，如橡皮泥、塑料瓶、纸板、卡纸等，以此培养孩子的动手能力和创作能力。

（2）提高家长的参与度

研究表明，家长高质量的陪伴对孩子的身心健康发展具有关键作用。家长可参与孩子的自制玩具过程中，如用纸杯、线等材料和孩子一起制作简易的电话，用套圈带领孩子做感统训练游戏等。共同动手制作玩具的过程既提高了家长的陪伴质量，又让孩子学到了知识，获得了乐趣。家长的参与还体现在其他方面，在陪伴孩子使用玩具时，家长可通过提出问题来引导孩子获得更多知识，或让孩子“帮忙”讲解玩具的玩法，使孩子获得一定的成就感，这有助于良好亲子关系的建立。例如，家长可以和孩子一起动手完成一幅拼图，就遇到的困难展开讨论，引导孩子思考出解决的办法，有助于培养孩子的创造性思维能力；家长可就孩子搭建的积木形状引导孩子了解更多的建筑类信息，用孩子喜欢的工程车带领孩子探索汽车世界等 。

（3）分析孩子需求，合理选择玩具

家长在进行玩具选择时，要从固化的性别认知中摆脱出来，分析孩子的身心需求，根据孩子的游戏兴趣、探索偏好，选择能满足孩子需求的玩具。例如，对于想象力丰富和喜欢玩游戏的孩子，家长可以给他们提供多套服装、配饰（如公主裙、项链、英雄披风等），让孩子自由搭配，表演等。

（4）恰当控制玩具数量，提升玩具使用率

“多多益善”不代表孩子就能获得提升、实现发展。在孩子家庭玩具的选择数量上，家长应做到权衡玩具种类、控制玩具数量，让孩子能深入了解现有玩具，进而提升玩具的使用率，同时能使其集中注意力，去探索当前玩具的玩法甚至挖掘新的玩法。

（5）及时检查玩具损坏情况并培养孩子的安全意识

家长需要定期检查孩子玩具，并教导孩子正确使用玩具，使安全隐患降到最低，避免孩子受到不必要的伤害。如果存在损坏严重的玩具，要及时处理；如果损坏的程度较轻，家长可和孩子共同将其进行改造，变换成其他样式的玩具。家长在孩子玩玩具的过程中，针对孩子不正确的行为，要及时制止，并教会孩子正确的操作，防止孩子在使用玩具的过程中出错或发生危险。

（6）引导孩子做好玩具管理工作

在使用完玩具后，家长要及时引导孩子将玩具放在固定的位置，培养孩子爱护玩具的良好习惯，也让孩子学会整理和收纳自己的物品，提高孩子的生活能力。家长可与孩子一起做好玩具的消毒工作，避免玩具滋生细菌而对孩子的健康产生不利影响。

玩具作为孩子游戏活动的重要物质载体，其选择恰当与否，玩法适应与否，直接影响孩子的游戏质量高低。其实，最重要的还是家长领会玩具作用，关注孩子实际需求，让玩具真正成为帮助孩子开展游戏、实现进步的优质伙伴。

做好外出防护

孩子普遍拥有旺盛的好奇心，但同时，他们的自我保护能力相对较弱。因此，在孩子参与户外活动时，潜在的危险无处不在。曾有一则报警求助信息：我们在风景区游玩时遭遇紧急情况，一名小孩不慎被困于垃圾桶内。接到报警后，派出所的民警与辅警立即行动，火速驱车前往事发地点展开救援行动。抵达现场，只见一名小男孩的双腿被牢牢卡在了一个设计成树桩形状的水泥垃圾桶中，他整个身体被迫蜷缩在内，仅头部露出。尽管孩子家长已多次尝试解救，但均未能成功，情况十分危急……近年来，孩子外出时遭遇安全事故的新闻屡见不鲜，家长应格外重视孩子户外活动的安全。

“外面很危险哦，咱们在家里玩吧！”“商场里人太多了，到处都是病毒！”“来来往往的车辆好危险，不要出去！”……

作为家长，我们的每一根神经都因孩子的安全而紧绷，有时候我们出于对孩子的保护，选择待在家里。但是，外出活动对孩子生理、心理发展的作用是不可替代的，且对其未来成长也具有积极影响。

在生理方面，外出活动能够让孩子呼吸到新鲜空气、沐浴阳光，促进身体各项机能的健康发展。在心理方面，通过外出活动，孩子可以亲身感受到大自然的美丽和多元性，培养他们的探索精神和冒险精神，进而形成更加健全的人格。

更为重要的是，外出活动不仅能够帮助孩子建立积极健康的生活方式，还能够培养他们独立、坚韧的品质，增强他们应对未来生活中挑战的能力。同时，外出活动还能够促进孩子与他人的交流和合作，培养他们的社交能力和团队协作精神。

因此，家长应该充分认识到外出活动在孩子成长过程中的重要性，但同时，也要做好孩子外出时的防护。其实，绝大多数的潜在伤害是可以预测、可以预防、可以避免的。为了孩子的安全，家长在孩子外出活动时应该给予孩子怎样的帮助呢？

一、外出防护的误区

尽管家长对外出安全问题高度重视，却仍存在认知上的误区。

（1）空洞地说教

家长十分重视孩子的外出防护，但是在教育方式和方法上，往往以“不能”“不要”“不可以”等言语，通过禁止性指令教育孩子不接触可能存在的危险。家长只是一味地说教会让孩子感到枯燥、无聊，甚至激起孩子的逆反心理。反复说教对孩子来说，防护效果反而更差。

（2）吓唬式教育

有时候，家长会选择用吓唬甚至恐吓的方式来阻止孩子接触危险，如说“再乱跑，警察就来抓你”“再不听话就打你了”等话。事实上，这时的孩子还没有危险意识，也无法准确接收到信息，类似的威胁并不能让他真正理解“危险”，更多是被父母的样子吓住了。当没有人在身边提示，因“呵斥”建立的连接变弱，孩子也会遗忘那种恐惧感，对真正的危险无法预判。

（3）过度保护

一些家长带孩子外出时，总怕孩子受伤、受欺负。在面对可能存在的危险时，大多会通过过度保护的方式，让孩子远离或回避有可能的伤害。家长认为，这样孩子在外的安全就可以得到保障，触碰危险的概率也可以降到最小。可是，在过度保护的环境中长大的孩子，自我保护的意识反而更加薄弱，孩子在过度的保护下长大，缺乏对危险背后原因的认识，一旦脱离了保护，所有的安全意识也就荡然无存。

二、正确做好外出防护教育

（1）用孩子喜欢的方式，增强外出防护意识

孩子不喜欢喋喋不休地说教，他们对绘本和游戏更感兴趣。用孩子感兴趣的方式会让他们更容易接受安全教育，也更容易帮孩子建立外出的防护意识。

家长可以和孩子玩一些角色扮演类的游戏，当家长假装做出危险的动作时，让孩子分辨对错，如由家长扮演坏人，寻求孩子的帮助，提醒孩子不要轻信他人。还可以由家长提问孩子家庭信息，看孩子记不记得家庭住址、家人的手机号、姓名等信息。

（2）传递积极防护信息，用启发式提问进行正向引导

一个总被吓唬的孩子，会被未知的恐惧紧紧包围，习惯性地放大事情的严重后果。所以，外出防护教育的目的不仅是预防伤害，更是保护孩子成长。

对于户外安全的教育一定要循循善诱，耐心启发。比如，在教育孩子外出不乱跑的过程中，家长可以有意识地引导孩子将关注的焦点放在“如果在外擅自离

开家长视线，会发生什么危险”这个逻辑上，让孩子对行为与后果建立连接，学会对危险行为有预判。

与孩子一起探讨在户外什么是危险和不安全的行为，同时引导孩子学会正确的安全知识和保护措施，教会孩子勇敢、聪明、有能力地体验、感知家以外的世界。

（3）将安全教育融入生活，强化孩子的防护技能

根据皮亚杰的建构主义理论观点，幼儿的行为不会自动生成，也不能由成人传授而获得，只能由幼儿的主动建构而内化到其认知结构中。因此，孩子的外出防护教育，要做到知行合一。孩子外出防护意识的培养，除了口头教育，还需要融入生活，随时随地抓住机会，让孩子把保护自己这件事情放在心里最重要的位置。

家长可以让孩子多在真实情境中感受、理解安全知识，让孩子提高自我保护的能力。比如，坐公交车要坐稳扶牢，可以带孩子乘坐公交车，感受在行驶的公交车上走动容易受伤；踩井盖容易发生坠落，家长可以带孩子观察小区里的井盖，告诉孩子井盖下是很深的地方，踩井盖会发生危险；地上有水渍容易滑倒，可以给孩子演示什么是滑倒，滑倒会引起什么危险等。

孩子在外出活动面临着许多意外伤害的危险因素，但是家长不能因为害怕发生意外而将孩子束缚住，使他们失去活动自由。让孩子在安全范围内感知，在生活中习得自我保护能力。

让我们一起做好孩子的外出防护教育，让孩子尽情释放童真，展现童趣，让孩子奔跑在阳光下，拥有一个安全、快乐的童年！

增强安全意识

在儿童成长的道路上，安全是一个永恒的话题，因为孩子的安全无时无刻不牵动着亲人、老师和社会各界的心。每年都有0—14岁儿童因意外伤害而失去生命，其中不少意外伤害事件发生在家中。这些事例令人触目惊心。如果我们能正视和加强孩子的安全教育，大部分事故其实都可以避免。

我们先一起来看这样一个真实案例：有个孩子在自家院子里玩耍的时候，攀爬上圆桶，将拴门绳套在了自己的脖子上，之后不慎踩空，被绳子勒脖吊挂在铁门上长达一分钟。案例让人胆战心惊。很多时候孩子安全事故发生，都满足这样一个等式：潜在风险+危险行为=伤害事故。在这个案例中，生活中存在的潜在风险（放置的圆桶、勒脖的栓门绳），叠加孩子的危险行为（爬高、用绳挂脖），如此就导致了意外事故的发生。而孩子危险的行为正是因为他们缺乏安全意识。

正所谓意识不到危险就是最大的危险。那么，家长该如何帮助孩子增强安全意识，避免危险发生呢？

安全意识是个抽象的概念，简单来说安全意识就是培养孩子对周遭不安全环境的戒备和警觉。

（1）巧借生活教育契机，远离安全隐患

我们没有办法永远帮助孩子去除一切危险，那就从小教孩子认识危险，培养安全意识，然后自己学会避免危险。

家长可以根据孩子日常生活中可能碰到的安全隐患，以现实生活为例给孩子讲解各种事故场景和可能出现的危险后果，例如，在“危险的阳台”开展防高坠、防高空抛物教育，在“危险的厨房”开展防电、防火教育，在“危险的浴室”进行防水、防摔等教育，针对“咬人的物品”开展防割、防烫等教育。也可以利用不同行为的图片，和孩子一起讨论哪个对、哪个错。家长还可以和孩子一起找出家里存在的安全隐患，并商量怎么解决这些问题。

同时家长不能因噎废食，完全阻止孩子玩或动任何有可能发生危险的东西。把一些安全常识融入生活，教给孩子正确方法，提高孩子的自我保护能力，这才是正解。比如，剪刀有危险，但不能因此禁止孩子玩，可以提供儿童用的安全剪刀，并教会孩子如何正确地使用；同时，要教会孩子使用的规则，如不可拿着剪刀打闹、奔跑、比画、指人，以及用后要及时放回原处等。

（2）化“抽象”为“具体”，不断强化安全教育

根据孩子的年龄特点，采取讲故事和做游戏的方式进行安全教育事半功倍。对孩子来说，要说教与体验并重，说教可以用讲故事的方法，体验要用游戏的方法。安全故事怎么讲呢？很多经典故事，如《小红帽》《三只小猪》《狼来了》《小马过河》《会摇尾巴的狼》《小和尚剃头》《老虎外婆》等。

亲子安全游戏怎么做呢？可以玩过家家游戏，模拟平时上、放学的情景，面对车水马龙的车辆，考虑怎么行走最安全；也可以模拟平时买菜、做饭的情境，来再现生活中刀具、厨具、灶具的使用；还可以模拟与家人走散、被人抢走了东西、有陌生人靠近、家中来了小偷等场景，教育孩子该如何应对这些情况。

在讲故事、游戏体验过程中，我们需要制定适合孩子年龄和成熟度的清晰而具体的安全规则和界限。如安全“四要四不要”：过马路要注意红绿灯，要熟记父母的名字和电话，要熟记自己的家庭住址，紧急情况要拨打急救电话（急救120，求助110，火警119）；不要到马路边玩耍；不要独自去户外或野地游泳；不要随意和陌生人讲话；不要让他人触摸自己隐私部位。孩子独自外出，家长需要掌握“5W”信息，即Who（和谁去）、Where（去哪里）、what（干什么）、how（怎么去）、When（何时回）。用简单好记的口诀帮助孩子增强安全意识，让安全成为一种习惯。

（3）以身作则，树立安全榜样

作为家长，我们当然都希望孩子能够健康成长，所以我们会提出各种要求，希望他们能够按照我们的期望去发展。但是，在提要求的时候，我们是否想过，自己的行为是否与对孩子的要求相悖呢？

陈鹤琴先生列举了儿童的七大心理特征，其中之一就是好模仿，而父母就是孩子人生中第一个模仿的对象。

案例1

有个孩子很喜欢跳跃，从楼梯上跳下来，或者跳过下水沟。有一次，他跳到了下水井盖上，妈妈告诉他，不能跳到井盖上，那样很危险，万一井盖不稳，很可能会掉到下水井里。他非常认真地说“对”。当然孩子拥有好动的天性，他还是会在路上蹦蹦跳跳，不过他会注意不跳到下水井盖上。有一天，妈妈不小心踩到了井盖上，他马上就说：“妈妈，你踩到井盖了！”

可见，父母给孩子提的要求，他也把这个当作父母的行动准则，给予同样的要求。因此，家长应更加注意自己的言行，不要出现言行不一的情况，要求孩子

做到的，家长自己应该首先做到，这样才能对孩子起到潜移默化的教育效果。比如，带孩子外出过街时，应带着孩子走斑马线、地下通道、天桥等过街设施，切勿跨越护栏，突然、随意横穿马路；不要将电动车、摩托车放任给孩子骑行，避免孩子有样学样，养成安全陋习。

安全无小事，生活永远是最好的教育资源。安全教育不能空喊口号，要立足孩子心理特征，用孩子可接受的方式合理运用故事、游戏教导。安全教育是随时存在于孩子所接触的人、事、物之中的，所以需要重视对孩子的言传身教。

安全意识的培养是一个持续的过程，它需要我们不断地学习和教育。家长要通过不懈地努力，让孩子的“被动安全”转变为“主动安全”，从“我必须安全”提升到“我想要安全”，再到“我知道如何保持安全”，最终达到“我能确保安全”。

专题五

网络教育

拒绝不良信息

当今世界是高科技领航的时代，是网络全面普及的时代，孩子们遨游在互联网的浪潮中，可以足不出户览尽天下事，可以泛舟书海，博晓中外古今。然而，网络也是一把双刃剑，它带给我们诸多好处的同时也暗藏着泥沼。网络上的各种不良信息层出不穷，在不经意间侵害着孩子们的心灵。

一、不良信息的含义

当我们聊到网络世界里的“不良信息”时，其实就像是在说那些网络上的“不速之客”。它们可能悄悄躲在某个角落，戴着暴力、色情、恐怖的面具，甚至教唆人们去做违法的事情。这些不良信息，就像是网络上的“坏朋友”，不仅会让孩子的心情变糟糕，还会悄悄影响他们的学习、生活。

想象一下，如果我们的孩子不小心遇到了这些“坏朋友”，他们可能会感到害怕、困惑，甚至被误导。更糟糕的是，这些不良信息的传播还可能会伤害到更多的人，影响社会的和谐与国家的安全。

所以作为家长，我们要和孩子坐下来，像朋友一样聊聊这些话题。告诉他们，在网络世界里，我们要学会辨别哪些是“好朋友”，哪些是“坏朋友”。我们要提高自己的网络智慧，拥有一双“火眼金睛”，一眼就能辨别出不良信息。

二、了解不良信息的特征，提高辨识力

（一）不良信息的特征

当然，要教会孩子在信息海洋中畅游而不迷失，家长可以引导他们掌握一些

关键步骤，轻松辨识并拒绝不良信息，充分享受信息时代的红利。家长可以这样告诉孩子：“在信息的海洋里航行时，记得抓住信息的三把‘金钥匙’，它们能帮助你判断哪些信息是宝藏，哪些可能是暗礁。”

（1）标题和内容

不良信息往往标题醒目、夸大其词、哗众取宠，如“震惊！全球超过八十亿人转发”“刺激！不可告人的秘密”等这些类似的标题会驱使人产生好奇心。信息内容夸张，具有煽动性，包含色情、暴力、仇恨等内容，也是不良信息的一个常见特征。有的不良信息涉及灵异恐怖的迷信内容，有的不良信息存在暴力粗俗的元素，同时也会伴随着一些夸张、扭曲、血腥的图片视频等。

（2）信息来源

家长可以教孩子认识并区分不同类型的网站和信息账号，如教育网站、政府官方网站、商业网站和个人账号等，引导孩子们上网浏览信息时优先选择政府网站、官方号、权威媒体发布的优质内容。对于商业号、个人号发布的信息，保持谨慎态度，不轻易相信或传播。

（3）语言使用

家长要告诉孩子注意信息中的语言使用是否准确、逻辑是否连贯。不良信息往往用词模糊、逻辑混乱或带有偏见情绪。例如，包含恶意攻击和谩骂的语言，发布针对个人或群体的侮辱、诽谤和仇恨言论等。

掌握了这三个特征，孩子们就能像聪明的航海家一样，能避开不良信息的暗礁，享受信息时代带来的无尽宝藏了！

（二）应对不良信息的措施

若孩子在网络世界遨游时，不慎遭遇不良信息，我们也可以引导他们采取以下有力的措施，保护自己，守护纯真。

（1）果断“刹车”，远离伤害

一旦发现不良内容，轻轻一点，立即关闭那扇不友好的窗口，就像避开路上的小石子，不逗留，不参与讨论，更不转发，让不良信息无法近身，保护心灵的一片净土。

（2）勇敢举报，净化空间

大多数网络平台都设有“举报”功能。教会孩子成为勇敢的网络守护者，学会利用这些举报功能，向平台报告不良信息。这不仅是对自己的保护，还能为所有小伙伴营造一个更加清朗的网络环境，让孩子在参与中感受到责任感与小小主人翁的荣耀。

三、鼓励开放有效的亲子沟通

家长与孩子保持开放、信任的沟通关系至关重要。当孩子在网络上遇到不良信息来找家长倾诉时，家长首先要保持冷静与耐心，以温柔而坚定的方式给予孩子正确的引导。

在这过程中，正确的可以借助一些温暖的肢体动作，给孩子以敞开心扉的安全感。例如，正确的可以蹲下来，或是用与孩子平视的目光，温柔地询问他们遇到了什么，让孩子感受到我们的关心与理解，而不是责备或恐慌。接着，家长要耐心倾听孩子关于不良信息的描述，不打断、不评判，只是静静地陪伴。同时，家长可以轻轻握住孩子的手，给予他们情感上的安慰，让他们知道无论在网络中遇到什么问题，父母都在他们身边。

接下来，家长要与孩子一同回顾这次应对不良信息的经历，这不仅是一次学习的机会，还是加深亲子沟通的机会。家长要满怀欣慰地肯定孩子展现出的信息防范意识，那是他们自我保护能力的初绽光芒；然后，用温柔的语气，耐心地指出孩子在过程中可能忽略的细节或不足之处，家长和孩子可以坐下来，像朋友一样分析那些信息为何被视为不良，在一遍遍的回顾中再次教导孩子如何辨别并远离色情、暴力、仇恨等负面信息的侵蚀。

同时，别忘了告诉孩子一个简单而有效的策略：面对不确定的信息，可以先向他们最信赖的家长或老师寻求帮助和解答。这样不仅能保护他们免受误导，还能培养起他们谨慎思考与求证的好习惯。通过这样的复盘与指导，家长不仅是在保护孩子免受不良信息的侵害，更是在为他们搭建一座通往健康网络世界的桥梁，让他们在数字时代也能自信、安全地遨游。

四、参与有益的网络活动

家长们，让我们一起携手，把网络变成与孩子共度欢乐时光的魔法乐园吧！想象一下，和孩子并肩坐在屏幕前，不是简单地监督，而是共同参与那些既有趣又富有教育意义的活动。试试这些温馨小妙招，让网络世界充满爱与正能量。

（1）打造我们的家庭网络小剧场

为什么不一起开个家庭视频号或者抖音号呢？就像拍家庭电影一样，记录下孩子成长的美好点滴，还有那些让人捧腹大笑的家庭趣事。这样不仅能增进亲子关系，还能让孩子学会如何健康、创意地使用网络，成为小小的网络小达人。

（2）探索兴趣的海洋

网络是个大宝库，藏着无数等待探索的宝藏。引导孩子加入那些充满正能量的兴趣社群，比如“科学小侦探”“小小作家圈”或是“编程小达人”。在这里，他们可以遇到一群志同道合的小伙伴，一起在网络上讨论、学习，甚至还能远程合作完成小项目。这样的经历，不仅能激发孩子的学习兴趣，还能教会他们如何在网络世界中建立健康的人际关系，充分汲取优质的网络信息养分，有效减少不良信息对孩子们的影响。

网络安全就像我们日常生活中的安全防护，时刻不能松懈。但别担心，只要我们用心陪伴，耐心引导，就能让孩子在网络的世界里快乐遨游，远离不良信息的影响。让我们携手努力，成为孩子网络旅程中最坚实的防火墙吧！

不用“手机带娃”

一、什么是“手机带娃”

现在，智能手机几乎是人手一部，它成了我们大人、孩子都喜欢玩的一种“玩具”。更甚者，智能手机已经成了我们的“电子保姆”。你是否有过以下这几种情况。

①当忙完了一天的工作回到家，孩子让你陪他玩，你太累了，所以将手机给他玩。

②你忙着做家务，孩子来帮着你做家务，为了不让孩子“帮倒忙”，你将手机给他玩。

③周末了，好不容易和朋友聚会，他到处跑，为了让孩子在你视线内，确保他的安全，用手机“看管”着他。

④你和孩子正在吃饭，孩子不好好吃饭，到处跑，为了让他好好吃饭，你将手机给他边看边吃。

⑤今天的画画作业还没完成，你对孩子说：“好好画，画完我给你看手机。”将手机作为“奖品”给他玩。

在生活中，我们不知不觉用手机打发着孩子的请求，确实可以让自己专心做自己的事，并能很好解决孩子哭闹不止或不听话等问题。但是长此以往，对孩子的健康成长危害极大。幼儿时期正是孩子动作、语言、人际交往能力发展和生长发育的关键时期，最需要家长的陪伴和交流，让孩子沉浸在电子媒体的信息中，不但会影响孩子身心健康，也给家庭心理健康带来许多新问题。

二、不用“手机带娃”的好处

综上所述，不用“手机带娃”显得越发重要，我们一起来看看不用“手机带娃”的好处。

（1）有利于保护孩子视力，保证睡眠

长时间接触小小的电子屏幕，眨眼次数减少，容易导致干眼症，诱发近视，加深近视等。同时，晚上玩手机也会对孩子睡眠造成影响，手机屏幕明亮，过于激烈的画面，会影响孩子褪黑素的分泌，容易引起入睡困难、睡眠质量不佳等情况。所以，缩短手机使用时间，有利于保护孩子的视力，保证睡眠。

（2）有利于孩子脊柱发育

孩子沉迷手机，运动时间相对变少，不良坐姿，容易导致不自觉颈部前倾、脊柱侧弯、高低肩、驼背等体态问题。放下手机，多参加户外活动，每天花时间与孩子“泡”在户外环境中，舒展肢体，增强体质。

（3）有利于提高孩子专注力

手机动画、游戏画面的切换速度较快，孩子的大脑还未发育完全，长期观看会对孩子的注意力转换造成负担，进而对孩子专注力与信息提取能力产生不良影响，同时也会影响孩子的执行力。

（4）有利于孩子语言能力的发展

幼儿时期，正是孩子的语言发展的关键时期，孩子学习语言需要双向的沟通和互动。玩手机属于单向的输入，孩子只能被动地听，对语言的表达能力没有明显帮助。同时，电子产品内容复杂，语速往往较快，不符合孩子言语学习简单、重复的基本原则。在日常生活中增加孩子与他人之间面对面交流的机会，不同的语音、语调和情绪都有利于孩子语言能力及人际交往能力的发展。

（5）有利于家庭关系和谐

在21世纪，手机给我们带来了极大的便利，但是手机会导致家庭成员之间面对面交流互动的时间变少，家庭关系疏远，我们对孩子的了解也会减少。随着孩子的成长，手机会变成不可逾越的“鸿沟”。

“我只有手机！”这是一位青春期女生说的，她来自单亲家庭，母亲忙于生计，从小就给她配备了一部手机方便联系。渐渐地，这名女生在家做作业、吃饭、睡觉，甚至洗澡都拿着手机，母亲也意识到了孩子手机成瘾的问题，想要和孩子交流时，孩子却说：“现在才知道陪我，但我只有手机。”当初为了方便联系，却没想到将孩子推入沉迷手机的深渊，也破坏了母女关系。

三、如何培养不用“手机带娃”的能力

不用手机带娃有这么多好处，但是要执行起来还是有难度，那有没有具体的方法呢？我们提供了如下几条建议。

（1）及时回应孩子的需求

当孩子主动请家长陪伴时，我们应停下手中的事，认真倾听孩子的请求，站在孩子的角度去看待问题，因为这是与孩子交流的好时机。如果手里确实有丢不

开的事情，可以说："宝贝，请等一等，我马上忙完了这点事就陪你，给我5分钟。"这样孩子有了预期，学会了等待，也是一种很好的教育方式。

(2) 培养孩子的兴趣爱好

当孩子空闲时，兴趣爱好可以有效陪伴着孩子。家长可以鼓励孩子尝试多种活动，比如，孩子可以玩乐高、画画、阅读、做手工、演奏乐器等。当然，家长还可以给孩子布置一些任务，如说我们进入小学之后需要学习的跳绳、立定跳远等。这些活动可以帮助孩子发掘自己的天赋和兴趣，并能提升他们的综合能力。

(3) 营造良好的家庭氛围

幼儿时期的孩子特别依赖父母，这一时期也是家长与孩子建立亲密关系的黄金期，有效陪伴孩子，要放下手机，全身心投入，哪怕只是看着他，只要他回头的时候，就能看见你，眼里全是他，这样的陪伴让孩子充满安全感。一个和睦、有爱的家庭，会让孩子拥有充分的安全感和自我价值感。这样的孩子，会拥有与生俱来的自信、积极乐观的心态，有勇气和自信去探索未知世界，发展自我，完善自我，而不是局限于手机这一片小小天地。

同时，当家里有一个人忙于做家务或者工作时，其他人应主动承担陪伴孩子游戏的任务，相互体恤，孩子在这样的温馨愉快的氛围中会成长得更好。当然，我们还可以邀请孩子与我们一起加入做家务的行列，家务劳动助推孩子自己的成长发展，以为今后能更好地承担家庭责任和社会责任。

(4) 相互约定与遵守

如果实在避免不了孩子使用手机，那么就管理好手机使用时间和使用内容。在交给孩子之前，也要和他们约定好观看时间，时间一到，让孩子及时上交，帮助孩子养成守时、守规则的好习惯。孩子每次使用手机时间不超过15分钟。当然，有些家长在设定时间之后还喜欢提醒孩子还有多久时间到，这种"提醒"带着催促与不信任，我们要充分信任我们的孩子，当孩子做到以后，我们要及时表扬与鼓励。

要做到不用"手机带娃"，我们家长要付出更多的努力，对孩子多一分耐心，分配好自己的工作时间与陪伴孩子的时间，孩子的童年也不应该只是手机和家人忙碌的背影，而应该是家庭的温馨，家人有效的陪伴。家长以身作则、用心陪伴，没有手机的世界、更有爱。

确保孩子的信息安全

在当今数字化时代，保护孩子的信息安全已成为社会各界高度关注的议题。当我们提及保护孩子信息时，实际上是指采取各种措施确保未成年人的个人信息得到妥善保护，避免其个人信息遭到非法手段的收集、利用、泄露或者被不当使用，从而维护他们的隐私权和各项合法权益。

一、信息泄露的风险

我们的孩子正处于幼小衔接的关键时期，他们年龄尚小，身心正处于成长的初级阶段，因此自我保护能力相对较弱。在这个阶段，孩子们对周围世界的认知和探索欲望不断增强，但同时，他们对于个人信息的保护意识却还不够成熟。因此，一旦孩子们的个人信息遭到泄露，可能会对他们的身心健康和生命安全造成严重的影响。

我们知道，个人信息的泄露可能会导致各种问题的出现，如诈骗、恶意骚扰等，这些问题可能会对孩子们的心理健康产生负面影响，甚至可能导致他们产生恐惧、焦虑等情绪。此外，如果孩子们的个人信息被不法分子利用，可能会对他们的生活造成更大的困扰，甚至可能危害到他们的生命安全。例如，2018 年有位上海的李先生因为在微信朋友圈晒娃，让孩子和家庭陷入了危险中。2018 年 7 月 15 日晚，李先生收到快递过来的一封信，信中对李先生的成长经历、经济状况、家庭成员都了如指掌，甚至两个孩子在哪读书、将要参加夏令营的具体时间都异常清楚。在信中，对方让李先生给他 170 万元人民币，并以李先生家人的安危为要挟，防止其报警。17 日，警方抓获犯罪嫌疑人由某。经民警现场询问，由某在朋友圈经常看到李先生晒娃，晒家庭经济，一时心生歹念。像这样因为孩子信息泄露并进而引发威胁其安全的事件，屡见不鲜。

因此，我们必须高度重视孩子的个人信息保护问题，关注并保护孩子的个人信息安全。同时，我们还需要加强对孩子的教育，帮助他们树立个人信息保护意识，并提升其在个人信息保护方面的能力，避免个人信息的泄露。

二、信息泄露的渠道与途径

（1）随意分享

随着社交媒体的盛行，很多家长喜欢在各种平台上分享孩子的照片和视频，用以记录孩子成长过程中的每一个有纪念价值的时刻。这种行为，本质上是一种记录和分享孩子成长的喜悦，是可以理解的。然而，这种“晒娃”行为如果没有确保孩子的个人信息得到充分的保护，就很容易将其泄露。

（2）随意填写

很多商家或机构在举办线上或线下活动时，常常会要求填写一些表格或问卷，以收集参与者的信息。家长在带着孩子参与这些活动时，可能会不经意地填写了孩子的姓名、年龄、学校，甚至家庭住址等敏感信息。这些资料一旦落入不法分子之手，就可能成为他们进行诈骗或其他违法活动的工具。

（3）随意扔弃

印有孩子个人信息的文件、用过的物品等如果随意被扔弃，都可能成为泄露隐私的隐患。想象一下，孩子的成绩单、报名表，甚至是废弃的校服上，都可能印有孩子的姓名、学校、班级等敏感信息。这些信息若落入不法分子之手，不仅可能用于诈骗活动，还可能让孩子的安全受到威胁。

（4）随意透露

当孩子在上网时，由于缺乏家长的密切监督和指导，他们可能会毫无顾忌地与陌生人分享自己的个人信息。这种行为可能会带来安全隐患，因为不良分子可能会利用这些信息对孩子进行欺骗、骚扰甚至侵害。

因此，作为家长，我们需要时刻保持警惕，并加强对孩子个人信息保护的意识。

三、防止信息泄露的方法

（1）针对随意分享

首先要意识到保护孩子隐私的重要性。因此，在分享孩子的照片或视频时，应当审慎考虑，避免在公开场合暴露孩子的个人信息，如孩子的姓名、学校、所住的小区和孩子的行程，如几点上课、几点放学、什么时候要去上培训班、什么时候要去哪里玩等。同时，家长还可以在社交媒体平台上设置合理的隐私权限。例如，限制陌生人查看自己的帖子，或者为特定内容设置密码保护，确保只有经过授权的亲友才能查看。

（2）针对随意填写

孩子的个人信息一旦被滥用，不仅会对孩子的安全造成威胁，还可能给家庭带来无尽的困扰和损失。因此，家长必须审慎对待每一份需要填写个人信息的表格或问卷。对于不必要的个人信息，应当坚决拒绝提供；对于必须提供的信息，也应当采取必要的措施进行保护，确保信息的安全性和隐私性。只有这样，才能有效地防止孩子信息泄露。

（3）针对随意扔弃

首先，对于印有孩子信息的文件，如成绩单、报名表等，家长应当视为重要文件妥善保管。如确实不需要时，也不应直接丢入垃圾桶，而应使用碎纸机彻底销毁，或反复涂画覆盖关键信息后再行丢弃。其次，家长在更换或淘汰使用过的电子产品时，如旧手机、平板电脑等，务必先进行数据清除和恢复出厂设置，以确保信息安全无虞。此外，对于孩子穿过的衣物、使用过的玩具等物品，在转卖、捐赠或扔弃时，仍要注意避免泄露孩子的个人信息。例如，在捐赠衣物前，可以剪掉标签上的名字和尺码信息；在转卖玩具时，尽量不提供孩子的照片或使用场景等。

（4）针对随意透露

除了家长的努力外，培养孩子自身的隐私保护意识同样重要。我们可以利用一些寓教于乐的方式，如通过角色扮演游戏、观看相关教育视频或参与在线研讨会等，加深他们对隐私保护重要性的理解，给他们传授识别潜在风险、保护个人信息的基本知识；还可以与孩子一起制定家庭隐私保护规则，如规定孩子在社交媒体上发布的内容需要经过家长同意，或者设置特定的隐私设置来限制陌生人的访问。同时，家长自身也要成为孩子的榜样。在日常生活中，我们应该注意自己的言行举止，不要随意透露家庭成员的隐私信息，尤其是在公共场合或社交媒体上。通过家长的示范，孩子能够更加直观地理解隐私保护的重要性，并学会在类似情境中做出正确的选择。

随着科技的不断发展，新的隐私威胁也在不断涌现。因此，我们需要保持对新技术、新应用的关注，及时了解并掌握相关的隐私保护知识和技巧。只有这样，才能更好地指导孩子应对各种隐私风险，保护他们的个人信息安全。

总之，保护孩子信息需要家长的耐心和持续努力。通过家长的引导和教育，孩子将逐渐学会识别潜在风险、保护个人信息，成为具有隐私保护意识的现代公民。

专题六

性教育

应对性好奇

一、产生性好奇的原因

（1）生理因素

在这个阶段，儿童的身体开始出现一些细微的变化。例如，女孩子可能会发现自己和男孩的身体形状有所不同。这些身体上的变化会引发他们的好奇心，他们会想要弄清楚这些变化的原因。此外，儿童的神经系统也在不断完善，大脑对周围各种刺激的感知能力增强。他们能够更加敏锐地察觉到自己身体的各个部位，包括生殖器。这种对身体的自我感知会促使他们对性相关的内容产生好奇。

（2）心理因素

孩子在这个阶段对周围的一切都充满好奇。他们喜欢提问，对各种事物都想要一探究竟。性知识也是他们所接触到的众多知识领域中的一部分。当他们听到大人谈论与性相关的话题（即使是很模糊的提及），或者看到一些相关的画面（如电视上的亲密镜头），就会产生强烈的好奇心，想要知道这些内容到底是什么意思。

（3）社会因素

在幼儿园或者和邻居小朋友玩耍的过程中，孩子会互相交流。如果有的孩子已经从其他渠道（如哥哥姐姐的讲述、偶然看到的书籍等）接触到一些性知识，他们可能会在同伴之间分享。这种同伴之间的交流会引发其他孩子的好奇心，促使他们也去探索性与相关的内容。

二、培育孩子对身体发育的正确认知

英国著名哲学家罗素曾说：“回避绝对自然的东西就意味着加强，而且是以

病态的形式加强它的兴趣。”相信许多家长都教过孩子认识自己的身体部位，但当孩子指着自己生殖器官问你“这是什么?”时，作为家长你是怎么回答的?蒙混过关还是告诉他这是“阴茎/阴部”?针对“我知道我的生殖器官叫________”这一问题，各类答案层出不穷。我们习惯了委婉、模糊的说法，而当我们对孩子的生殖器官使用委婉、模糊的说法时，等于告诉孩子，这个部位让人觉得不舒服或与众不同，这时，我们已经无意中将羞耻或内疚感引入身体这个部位。更危险的是，如果我们对孩子模糊地表达生殖器官，这就意味着，如果孩子的那个地方出现了什么问题，任何家庭以外的人都难以和孩子准确沟通，我们可能在伤害孩子的一部分自我保护的能力。因此，当孩子指着自己的生殖器官问到“这是什么”时，不妨告诉男孩“这是阴茎，这是阴囊”，告诉女孩“这是阴部，这是阴道”。如果你感觉难以说出口，可以从现在开始练习说出正确的性器官名称，直到“脱敏”为止。这会对你和孩子有所帮助。当孩子问到“我从哪里来”等问题时同样需要正面回答，尊重事实。

（1）价值上：注重积极正向的价值引导

当我们引导孩子认识自我、了解自我身体发育时，要有意传递“接纳自我、珍爱生命”的价值观。生殖器官是人类延续生命的器官，是人体圣洁的器官。不要让孩子产生“生殖器官是羞耻的”想法。例如，在教孩子认识阴道口时，我们可以告诉孩子：“这是阴道口，是小宝宝从妈妈肚子里‘钻出’的口，这里面有一条通道与妈妈肚子里的子宫相连，这就是人类的‘生命通道’。”这既可以让孩子认识到生殖器官的神圣、伟大，还可以给孩子讲讲他在妈妈身体里的生命历程，让他体会令人敬畏的生命延续。

（2）时间上：抓住及时、恰当的时机

“担心讲述过多关于身体发育与卫生保健知识，孩子早熟”这一观点，其实是家长的误解，事实与家长担忧的恰恰相反。根据孩子的年龄特点进行身体发育教育可以恰当满足孩子的好奇心，避免孩子盲目尝试。因此，应做到及早教育、灵活教育。家长要善于抓住生活中的教育契机来跟孩子谈身体发育问题。例如，洗澡时，可以教孩子认识身体部位。当你和孩子一起逛公园时，看到一个怀孕的阿姨，可以对他说“有一个小宝宝正在阿姨的子宫里发育”之类的话。

（3）语言上：符合孩子的年龄特点

对于幼小衔接阶段的孩子而言，精子、卵子、胚胎等概念，难免生涩难懂。因此，当父母在引导孩子认识身体孕育、成长基本常识时，要考虑孩子的年龄特点，尝试用生动的、儿童化的语言引导。例如，当孩子问道：“我是如何诞生的？精子、卵子是什么？”你可以这样回答：“精子是由爸爸提供的，卵子是由妈妈提供的。精子有一个头和一个尾巴，游起来像小蝌蚪一样，而卵子像一个透明或半透明的圆球。精子在‘长长的隧道’里‘全速前进’，‘争先恐后’地‘寻找宝藏’，最强壮的精子‘挖’开卵子并‘建筑’一道‘厚厚的城墙‘将其他精子阻挡在外。最强壮的精子和卵子共同构成了孕育宝宝所需的‘配方’——‘受精卵’，‘受精卵’种在‘子宫’这片土壤上，从子宫汲取营养，慢慢长成了你。”

（4）方法上：选择多种方式

在对孩子的身体发育教育上，可以选择多种方式，如游览生物博物馆、观看科普视频、阅读科普书籍都是不错的选择。绘本推荐：《我从哪里来》《小威向前冲》《绝对不能保守的秘密》等。

身体是生命的载体，是成长的通道。人类身体发育遵循自然规律、科学机理。引导孩子正确认识身体发育，就是在帮助孩子正确认识自我、他人与世界。家长应以科学的原则、积极的价值引导，抓住及时、恰当的教育时机，善于借用多种工具，用儿童化的语言，坦率、诚恳地与孩子交流身体发育的知识。这样的对话将为孩子健康、快乐、幸福的人生奠基。

建立性别意识

一、了解儿童性别意识的发展阶段

“多大的孩子开始形成性别意识?”“年纪小会不会影响他人隐私?”这两个问题是社会热议的话题。如“男童进女更衣室让人困扰”“男童能不能进女澡堂”的新闻每隔一段时间就会引起线上线下的激烈讨论。爸爸妈妈们需要知道，其实孩子意识到男女的不同会比我们想象得还要早，而家长应尽早帮助孩子建立性别意识。

儿童早期是人生中十分重要的一个时期，让孩子意识到什么是性别，这是性教育的第一步，也是重要的一步。

那么大家知道孩子几岁开始会有性别意识吗？接下来咱们来详细了解孩子性别意识发展的三个阶段。

第一阶段：2—3岁，形成性别认同阶段。

在2岁左右的时候，孩子就会意识到男孩和女孩之间的身体差异。在快满3岁之前，大部分的孩子能够很清晰地表达“我是男孩”“我是女孩”。不过有趣的是如果一个小女孩总是剪短发，总是穿裤子，那么她极有可能在大部分时间里认为自己是个“男孩子”，所以这个阶段的孩子意识到男女的不同更多的是通过衣服、发型等外部可以明显观察到的特征，如蹲着上厕所的是女生，站着上厕所的是男生。

第二阶段：4—5岁，性别稳定性阶段。

在4岁左右的时候，孩子的性别意识基本稳定，之后他们也会开始通过更加明显的行为来展示他们的“性别认同”，如区分哪些是“男孩做的事”或“女孩做的事”。就拿简单的玩玩具来说，女孩可能会更倾向于玩洋娃娃或者堆房子的游戏，而男孩子可能就会更倾向于玩小汽车或士兵打仗的游戏。在5岁后，孩子开始认识到性别不会随着自己长大而发生变化。

第三阶段：6—7岁，性别一致性阶段 。

孩子认识到性别也不会随外界条件的改变而改变。换句话说，就是女孩子不再因为自己剪了短发，穿了裤子就认为自己是“男孩子”了，她们理解到性别的区别是身体的差异。

随着性别意识的发展，孩子可能会开始问一些与性有关的问题，比如有一天我的女儿就问我：“妈妈，我可不可以站着尿尿啊?”如果你的孩子也开始问“我是从哪里来的?”“为什么我和男生的身体不一样”？等问题，家长请不要愣神，其实这是因为孩子们开始对性别产生了好奇，对于孩子来说这是一个自然的过程，孩子提出这些问题恰好说明他们的心理发展过程是正常的，爸妈们可以开始开展早期性教育了。

二、如何培养性别意识

家长该怎么培养孩子的性别意识呢？接下来提供一些建议供大家参考。

（1）抓住时机，认识男生和女生的不一样

很多两三岁的宝宝可能已经发现男孩和女孩的身体是不同的，这个时候家长就可以借助一些图片或绘本故事来帮助孩子了解男孩和女孩之间的差异。家长还可以在孩子穿衣服或洗澡时，向孩子介绍一些生殖器官的正确名称，让孩子更加清晰地了解性别差异是因为生殖器官的不同。家长不必感到尴尬，其实越早开始介绍，孩子反而越不会感到害羞。不过有一点非常值得注意：家长一定要告诉孩子，内衣、泳衣覆盖的隐私部位除了父母和就诊时的医护人员之外，其他任何人都不能看、不能摸。当然，也要教育孩子不能随意去亲吻他人或触碰别人的隐私部位。

（2）自然融入生活的性别教育

当妈妈给一个4岁的女孩子穿短裤时，她可能会拒绝：“我是女孩子，我要穿裙子”。所以孩子在3岁以后，家长在孩子的穿衣打扮上就要开始注意了，男孩要穿男孩的衣服，女孩要穿女孩的衣服，不能男女不分，或给孩子穿很中性的衣服，买玩具也要有所侧重，这样他们才能对自己的性别有更强的认同感。

（3）注意避免给孩子传达性别刻板印象

比如，认为“男性就应该在外打拼事业，女性就应该多照顾家庭”，这就是性别刻板印象。有家长认为女孩子就应该文静，或者男孩子哭的时候，就会被说“不像男子汉”，这也会无意识地给孩子强化了性别刻板印象。其实，“男孩子该做的事”和“女孩子该做的事”之间并不存在绝对的界限，传统观念中很多男孩能做的事情女孩也能做，甚至有的女孩子还可以做得更好；而女孩做的事情男孩也可以做，就像“上得厅堂下得厨房”一般用来形容女性，可是世界上有很多大厨都是男性。也就是说，当孩子有自己的喜好时，家长不能太刻板。

甚至，家长可以有意识地引导孩子和不同性别的小伙伴玩耍，鼓励孩子去尝试不同性别的活动，如鼓励女孩子多去参加一些体育活动，男孩子也可以参与一些烤饼干、烤蛋糕之类的活动。向孩子传达只要他们喜欢的事情都可以做，而且爸妈还会鼓励他们。

（4）鼓励父亲参与孩子的教养过程

有研究表明孩子会本能地模仿父母，而且当他们3岁以后，会开始更多地模仿父母中与自己同性别的那一位。也就是说，如果你家的孩子是男孩，就需要爸爸多陪孩子玩一玩；如果是女孩，妈妈就要多和她相处。5岁之后，应该由爸爸带着男孩洗澡和上厕所，妈妈带着女孩洗澡和上厕所。爸爸对孩子的成长是很重要的。已有调查显示：缺乏父亲教养的男孩更容易事事依赖母亲，而缺乏父亲教养的女孩会很难去了解男性，不利于他们青春期与异性的交往。这也提醒各位爸爸要积极参与孩子的教育过程。

（5）正确认识孩子的“偏差”行为

在某个阶段，有些孩子可能会出现一些与性别不符的“偏差”行为，如女孩坚持要站着上厕所，男孩喜欢玩洋娃娃、穿裙子等。如果有这种情况，爸妈们不必紧张，可以先观察一段时间，随着孩子年龄的增长，这种“偏差”行为会逐渐消失。如果一直存在，爸妈觉得有必要的时候，可以寻求专业医生的建议。

其实，孩子的性别意识普遍发展较早，爸妈们千万不要谈性色变，当孩子开始产生性好奇时要充分利用各种资源来对孩子进行早期性教育，传授给他们一些基本的生理知识和自我保护意识，当然，孩子的性教育还需要建立在良好的亲子关系和家庭关系之上。

专题七

家庭沟通

达成教育共识

孩子的成长离不开家长的悉心养育，可很多家庭似乎都面临着一些相似的问题和困扰，其中之一便是关于孩子的教育，家长之间没有达成共识。一个控制压迫，另一个顺其自然，分歧就产生了。一个要求严格，另一个溺爱有加，矛盾就出来了。一个管教，另一个保护，隐患就埋下了。那么，家庭教育不一致具体会给孩子的成长带来哪些不良后果呢？

一、家庭教育不一致的影响

我们来看一个具体的案例：鑫鑫是一个6岁的男孩，父亲性格严肃、强硬，母亲则较为溺爱他。父母在教育鑫鑫时经常出现分歧。

场景一：晚餐时，鑫鑫想快快吃完饭去看电视，以至于桌上撒满了饭菜。父亲见状十分生气，认为鑫鑫是在故意浪费粮食，于是要求鑫鑫把桌上的饭菜捡起来吃了，以此培养他的节约意识和责任感。母亲心疼鑫鑫，觉得父亲的要求过于严厉了。父亲觉得孩子的母亲是在纵容孩子的不良习惯，因此和母亲发生了激烈的争吵。

鑫鑫在这种矛盾的教育下，会感到困惑，他不知道自己是应该听从父亲的严格要求，还是应该接受母亲的温柔理解。这种不确定性导致他难以形成稳定的饮食习惯和节约意识，甚至可能在其他行为上也表现出同样的犹豫不决，从而很难培养出良好的行为习惯。

场景二：鑫鑫在幼儿园与同学发生了矛盾，动手打了对方，老师将情况告诉了家长。父亲认为鑫鑫应该主动道歉，学会承担责任，解决问题。母亲则认为是对方骂人在先，鑫鑫不过是为了维护自己的权益，对方也应该给鑫鑫道歉。

鑫鑫在家庭内部感受到的两种截然不同的处理方式，这会让他觉得在家庭中也难以找到稳定的支持。他可能会开始怀疑自己在家庭中的地位和价值，进而产生自责和自卑情绪。同时，他也可能学会在人际交往中采取同样矛盾的态度，既想承担责任，又怕被误解，导致在建立良好人际关系时遇到困难。

随着时间的推移，鑫鑫在家庭教育中不断接收到相互矛盾的信息，他的价值观念会变得越来越模糊。他可能会学习利用规则的漏洞来逃避责任，或者在不同的人面前表现出截然不同的行为模式。这种不稳定性和矛盾性会严重影响他的人格发展，使他在未来的生活中难以做出正确的判断和决策。例如，在职业生涯中，他可能会因为缺乏坚定的信念和责任感而错失良机；在婚姻家庭中，他可能会因为无法有效沟通和协调而面临困难。

因此，为了孩子的健康成长和全面发展，家长应该努力保持教育上的一致性，共同为孩子营造一个和谐、稳定、温馨的家庭环境。

二、策略与技巧

（1）了解彼此的教育观念

这里有两个很好用的方法。

第一，坦诚沟通。家庭需要建立一个开放、坦诚的沟通环境，让每个人都可以表达自己的教育观念和想法，同时也要认真倾听他人的意见和看法。

第二，分享经历。分享各自的教育经历和背景，有助于增进相互理解和尊重。例如，父母可以谈谈自己小时候是怎么被教育的，以及这些经历如何影响他们现在的教育观念。

（2）共同探讨教育目标

第一，明确目标。家庭成员应共同探讨并明确孩子的教育目标，包括学业成绩、品德修养、兴趣爱好等多个方面。明确的目标有助于形成共识，并在教育过程中保持一致。

第二，协商制订计划。基于共同的教育目标，家庭成员可以协商制订详细的教育计划。计划应考虑到孩子的年龄、性格特点和个人需求，同时也要确保家庭成员之间的分工与合作。比如，妈妈负责孩子的学习，爸爸负责孩子的体育锻炼。

（3）采用有效的沟通技巧

这里有三个技巧要分享给大家。

①避免指责：在沟通过程中，应避免指责和攻击对方。更不能直接在孩子面

前表现出对对方的不满。与之相反，采用理解、尊重、鼓励等积极的方式来表达自己的观点和想法会更容易让人接受。

②倾听与反馈：倾听对方的意见并给予积极的反馈是非常重要的。通过倾听，可以了解对方的想法和需求；通过反馈，能表达自己的理解和支持。

③肯定共同点：在沟通过程中，家庭成员应充分肯定彼此教育理念的共同点，以此为基础展开讨论和协商。这样可以减少分歧，增加达成共识的可能性。

（4）保持持续沟通

家长可以试试下面两种方法。

①定期沟通：家庭成员应定期举行家庭会议或进行个别沟通，讨论孩子的教育问题及其进展。这有助于及时了解情况、调整策略和达成共识。

②灵活调整：随着孩子的长大、教育环境的改变，家庭成员的教育观念和目标也可能发生变化。因此，家长需要随时调整教育计划和方法来适应新的情况。

（5）注重情感联结

情感联结最重要的是建立信任：家庭成员之间要建立信任关系，相信彼此都是为了孩子的健康成长而努力。这种信任关系有助于减少分歧和冲突，增强共识并达到合作的目的。表达爱意更是不可缺少：在沟通过程中，家庭成员应表达对孩子的爱意和关心。孩子感受到了爱，会更容易接受教育。

这种情感联结有助于增强家庭凝聚力并促进教育共识的达成。

（6）寻求专业帮助

如果在家庭教育问题上存在严重分歧且难以解决，家庭成员可以寻求教育专家、家庭教育指导师等专业人士的指导和建议。这些专业意见有助于减少主观臆断，增加决策的科学性和客观性。

家庭教育不一致会影响孩子的行为习惯、人际关系甚至人格的形成。因此，家长需要采取一些策略和技巧，例如，了解彼此的教育观念，共同探讨教育目标，采用有效的沟通技巧，保持持续沟通，注重情感联结，以及寻求专业帮助来达成教育共识。教育的共识是爱的凝聚，更是智慧的体现。一个和谐、温馨、充满爱的教育环境会让孩子更加健康、茁壮地成长。

正能量家长群

我想问你一个问题：你加入家长群是为了什么？不少家长会说，是为了促进家校沟通，增进家长之间的交流，共同关注孩子的成长，等等。

我们都知道，家长微信群是学校和家庭之间沟通的重要桥梁，它为我们提供了一个便捷的交流平台，让我们能够共同关注孩子的成长。一个充满正能量的家长群，对于孩子的教育和发展有着不可忽视的积极影响。

然而，近年来出现了一些传播负能量的家长群。如某班家长微信群内，群成员大多是对孩子教育极为关注的家长。随着时间的推移，逐渐出现了过度关注成绩、过度溺爱或苛求孩子等倾向。此外，部分家长还经常在群里抱怨老师的教学方法、学校的管理制度等，导致群内氛围日益紧张。

那么，这样的家长群会带来哪些不良影响呢？

首先，家长传递的负能量言论容易给孩子带来错误的价值观念，导致孩子产生焦虑、恐惧等负面情绪，甚至影响他们的心理健康和成长发展。

其次，家长群的负面消息容易破坏学校的声誉和形象，导致学校、教师和家长之间陷入信任危机，进而影响教育教学工作的正常开展。

最后，负能量传播可能引发社会舆论的负面效应，加剧社会焦虑和不信任感，更无助于孩子的健康成长。

这就与我们建立家长群的初衷背道而驰了。那么，该怎样发挥家长群的正能量呢？

有个小故事：有个叫萌萌的小朋友，在幼小衔接阶段，对数学特别头疼。萌萌的妈妈在家长群里求助，马上就有家长推荐了一些有趣的数学启蒙游戏和动画片。还有家长建议，可以在日常生活中，通过购物、分水果等方式让孩子不知不觉地接触数学。在大家的帮助下，萌萌不再害怕数学，甚至还对它产生了兴趣。

在这个家长群里，大家互相尊重、理解、支持，共同为孩子们的成长创造了积极向上的环境。其实，构建正能量家长群的做法并不难。

①积极发言：主动分享积极的教育经验、孩子的成长进步、有趣的亲子活动等。

②鼓励与赞美：对其他家长的分享给予真诚的鼓励和赞美，让大家感受到温暖和支持。

③传递正面信息：不传播焦虑、抱怨和负面言论，而是多分享孩子在幼小衔接阶段的进步、成长和快乐瞬间。

④组织有益活动：可以提议组织一些线下的亲子活动、学习交流活动等，增强群内家长和孩子之间的联系和互动。

⑤尊重他人：在交流中始终保持情绪稳定，对他人观点和意见的尊重，不发表攻击性的言论。

⑥传播正确教育理念：分享科学合理的教育方法和理念，共同提升教育素养。

⑦维护群秩序：遵守群规，不发无关广告或不良信息，确保群内环境健康。

⑧化解矛盾：当群里出现分歧或小摩擦时，以平和、理性的方式协调解决，避免事态扩大。

⑨引导正确方向：当群内讨论出现偏差或消极倾向时，及时引导，将话题引回积极、有益的方向。

正能量的家长群建设离不开群中每一位家长的参与和付出。让我们共同铸就一个充满正能量的家长群，让我们为孩子的美好未来一起加油！

专题八

父母成长

建立安全依恋

20世纪40年代，英国心理学家约翰·鲍尔比（John Bowlby）首次提出了“依恋”的概念，并将其应用于母婴关系的研究中。此后，依恋理论得到了广泛的关注和研究。研究者们发现，不仅母婴之间存在依恋关系，人与人之间也存在着各种形式的依恋。那么，正在慢慢长大进入小学的小朋友们，如何建立安全依恋呢？

首先我们需明确安全依恋的概念。安全依恋，顾名思义，是指孩子与主要照顾者之间建立的一种深厚的、稳定的、安全的情感联结。

案例1

天天是一名一年级新生，自他出生后6个月起，他便与爷爷奶奶在老家生活，直到幼儿园毕业的这个暑假父母才将天天接到身边抚养。从开学第一天，天天就和爸爸妈妈上演了“上学拉锯战”，爸爸妈妈用了很多办法，但天天始终抗拒进入校门。此外，天天还不愿意参加集体活动，情绪易波动，脾气比较大，喜欢一个人玩或自言自语。

从这个案例中，我们可以发现天天由于未能与爸爸妈妈建立起安全的依恋关系，在情绪管理、社交互动等方面出现问题。因此，我们需要重视父母与孩子之间的互动。

一、增强孩子的自信心

在安全依恋的关系中，孩子会觉得自己是值得被爱的，他们的感受和需求是被重视的。孩子在这样的环境中成长，会对自己的能力和价值有一个正面的认识，从而更加自信地面对生活中的挑战和困难。

二、培养孩子的人际交往能力

通过与父母建立起深厚的情感纽带，孩子学会信任他人，学会表达自己的需求，理解和尊重他人的需求，与他人建立良好的互动和沟通。这种能力的培养对孩子未来的社交生活至关重要，将帮助他们建立良好的人际关系，提高他们在社交场合中的适应能力。

三、提高孩子的情绪管理能力

在安全依恋的关系中，孩子能够感受到稳定和安全，这有助于他们更好地理解和处理自己的情绪。这种情绪管理能力的培养对孩子未来的心理健康和幸福感至关重要。

四、安全依恋对孩子的重要性

在安全的环境中，孩子能够更自由地探索周围的世界，学习新知识，发展想象力和创造力。因为他们可以自由地表达自己的想法，尝试不同的可能性。

总的来说，孩子建立安全依恋后，有安全感，对待分离就不会焦虑。他们自尊、自信，敢于探索新事物，接受新挑战，积极解决问题。长大后，他们社交性强，青春期叛逆行为概率也会越低。

针对在早期成长过程中，没有建立安全依恋，未能形成安全感，像天天这样的孩子，家长应该如何着手？在幼小衔接这个关键时期，采取何种措施来增强孩子的安全依恋感呢？

首先，我们需要知道的是，安全依恋的建立并不是一朝一夕就可以完成的，它需要一个长期的过程。特别是在幼小衔接这个重要的阶段，孩子正处于从家庭环境向学校环境过渡的关键时期，这个时期的经历对他们来说至关重要。因此，父母需要为他们提供一个充满爱、理解和支持的环境，让他们感受到来自父母的关爱和重视。

建立安全依恋可以从以下五个方面来着手。

（1）多陪伴，多互动

因为前期陪伴的缺失，家长需要投入更多的时间和精力，与孩子一起玩耍、聊天，共同度过美好的时光，共同创造美好的回忆，营造温馨和谐的家庭氛围。同时，要通过与孩子进行更多的身体接触和亲密互动，如摸摸头、拍拍肩、抱一抱等方式，这样不仅可以增进亲子关系，可以让孩子在家长身上找到安全感和信任感；还可以多参与孩子学校的活动，表现出对他们成长的兴趣。

（2）多表达，多付出

对于安全依恋不强的孩子，家长应更为注重通过言辞表达，以明确传达对他/她的爱。不要含蓄，“爱”要大声说出来，以确保孩子能够深刻感受到。同时，还要多花心思在孩子身上，如给孩子创造一个稳定、有序的家庭环境。这包括有规律的日常生活安排，如固定的吃饭时间、作业时间和睡觉时间等。让孩子能在一个可预测且充满安全感的氛围中成长。

（3）多倾听，多尊重

在与孩子相处的过程中，家长应该多倾听他们的声音，多理解他们的想法，多尊重他们的感受，这样才能更好地了解孩子们的内心世界。如设立“倾听时间”，每天一个固定的时间，如晚餐过后的20分钟，一家人围坐在一起，聊一聊当天发生的事情，要求听的人要全神贯注，不打断、不指责；还可以“阅读讨论”，一起阅读书籍和故事，或看看一些有意义的视频，然后讨论故事情节、角色和自己的感受。为孩子创造一个分享的情境，孩子更乐于说出自己真实的感受，对于孩子的感受家长不去评价，而是用“我能感受到你的心情”“确实，我也有同样的感受”等去回应，让孩子感受到被理解和接纳。这样的互动不仅让孩子在交流中学会了如何表达自己的情感和观点，也加深了亲子间的情感连接，增强了孩子对家长的安全依恋。

（4）多支持，多肯定

鼓励孩子参与各种活动，让他们感受到自己的能力和价值，从而增强他们的自信心。同时，当孩子遇到困难和挑战时，要提供情感支持和鼓励。例如，在学习上遇到了困难，家长应当首先采取倾听与理解的态度；随后，以鼓励的方式给予支持，告诉孩子每个人的学习速度都不一样，重要的是不断尝试，接着共同寻找解决的方案，最后就是要肯定和表扬孩子的努力和进步，无论进步多小，都应该庆祝他的每一步成长。

（5）多引导，多示范

在教育孩子的过程中，家长应该更多地采用引导和示范的方式。例如，要教会孩子如何与人相处，家长先要做一个友善待人的人，让孩子在日常生活中看到家长是怎么做的，从而学会正确的人际交往方式。另外，家长还可以和孩子一起玩角色扮演，模拟两个人发生矛盾的场景，一起想办法解决问题。又如，要教孩子学会调节情绪，家长可以展示当自己感到生气和失望的时候，如何冷静下来，用深呼吸或其他方法处理情绪。

总的来说，在幼小衔接阶段，家长需要关注孩子的情感需求，为他们提供一个充满爱、理解和支持的环境，帮助他们建立安全感。同时，我们还需要注意培养孩子的自我价值感，增强亲子关系，引导孩子建立良好的人际关系，从而更好地建立孩子的安全依恋。

关注自身健康

一、家长的健康状况

身为父母，你或许有这样的经历——下班回家进门的那一刻，看到四处的涂鸦、散落的玩具，整个人气得牙痒痒；又或是计划着在孩子睡着之后赶份报告，结果他洗澡就跑，睡觉就闹，软磨硬泡都不行，最后“奋战”到深夜，令人抓狂。照料孩子是件辛苦的事情，对精力、体力都有极大的消耗，同时还要兼顾好工作与家务，这对一个成年人来说，无论是生理还是心理，都是极大的挑战。稍不留神，便将牺牲了健康作为了代价。

作为家长，在呵护孩子成长的过程中，你对自身的健康状况敏感吗？是在疲惫不堪、情绪不高时就有所关注？还是等身体出现了不适才引起警觉？或是总认为咬咬牙，就能扛过去？自身健康不容忽视，我们的健康状况将直接关系到整个家庭的幸福与和谐。孩子看到我们对待身体的态度，也会形成自己的健康观；我们的身体好了，对孩子的成长也能产生积极影响。因此，关注自身健康，至关重要！

在与身边朋友聊天，或是刷朋友圈时，家长们都特别关注孩子的身心健康，很少谈及自身的健康状况，甚至会忽视一些身体发出的亚健康信号。亚健康信号有情绪紧绷、久坐不动、膳食不均、长期熬夜等。现代社会，工作、生活节奏很快，我们经常处于紧张高压的情绪之中。也许很小的一件事情，都能将抑制住的情绪瞬间点燃，让人上火烦躁。研究表明，人在紧张和精神压力大的状态下，免疫力会降低，从而引发免疫性疾病，造成不可逆的后果。

二、影响健康的因素

①日常工作久坐不动很普遍。电脑前一坐就是一个上午，匆匆吃过午饭后，继续专注在电脑前。忙完工作忙家务、忙孩子，没有多余的时间出去运动。生命在于运动，长期不运动，肌肉力量不足，组织机能下降，健康问题接踵而至。

②快餐、外卖给忙碌的我们带来便利，却也给健康带来了不利影响。有时忙

着接送孩子去兴趣班，便会选择随意糊弄几口。饮食不规律、营养不均衡，健康红灯也会亮起来。

③白天忙得不可开交，到了深夜，终于有了属于自己的时间，可以追剧、刷短视频，做些自己想做的事情，不知不觉就到了半夜，这也错过了各个身体器官休息修复的最佳时段。得不到及时修复，身体的损伤会越来越大，免疫力也越来越低，自然难以抵抗各种病毒的侵袭。

也许上述几点你都感同身受，甚至也曾犯过愁。别急，其实只需做出几个小改变，就能更好地呵护自身健康。

三、改善自身健康的方法

我们先从饮食起居的改变入手。简单来讲，就是把握住“规律”这个词。

①规律进食：避免我们暴饮暴食、过饱过饥。当然，还要尽可能地保证营养均衡。我们经常说孩子挑食、偏食，想一想，大人在这方面就做得很好吗？不妨跟孩子做一个有趣的约定：今天将“彩虹”吃到肚子里。比如，今天吃到了红、绿、白、橙、紫五种颜色的食物，这样的搭配就不错，营养价值也少不了！颜色越多，食谱越丰富，营养则越均衡。

②规律作息：睡眠是身体修复和休息的重要途径，和孩子一起早睡早起，便是简单又有实效的做法。有一位妈妈，她描述了家里在睡前是什么样的——晚8：30睡前故事时间，给儿子念他最爱的故事，同时同他一起洗脸、洗脚；晚8：50喝水、刷牙、上厕所；晚9：00全家熄灯，坐在儿子床前，跟他互道晚安，看他安静入睡。随后，也进入自己的睡前例行流程。当然，由于工作、家务等多方面因素，父母不可能与孩子的作息完全“捆绑”在一起，因此制订一个“尽量早睡计划”就很有必要了。既有弹性的空间，又能让全家人都有早睡意识，一起养成良好的睡眠习惯。

③规律运动：适当的运动可以促进血液循环，增强心肺功能。我们可以利用碎片化的时间，选择合适的运动方式，让自己的身体保持良好的状态。另外，可以把部分的运动时间调整为亲子时间，平日里和孩子一起打球、散步、慢跑；到了周末，一起去游泳、爬山、骑行等，都是不错的选择。家长和孩子充足的户外活动有了保障，惬意有活力的“亲子时光”更是值得享受。

有了饮食起居这个“硬件”的小改变，我们在积极心态这个“软件”上也能做出调整。其实，有了健康的生活方式做加持，拥有和保持好心态就不难了。为什么这样讲？

运动之后，分泌的内啡肽、多巴胺都有助于改善情绪，让我们感受到愉悦。“晚上睡个好觉，白天有说有笑”，睡眠时疲劳得以缓解，我们保证了睡眠，也是保证了情绪。我们的压力、焦虑还能通过在亲子时光里积极沟通获得适当调节。

除此之外，还可以怎么做来保持好心态呢？我们可以和孩子一样，寻找乐趣。当拥有了自己的兴趣爱好，生活丰富了，内心丰盈了，在放松和享受的时刻，幸福感油然而生。可以和孩子一起，庆祝成功，无论是大成就还是小进步，都值得我们庆祝，通过这样的仪式感来认可我们做出的努力，自信心倍增。

父母是孩子的第一任老师，在我们关注自身健康的过程中，相信孩子也会在潜移默化之中理解健康、重视健康，学着关注自身健康的。

阶段二

1—3年级

专题一 品德培养

提高自理能力

一、自理能力

总有一些孩子晚上不睡、早上不起，上课总迟到；总有一些孩子丢三落四，书包收不好；总有一些孩子下课光顾着玩，上课再往厕所跑……调查显示，有一部分的孩子因为自理能力较差等问题影响了他们的学习与生活。

自理能力，即自己照顾自己的能力，是最基本的生活能力，是一个人走向独立的基础，它包括生活自理能力、学习自理能力、交往自理能力等。小学1—3年级是整个学习生涯的开端，也是孩子自理能力发展的关键期。在这个阶段，家长帮助孩子树立“自己的事情自己做”的意识，提高自理能力，增强自我掌控感和自信心，对于孩子未来的成长发展至关重要。

二、小学1—3年级的孩子应该发展的自理能力

（1）照顾自己身体的能力

照顾自己身体即能够清楚地知道身体的各项需求并合理地满足。从最基础的按需喝水、吃饭、上厕所、睡觉等，满足生理需求；到洗手、洗脸、刷牙、洗澡等，满足卫生需求；再到不食用过期食品、不前往危险境地、身体不舒服时及时求助等，满足安全需求。

（2）管理自己物品的能力

孩子要管理自己的玩具、学具及生活用品等。孩子需要知道哪些物品属于自己，懂得爱惜自己的物品，有条理地收纳物品，不丢东西，按需准备和整理物品。比如，玩耍后会自己整理收纳玩具，整理自己的房间和书桌，收拾自己的书

包，带齐上学所需物品等。

照顾身体和管理物品是自理能力中最基础的两项内容，随着孩子自理能力水平的提高，还可以逐渐培养时间管理、学业管理、情绪管理与人际交往等方面的内容，如按时睡觉和起床，按时完成学业任务，制定学习目标和计划，能合理表达和控制自己的情绪等。

三、家长在孩子自理能力的养成中起到的作用

（1）家长要做好信息提供者

家长需要通过语言，明确地告诉孩子需要做什么、为什么这么做，以及具体怎么做。比如，在最开始上学时，家长应该具体明确地告诉孩子，每天晚上都需要将第二天要用到的物品整理好放进书包，这样不仅可以节约早晨上学准备的时间，还可以保证所带物品齐全，顺利进行第二天的学校生活。

（2）家长要做好操作示范者

家长需要通过行动示范，教会孩子如何做，帮助孩子掌握方法、习得能力。比如，家长不仅要告诉孩子整理书包，还要亲身示范，带着孩子做一遍。先和孩子一起思考第二天要上哪些课，会用到哪些物品，列出物品清单；然后对照清单准备物品，每备好一件就打勾；然后将书包的空间进行分层划区，合理安排各个区域的功能，如外层放纸巾、红领巾、公交卡等小件物品，内层放课本、文具盒等学习用品，并按高低顺序摆放，两侧放水杯、雨伞等，作业单、通知单等零散纸张统一放进文件袋后再放进书包。

（3）家长要做好行动促进者

很多时候，孩子知道该怎么做，但有可能忘记做，或者就是不愿意做，不能坚持做。这时就需要家长们及时提醒孩子，并运用一些策略来激发孩子的意愿，促进其持续、自觉地行动。这里有如下四条建议，大家可以根据具体情况选择使用。

①讲故事。小学低段的孩子很愿意模仿故事或动画里面的人物，家长可以根据孩子的年龄和兴趣，选择合适的绘本或动画故事，运用对榜样的模仿效应，来激发孩子的兴趣和动力。让孩子在听故事的过程中明白做和不做分别会有什么结果，以及做这些事的重要性。

②玩游戏。利用孩子爱玩的天性，将自理能力的培养融入游戏中。例如，玩角色扮演游戏，让孩子扮演“照料者”，学会给玩偶穿衣服，把玩具送回家；扮演“魔法师”，用“魔法”将房间变得干净整洁等。还可以与孩子开展自理能力

竞赛游戏，如看谁整理衣服又快又整齐、谁第一个起床等。

③编口诀。家长可以根据每一项自理能力的具体步骤，编写简洁明了、易于记忆的口诀。例如，就餐口诀——“吃饭前，先洗手，安安静静坐桌前。左手扶碗，右手拿筷，细嚼慢咽不说话”。在日常生活中，将口诀与具体的自理行为结合起来，教孩子一边说口诀，一边完成动作，能起到事半功倍的作用。

④积分制。孩子做出积极行为，获得相应积分，凭积分换取奖励。家长需要想好目前最想要培养的自理能力是哪几个，每个阶段用积分制激励的行为不能太多，要有针对性。然后根据家庭情况，和孩子一起制定“行为积分对应表”和“积分奖励兑换表”。需要注意的是可以积分的行为一定是孩子目前通过努力可以达到的，兑换的奖励一定是孩子想要的，积分规则一旦实行就要坚持，坚持才能培养起习惯。

（4）家长要做好积极反馈者

家长不仅要给孩子提供锻炼的机会，还要在实践过程中，给予及时有效的反馈。当孩子做得好时，给出具体的表扬，让孩子感受到自己的努力和付出得到了认可，从而不断地强化积极行为；当孩子暂时做得不够好时，家长要耐心指导，教会孩子正确的做法，同时，要鼓励孩子多尝试，给予充分的信任与支持，让孩子在实践中不断学习和成长。

在孩子自理能力的培养过程中，我们不能急于一时，既要相信通过努力孩子是能做到的，也要给予耐心的帮助和支持，让孩子真正“能做到”。

学习交往礼仪

交往礼仪就是我们在与人交流时应该遵循的一些基本规则和习惯。这些规则和习惯能让我们更好地表达自己，也能让他人感到舒适和尊重。良好的交往礼仪，不仅能让孩子更好地融入集体，还能帮助孩子建立和谐的人际关系，为他们的成长打下坚实的基础。从发展心理学的角度来看，小学1—3年级的孩子们正处于一个特殊的成长阶段。他们开始表现出亲社会行为，如帮助、合作、共享、谦让等。他们对新环境的适应能力、对陌生人的适应能力以及对同伴交往的适应能力都在逐渐增强。此时，他们学习交往礼仪就显得尤为重要。

一、主要的交往礼仪

（1）问候礼仪

教育孩子在与他人见面时要主动打招呼，如在电梯碰到认识的邻居叔叔阿姨，要教会孩子主动地问候“叔叔阿姨好”；上学进校门时，要向老师说声“老师早上好”等。同时，也要教会孩子如何回应别人的问候。例如，当同学给自己打招呼时，要积极回应：“同学你好。”一个简单的问候，可以拉近人与人之间的距离，让彼此感到温暖和亲切。

（2）感谢与道歉

让孩子明白当别人给予帮助时要说“谢谢”，如爸爸/妈妈给孩子准备了美味的早餐，孩子可以用“谢谢爸爸妈妈”表达对爸爸妈妈劳动的感谢；当自己做了错事，如不小心打翻了水杯，要主动说声“对不起”。这样可以培养孩子的感恩之心和责任感。一个懂得感恩和道歉的孩子，更容易赢得他人的尊重和友谊。

（3）分享与合作

比如，在小区里和小伙伴一起玩耍时，可以鼓励孩子与他人分享自己的玩具、食物等，并教会他们如何与他人合作完成任务或游戏。这样可以培养孩子的团队精神和合作意识。一个懂得分享和合作的孩子，在集体中更容易获得认同感和归属感。

（4）尊重他人

教育孩子要尊重他人的意见和选择，不要嘲笑或欺负他人。同时，也要让孩子学会换位思考，理解他人的感受和需求。还要学会倾听他人说话，不随意打断他人。一个懂得尊重他人的孩子，更容易赢得他人的信任和尊重。

（5）诚实守信

教育孩子要言行一致，诚实守信。让孩子明白，只有遵守承诺，才能赢得他人的信任，建立良好的人际关系。例如，和小伙伴约定的时间一定要准时，答应要帮忙的事情一定要做到。

二、如何培养交往礼仪

（1）树立榜样

作为家长，我们是孩子最初也是最重要的榜样。良好亲子关系的形成，有利于提高孩子与外界交流的积极性日常生活中，所以我们要主动与孩子进行沟通，在沟通时从孩子的角度出发思考问题，让孩子感受社交的美好。与人交往时我们要注意自己的言行举止，为孩子树立一个正面的交往礼仪榜样。例如，在与他人交流时，我们可以面带微笑，并主动使用礼貌用语；在公共场合，我们要遵守秩序、不高声喧哗、不随意插队；在家庭中，我们可以尊重家人的意见和选择等。这些行为都会对孩子产生潜移默化的影响，让他们逐渐养成良好的交往礼仪习惯。

（2）耐心教导

孩子在学习交往礼仪的过程中难免会出现一些错误。我们要耐心地引导孩子，纠正他们的不当行为，同时鼓励他们勇敢地去尝试和实践。例如，当孩子忘记说“谢谢”时，我们可以提醒他们并解释为什么要说“谢谢”；当孩子与他人发生争执时，我们可以教他们如何冷静地表达自己的观点并寻求解决方案；等等。通过耐心的教导和引导，孩子们会逐渐掌握正确的交往礼仪技能。

（3）创设情境

我们可以通过创设一些实际情境，如家庭聚会、探亲访友、公园游玩、跟团旅行等，让孩子在实践中学习交往礼仪。在这些情境中，家长可以适时地提醒孩子注意自己的言行举止，并引导他们正确地表达自己的想法和感受。例如，在家庭聚会中，我们可以让孩子主动与长辈打招呼、端茶倒水、分享食物等。通过实践，孩子们会更好地理解和掌握交往礼仪的规则和技巧。

（4）表扬与鼓励

当孩子表现出良好的交往礼仪时，我们要及时给予表扬和鼓励。这样可以增强孩子的自信心和自尊心，激发他们继续学习和进步的动力。例如，当孩子主动与他人打招呼时，我们可以夸奖他们“你真有礼貌”；当孩子与他人分享食物时，我们可以说“你真是个乐于分享的好孩子”。通过表扬和鼓励，孩子们会更加积极地学习和实践交往礼仪。

以上四个方法，仅仅是众多方法中的一小部分。古人云：“纸上得来终觉浅，绝知此事要躬行。”方法千万条，实践第一条。因此，家长也要行动起来，将这些理论知识融入日常生活的点点滴滴。无论是餐桌上的礼貌用语，还是公共场所的排队等候；无论是面对长辈的恭敬态度，还是与同龄人的友好相处，都是孩子学习礼仪、展现修养的绝佳时机。通过不断地实践、反馈与调整，孩子们定能在潜移默化中，将礼仪内化为自己的行为准则，外化为得体的举止言谈。

我们坚信，在家长的悉心教导与陪伴下，孩子们定能成长为知礼仪的好孩子。他们将以自己的言谈举止，传递出中华民族深厚的文化底蕴和优良的道德风尚。

懂得爱亲敬长

一、敬尊长

我国自古以来就是一个礼仪之邦，孝顺父母，尊敬长辈，是中华民族的传统美德。“长”既可以指亲人长辈，又可以指师长，都需要我们尊之、敬之、爱之。

爱亲敬长对孩子的发展具有深远的影响，具体体现在以下两个方面。

(1) 家庭稳定和谐

懂得爱亲敬长的孩子在成年后更有可能去关心家人和社会的发展，具有更强的责任心和奉献精神，有助于维护家庭的稳定和谐，减少因家庭矛盾引发的问题，同时也更愿意为社会和家庭贡献自己的力量。

(2) 同伴关系良好

小学阶段，同伴关系的好坏是影响孩子心理健康的重要因素之一，良好的同伴关系会在同伴互动的过程中收获更多的快乐和支持，遇到问题时也能够有效地去解决问题，并较少出现问题行为。影响同伴关系的因素有家庭教养方式、个人品质、亲子关系、家庭生活背景等。在个人品质方面，懂得爱亲敬长的孩子在人际交往中往往表现出礼貌和谦逊，更容易得到他人的欢迎和信任，他们的人际适应能力是良好的。

那么，爱亲敬长的具体表现有哪些呢？我们通常从语言和行为两个方面来判断。

①语言方面：经常用“你”“请”“谢谢”等敬语和礼貌用语，以表达尊重和敬意。例如，每天早上起来就拥抱一下妈妈，不管她是在厨房还是厕所，笑嘻嘻地说：“早上好!”

②行为方面：经常用如坐姿端正、不跷二郎腿、不插话等得体、礼貌的行为举止来表达尊重。还可以用主动关心长辈的身体健康，如每次吃完饭主动表达“今天我来洗碗”，过马路时会搀扶老人，提醒他们绿灯可以过马路了，陪长辈聊聊天等具体行动来表达对长辈的关心。这些都是爱亲敬长的具体表现。

二、树榜样

如果把孩子比作一棵树，家庭教育就是这棵树的根，掌握了这棵树发展的命脉。为了培养孩子爱亲敬长的品质，家长们应加强相关教育，为孩子营造一个良好的成长环境，为未来的美好生活奠定基础。

如何让孩子懂得爱亲敬长呢？这既需要家长的率先示范，又需要让孩子有实践的机会，在生活情境中不断学习。

最好的教育是言传身教。1—3年级的孩子正处于行为和品质形成的关键期，具有很大的可塑性和模仿力，所以，发挥成人的榜样示范作用，可引导孩子在学习与模仿中向善生长。

（1）示范感恩行为

无论是否与长辈居住在一起，家长都可以随时关心老人。若没有与老人居住在一起，可以借助网络及时关心长辈的身体健康；如果与老人居住在一起，那么在日常生活中要注意照料老人的生活起居，给孩子做出表率。如果家长和老人一起带孩子，更要当着孩子的面感谢老人对于家庭的支持与付出，家长可以说“谢谢爸妈帮我们照顾宝宝，辛苦你们了，你们快休息一下，我来做家务”之类的话，并引导孩子去表达感恩。如果没有和老人家住一块儿，家长要记得周末带着孩子常去看望，或者通过视频、电话慰问老人，以身作则做好示范。

（2）理智看待分歧

在生活中，家庭成员之间难免出现摩擦，我们应该如何处理呢？来看两个情境。

第一个情境是你的教育方式与老人的教育方式出现了分歧你会怎么做？是直接指出老人的方式方法不对，与老人争吵？还是先平静下来，找一个孩子不在的时候和老人好好沟通呢？事实上，当我们真的处于这样的情境时，未必能够很好地控制住情绪，而争吵的后果就是孩子有样学样，日后会对老人、对你们发脾气，这肯定不是大家希望看到的。不妨为孩子示范如何平和、理智地解决矛盾和分歧。

第二个情境是一天放学孩子哭着回来说老师冤枉了他，你会怎么做？是立刻非常愤怒地当着孩子的面表达对老师的不满，还是询问缘由，疏导孩子情绪，带领孩子理解老师这样做的原因。《学记》曰：“安其学而亲其师，乐其友而信其道。”家长要给孩子营造一个尊师重道的良好氛围，孩子自然会对老师产生亲近感，学习效果也会逐步提升，反之孩子则会产生厌烦情绪，甚至是厌学心理。

因此，当和长辈有分歧时，作为家长要调整情绪，理智分析，和平解决，在面对长辈、师长时，多做感恩行为，为孩子提供正确的榜样示范，这对孩子的行为和品质养成非常重要。

三、重行动

在做中学，实现知行合一，需要家长为孩子们提供机会。有的家长说，我们和长辈相隔很远。没关系，可以带上孩子利用节假日回去看望，增加孩子与长辈的接触，建立情感联结。不妨试着按下面的方式做。

（1）邀请孩子和你一起准备礼物

一方面可以让孩子了解长辈的喜好，拉近与长辈的距离；另一方面家长可以借此机会进行感恩教育，讲述长辈对自己的关心照顾，让孩子知感恩、懂感恩，学会关注家庭成员的需求，关心别人，帮助别人。

（2）在实践中及时纠正错误行为

在与长辈的日常相处中，家长们可以对文明礼貌等行为习惯进行规范教育，如当你发现孩子对老人的态度不友善，有发脾气、摔东西、使用不文明的语言时，要及时纠正，让孩子知道长幼有序，要懂得爱亲敬长。

（3）鼓励孩子做力所能及的事情

创造机会让孩子为长辈做一些能力范围内的事情，如为长辈倒一杯水，吃饭时主动帮忙拿碗筷，吃完饭和爷爷奶奶一起去散步等，以此来表达对长辈的尊敬和关爱，以增强家庭凝聚力，培养他们对家庭的认同感和归属感。

四、溯经典

家长可以和孩子一起读爱亲敬长的典故，彼此分享典故带来的感受和收获，家长可以在过程中对孩子或给予肯定，或及时纠正错误观念。家长还可以和孩子一起翻阅家族相册，讲述每张照片背后的故事，分享家风家训，感受家族文化和传统美德。

爱亲敬长是中华民族的传统美德之一，体现了对长辈的尊重和感恩之情，有助于培养孩子良好的道德品质，学会尊重和关爱他人。作为家长，我们要积极参与家庭教育中，发挥自身的榜样示范作用，为孩子创设爱亲敬长的实践机会，和孩子们一起成长。

尊重理解老师

一、什么叫尊重理解老师

在孩子成长的道路上，“尊重理解老师”是一个绕不开的话题。尊重理解老师，简单来说，就是以一种正面的、积极的态度去认识和对待教师这一职业，引导孩子理解老师的辛勤付出与努力，认可老师在孩子成长过程中的重要角色与作用。

对于孩子而言，尊重理解老师，更多表现在孩子与老师的互动中。比如：

①主动问好：遇见老师主动问好；

②认真听讲：在课堂上认真听讲，不随意打断老师的讲解，如果有问题先举手；

③礼貌交流：跟老师说话的时候，用礼貌、得体的语言，如表达“老师，请问我可以问你一个问题吗?”“谢谢老师”之类的话。

这些都是尊重老师的行为，理解老师则包括：

①换位思考：能够尝试站在老师的角度思考、分析问题，理解老师的辛苦和用意；

②体谅包容：在老师偶尔严厉或疲惫时，能够给予体谅，知道老师这么做是为了帮助我们更好地学习和成长。

二、为什么要尊重理解老师

我们都知道心理学上有一个效应叫“罗森塔尔效应”，讲的是老师对孩子的积极期待会促进孩子的积极行为和发展。其实反过来也是一样的道理，学生对老师的尊重、理解，也是学生对老师的一种积极期待，根据心理动力学理论，这种积极期待可以转变为学生内在的驱动力，促进彼此的积极成长。正所谓“亲其师，信其道”，就是这个道理。

因此，引导孩子尊重理解老师，可以增强孩子的学习动机。喜欢这位老师，所以喜欢这门学科，进而喜欢学习，孩子能建立积极的学习态度；除此以外，师生关系也是孩子人际交往中的重要组成部分，尊重理解教师，可以帮助孩子培养和谐的人际关系，大大降低心理危机的发生概率，促进心理健康。

三、引导孩子尊重理解老师

既然尊重理解老师如此重要，那么家长如何引导孩子尊重理解老师？主要有以下三点。

（1）以身作则，树立正确示范

①语言示范。在家中，跟孩子、他人提及老师时，家长使用尊敬的语言，展现正面评价，让孩子耳濡目染学会尊重。这一点非常重要。曾有一个孩子跟我分享了他的经历：他一开始是比较喜欢某学科的，但是后来因为他的家长总是说这个老师怎么怎么不好，言语之间表现出来就非常不尊重，慢慢地，这个孩子自己也开始不喜欢这个老师，进而也不喜欢这个学科，现在他很想重拾这个学科，但感觉困难重重。

②行为示范。家长可以通过自己尊重教师的行为，来对学生进行示范。比如，积极、庄重、服装得体地参加家长会，平时与老师互动交流的时候展现自己的友好和礼仪，在与其他人交流时也保持同等的耐心和尊重……这些行为都可以让孩子亲眼见证家长不仅对教师尊重，也对他人的尊重。

③经历示范。我们每位家长都曾经是学生，也跟很多老师相处过，所以家长们可以跟孩子分享自己与老师之间的一些积极、正面的经历，讲述自己尊敬老师的过程与感受，让孩子感受尊重，进而内化于心。

（2）耐心引导，培养同理之心

因为年龄阅历、身份角色的客观存在，学生和老师之间难免会发生一些误会，这时就需要家长对学生进行耐心引导，让老师、学生互相理解，同频共振，实现1+1>2的效果。具体来说，可以按如下这些方法做。

①创造机会，建立情感依附。依附理论是指一个人为了得到安全感而寻求亲近另一人的心理倾向。当此人在场时会感到安全，不在场时会感到焦虑。每个人都有天生的依附感，依附是人特有的心理现象，在婴儿时期表现为对父母的依附，在学校就表现为对老师的依附。因此，要让孩子尊重理解教师，家长需要创造让孩子与教师产生依附的机会与环境，如家长定期与老师、孩子交流，了解孩子在学校的学习和生活情况，向孩子了解老师最近给予他的夸奖或批评等；积极带领或者鼓励孩子参与老师组织的、有老师在场的实践活动等，这些都是建立老师与孩子之间的情感联结的好方法。

②发生误会，先倾听再引导。当孩子谈论跟老师有关的话题时，家长需要先

耐心倾听他们的感受，不打断、否定或者评价，可以适时给予简单回应，如"哦，嗯，这样啊……"；再去共情孩子当时的感受，可以说"你当时是什么感受呢？你感到有点难受/感觉很开心，对吗？"类似这样的语言，这会让孩子觉得他被理解到了；最后，再来引导孩子对老师的行为进行思考。例如，当孩子抱怨老师严格时，家长可以引导孩子思考老师为什么要这样做，这是为了他们的成长还是有其他原因；假如你是老师，你觉得你当时是什么感受，你会怎么做呢，等。

（3）形成规范，及时强化鼓励

这里的规范包括两个方面：一是解决问题的规范，二是积极行为的规范。

解决问题的规范，是指家长可以创设一些与老师互动的情境。例如，如果你想感谢老师，会怎么做？如果你与老师发生误会，要怎么办？如果你想向老师请教问题，却不知如何开口，应该怎么处理？在情景模拟中，家长扮演老师，孩子扮演学生，或者变换角色，带领孩子模拟如何与老师沟通交流，并对在模拟过程中孩子的积极表现给予及时的强化鼓励。

积极行为的规范，是指家长可以与孩子一起制定尊重老师的具体行为要求，如按时完成作业、认真听讲、上课不捣乱、礼貌交流等。当孩子表现出尊重老师的行为时，可给予适当的奖励和鼓励。

尊重理解老师是家庭教育中不可或缺的一部分，它是我们送给孩子的一份珍贵礼物，并将伴随他们的一生，也会让他们受益一生。

融入集体生活

有研究表明，儿童期是孩子社会性发展的重要时期，同伴交往是儿童社会化过程中不可或缺的一部分，被同伴接纳、喜爱对于儿童的发展和心理健康至关重要。无法融入集体的孩子往往缺乏肯定自我的勇气，排斥与他人交往，抵触上学，这种自我封闭会对孩子的心理产生负面影响。通过以下两个案例，我们将一起探讨孩子没有融入集体的表现，分析孩子无法融入集体的原因，并学习一些有效的应对策略和方法，从而培养孩子融入集体的能力，帮助孩子建立积极的心态。

案例1 因性格原因不愿意融入集体的孩子

妮妮妈妈说："妮妮告诉我不想去学校，因为没有小朋友和她玩，还问我是不是别的小朋友都不喜欢她。"

妮妮爸爸说："渐渐地，老师开始联系我们，反映妮妮学习生活的问题：妮妮似乎胆小内向，不愿参加集体活动。一次，我去学校参加家长开放日活动，发现孩子基本上一个人在玩，似乎是一个边缘孩子。"

有些孩子天生内向腼腆，尤其是与人相处时，他们表现得沉默寡言。事实上，这些孩子在儿童心理学上被称为"蓝色性格孩子"，这些孩子情感细腻，尤其对于环境的变化特别敏感，也正是因为这样才显得胆小又谨慎。当"蓝色性格孩子"在一个不是特别熟悉的环境下，他们往往会选择观望而不是立刻加入集体，这时候就会与集体格格不入。案例1中的妮妮就是一位"蓝色性格孩子"，她初入学校，在比较陌生的环境中还没有适应集体。

案例2 想融入集体但缺乏社交技巧的孩子

平日里，雨雨非常喜欢跟小朋友们一起玩，但总是玩着玩着就被同学"请出局"。原来，雨雨总是强制要求小朋友听他指挥，同学反对，自己坚决不改变。做游戏时，踩到同学的脚，也不知道该怎么办。课间，雨雨鼓起勇气问颢颢可不可以一起玩时，颢颢拒绝了他。雨雨失落地低下了头，有些尴尬地回到座位上默不作声。回到家后，雨雨跟妈妈说同学都不喜欢他。

一群孩子中总会有几个特别活泼好动的孩子，这类孩子的性格十分鲜明，他们往往拥有自己的想法并想让别人跟随自己的想法，拥有很强的领导力，在孩子中担当"孩子王"的角色，但是有时孩子性格过于要强，常常以自我为中心，如果有小朋友没有达到他满意的标准，就会产生纷争，引起其他孩子的不满。同时，此类孩子还有极强地获得关注和认同的需要，他们经常会通过各种方法吸引老师和同学的注意力，但是个人过强的表现欲并不能引起同学的好感，因而无法快速融入集体。案例2中的雨雨渴望融入集体，但缺少方法和技巧，导致与同学出现了矛盾。

透过这两个案例我们可以深切地感受到，孩子个体发展存在一定的差异性，他们面临着自身性格的不同，更面临着成长环境、父母养育方式的差别。

（1）性格原因

孩子的性格是先天所决定的，有些孩子内向一些，不善于交流，不愿意与别人结交朋友；有些孩子外向一些，喜欢主动和别人搭讪，愿意主动与别人合作。一般来说，外向的孩子在社会交往上会更占据优势，能更为快速地融入集体。

（2）成长环境

孩子的成长环境对于社交能力起着非常大的影响作用，如果父母双方能够给孩子创造一个比较和谐的环境，那么孩子的社交能力相对来说也会比较稳定。如果孩子生长环境相对来说比较糟糕，整日生活在争吵和不安定的环境中，会使孩子的心情变得起伏不定，也会使孩子对社交产生非常大的恐惧。

（3）父母的养育方式

在独生子女家庭中，孩子往往在家中处于比较核心的地位，什么事情都会尽量依照孩子的心意来做，很多时候孩子想要做什么家长就尽力满足。长期在这种环境下，孩子会形成比较自我的性格，什么事情都以自我的意愿为主，但是在社交场合中，这样的性格会导致孩子不易融入集体。

在儿童时期不能融入集体，会影响孩子的人际交往能力，甚至导致孩子的心理健康出现问题。青少年儿童的不良情绪和心理问题成为近年来无法让人忽视的心理疾病，不少孩子因为心理情绪问题封闭自我，不愿与人交流，随着不良心理或情绪的严重化，孩子甚至会出现刻板行为、无法学习等问题。

那么，帮助孩子融入集体生活，作为家长，我们能做些什么呢?

①主动创造社交氛围，培养社交能力。家长可以邀请孩子的朋友来家里，鼓励孩子和同龄孩子一起玩耍。同时，家长要以身作则，因为你的行为会对孩子有潜移默化的影响，你的社交行为和表现孩子都看在眼里，并进行模仿。

②模拟社交场景，培养人际交往能力。对于不擅长社交或者害怕社交的孩子来说，家长不妨在家里为孩子模拟一些场景，让孩子尝试一下如何在不同场景下进行社交，当孩子遇到困难的时候可以引导他自己去处理。下次碰到类似情况孩

子可能就有自信去应对了。

③告诉孩子不要害怕被拒绝，培养孩子勇于表达自我的能力。很多孩子不敢社交就是因为害怕被拒绝，产生尴尬情绪，家长要向孩子说“被拒绝了也没关系，这是很正常的事情”“你勇敢迈出这一步已经非常不错了”之类的话，重要的是培养自信心和勇气，勇敢去尝试。

④和孩子一起看绘本，培养他的同理心。通过这样的方式培养孩子的同理心。孩子无法融入集体，大多是因为无法和周围的人共情。想要建立良好的人际关系，最重要的就是培养孩子的同理心。

⑤培养团队意识，引导共享合作，提高沟通协作能力。在团队活动中教孩子社交规则和礼仪，若孩子在交友时表现出“粗暴”行为，家长必须在孩子出现的第一时间加以制止，要教会孩子言简意赅地表达自己内心的想法，要能够采用正确的方法和别的小朋友进行沟通。但是有的孩子与他人沟通的欲望并不强烈，这时候父母要一点点地引导，让孩子知道与他人进行沟通的重要性。

⑥寻求专业人士帮忙。如果孩子存在社交障碍或者心理情绪，以家长的力量可能无法疏导孩子，必要的情况下还是应该去专业医院或者机构寻求帮助，了解孩子无法融入群体的真正原因，配合医生做好家庭训练，帮助孩子更好地适应校园，融入群体。

融入集体是孩子从家庭走向世界的重要一步，更是锻炼孩子交往能力的重要过程。帮助孩子融入小学集体生活，需要家长的耐心引导和支持。只要我们用心去陪伴、去理解、去鼓励孩子，他们就一定能在这个新的阶段找到属于自己的位置和价值，交到自己的挚友！

学习垃圾分类

垃圾到底分为哪几类？为什么要这么麻烦地分类？在家里应该怎么分类？面对垃圾分类，孩子们有许许多多的疑惑。

一、垃圾分类的定义

垃圾分类一般指的是按一定规定或标准将垃圾分类投放、收集、运输和处理，从而转变成公共资源的一系列活动的总称。

垃圾可分为四大类：可回收垃圾、其他垃圾、厨余垃圾、有害垃圾。可回收垃圾主要包括废纸、塑料、玻璃、金属和布料。其他垃圾主要包括砖瓦陶瓷、渣土、卫生间废纸、纸巾等难以回收的废弃物及尘土、食品袋（盒）；厨余垃圾包括剩菜剩饭、骨头、菜根菜叶、果皮等食品类废物。有害垃圾则是含有对人体健康有害的重金属、有毒的物质或者对环境造成现实危害或潜在危害的废弃物，包括电池、荧光灯管、灯泡、水银温度计、油漆桶、部分家电、过期药品及其容器、过期化妆品等。

二、增强孩子垃圾分类意识的方法

（1）带孩子一起多角度思考

我国每年约产生10亿吨垃圾，其中生活垃圾就有4亿吨。我们生活中的垃圾有30%～40%可回收利用，生活垃圾也被认为是最具开发潜力的、永不枯竭的“城市矿产”，是“放错地方的资源”。

因此，家长要多鼓励孩子思考垃圾分类后的去向和再利用方式，如将快递盒做成一个小手工，将废弃的饮料瓶和水果网做成一个笔筒，让孩子大胆地思考和创新，把垃圾变废为宝，合理利用。

（2）和孩子一起多渠道学习

观看环保相关的视频，如动画片《宝宝巴士之垃圾分类》，学习强国APP里面的公益宣传动漫剧《小分宝》系列等。

阅读环保相关的书籍或绘本，如《生活垃圾分类科普读本》《我家的垃圾去哪儿了》和《外星人的垃圾分类》等，这样不仅能促进亲子关系，还能让孩子学习到“垃圾是放错地方的资源”，从而形成资源节约和循环利用的观念。

三、教会孩子垃圾分类

（1）生动讲解，示范操作

要想让孩子真正理解并积极参与垃圾分类，我们首先需要用他们听得懂、感兴趣的方式来讲解。这不仅仅是知识的传授，更是一场生动的环保故事会。

想象一下，我们用孩子最爱的故事形式，编织一个关于垃圾王国的小故事，告诉他们不同的垃圾角色如何找到自己的归宿，或者利用动画视频，让色彩鲜艳的角色带领他们探索垃圾分类的奇妙世界。在游戏中，我们可以化身为环保小卫士，一起动手模拟垃圾分类的过程，让孩子在玩乐中学会分类技巧。最重要的是，家长要以身作则，每次扔垃圾时都进行规范的分类操作，让孩子在一旁观察并模仿，这种“身教”的力量是无穷的。

（2）兴趣入手，互动学习

兴趣是最好的老师。通过一系列有趣的互动游戏，我们可以激发孩子对垃圾分类的兴趣，让他们在玩乐中自然而然地掌握分类知识。

比如，我们可以设计一系列有趣的家庭竞赛游戏，如“垃圾分类记忆卡大战”，让孩子将带有垃圾图案的卡片准确地贴到相应的垃圾桶上，在寻找和匹配卡片的过程中加深对各种垃圾类别的记忆；“垃圾分类投篮赛”，把垃圾桶设置成投篮筐，将垃圾投入正确的分类桶中，投进并分类正确的加一分，投进但分类错误的扣一分，未投进不加分也不扣分，最后分数高的获胜，“垃圾分类寻宝记”，在家里藏好各种垃圾，让孩子化身为侦探，找到它们并正确分类。这些游戏不仅增加了亲子间的互动，也让垃圾分类变得不再枯燥。

（3）准备设施，多样练习

为了让孩子更好地进行垃圾分类实践，我们需要为他们提供一个清晰、便捷的分类环境。

比如，在家里，我们可以准备几个颜色鲜明、标签清晰的垃圾桶，分别标注“可回收”“有害”“厨余”等字样，让孩子一目了然。同时，定期检查和清理这些垃圾桶，确保它们干净无异味，分类准确。初期，我们可以先从简单的分类开始，随着孩子理解和操作能力的提升，再逐步增加分类的复杂度和细致度。这样的过程既不会给孩子带来太大压力，又能让他们在不知不觉中提高分类能力。

(4)持续关注，积极反馈

孩子的成长需要我们的持续关注和鼓励。通过建立奖励机制，我们可以更好地激发孩子的积极性和成就感。

每当孩子成功完成一次垃圾分类时，不妨给予他们一些小奖励，如一张贴纸、一个小玩具或者一份他们喜欢的小零食。这些小小的奖励不仅是对孩子努力的认可，也是对他们进步的一种鼓励。同时，我们也要及时关注孩子的分类行为，给予正面的反馈和必要的指导。对于孩子的错误操作，我们要以温和、鼓励的态度去纠正他们，帮助他们从错误中学习并不断进步。

(5)拓展空间，走进社区

让孩子走出家门，参与到社区的垃圾分类活动中去，可以进一步拓宽他们的视野和增加他们的实践经验。

我们可以鼓励孩子参加社区组织的垃圾分类宣传活动、志愿服务或清洁行动等。在这些活动中，孩子不仅能学到更多的垃圾分类知识，还能与同龄人一起交流心得、共同进步。此外，参观垃圾处理厂也是一次难得的学习机会，让孩子亲眼看到垃圾处理的全过程以及分类的重要性。这样的实践活动不仅能增强孩子的社会责任感和环保意识，还能让他们更加珍惜我们赖以生存的环境。

学习垃圾分类不仅有助于培养他们的环保意识和社会责任感，还能让孩子了解不同垃圾的分类标准和处理方法，激发孩子的好奇心和探索欲，培养他们的科学思维。家长赶紧带孩子行动起来吧！

培养家务劳动的能力和习惯

一、家务劳动对孩子成长的重要性

提及孩子做家务，部分家长不以为意，认为孩子的主要任务就是搞好学习，大人应该包揽家务劳动，尽量给孩子留出更多学习时间才对。其实，家务劳动能促进孩子心理健康和个性发展。

科学研究表明，家务劳动对孩子的成长有着积极作用，喜欢做家务的孩子心理更健康。哈佛大学一项长达20年的跟踪随访研究发现，爱做家务劳动的孩子长大后就业率更高，心理稳定性水平也倾向于更高，成年后的离婚率和罹患心理疾病的比例显著降低。由此可见，家务劳动不仅有利于孩子劳动能力提高，还关系到孩子长大后的健康和幸福。在家庭心理健康教育领域，让孩子参与家务劳动，也是提升他们责任感、自理能力和家庭归属感的有效途径。

（1）培养责任感

一屋不扫何以扫天下，古人早就知道家务劳动的重要性，从小让孩子参与劳动，明白做家务是自己作为家庭一分子的义务。通过家务劳动，孩子可以主动承担起自己的责任，愿意为家庭贡献自己的力量，这是培养孩子家庭责任感的最佳方式。

（2）增强自我效能

自我效能就是孩子对完成一件任务的自信程度。当孩子成功地完成一项家务时，他们会从中获得成就感，这种成就感会让孩子对自己完成任务的能力，产生更强的信心和信念，这些会扩展到孩子生活、学习的各方面。

（3）养成积极心理

懒惰是一种心理上的厌倦情绪，也是现在很多孩子存在的问题。比如，很多孩子想发奋学习，可是又不肯付出努力，缺乏勤奋的心理品质。孩子在家务劳动中能够养成勤勉的习惯和良好的心理品质，家务劳动是培养孩子吃苦耐劳精神的有效途径，是克服懒惰、懈怠的重要方法之一。

（4）促进亲子关系

家务劳动不仅可以独立完成，还可以由家庭成员共同参与。更重要的是，当孩子与父母一起做家务时，彼此之间的合作、交流会增多，有助于增进亲子之间的情感联系。

二、孩子参与家务劳动的困难和问题

但在现实中，孩子和家长对家务劳动也有自己的看法。

林林：整理房间好累啊，我想玩一会儿平板，妈妈待会儿应该会来打扫的。

小艺：我好想学做饭，可是……我又怕自己做不好。

丽丽妈妈：别做家务了，会影响学习和休息，赶快去看书吧。

你发现了孩子参与家务劳动的困难和问题了吗？

第一，孩子对参与家务表示抗拒。孩子对参与家务劳动存在抗拒心理，更愿意花时间在学习和娱乐上。

第二，缺乏有效的方法和策略。即便是对参与家务持开放态度的家庭，也可能因为缺乏有效的鼓励方式和教育策略，而难以吸引孩子持续参与。

第三，家长的不一致行动。有些家长认为孩子应该专注于学习，而非“浪费时间”在家务上，这种观念导致家长在要求孩子参与家务劳动时的态度和行动不一致。

以小杰为例，他是一名二年级的小学生，平时小杰对家务劳动比较排斥，特别不喜欢做家务。父母则希望他能积极参与劳动，分担家务，培养独立生活的能力和责任感。具体互动中，家长始终保持耐心和坚持，并没有因为孩子一开始的抵触就放弃。通过逐步引导和适当的鼓励，小杰逐渐习惯了参与一些家务劳动，责任感也有所增强。他意识到自己也是家庭的一份子，应该为家庭付出。同时，他在学校的生活也变得更有条理和责任感，学习上也更加自律了。

三、培养孩子家务劳动的能力和习惯

那么，作为家长，我们该如何培养孩子家务劳动的能力和习惯呢？下面是一些细致的建议，可以作为参考。

（1）以身作则，树立榜样

如果父母一方面要求孩子积极参与家务，另一方面却对家务袖手旁观，那么孩子很可能也会对家务劳动产生抵触情绪。家长的行为对孩子有着直接的影响。家长要认真对待每一次家务活动，为孩子树立榜样，还可以亲自示范家务劳动的步骤和技巧，这样孩子就会自然而然地学习到具体方法，也学习到责任感和勤奋的态度。

（2）积极沟通，合理分工

家长与孩子之间的积极沟通是解决家务劳动问题的关键。家长要及时给予反馈和鼓励，强化孩子的积极行为。

家长可以根据孩子的意愿以及他们的实际能力，合理地分配给孩子一些力所能及的家务。比如，对于小学低段的孩子，可以扫地、倒垃圾、晾自己衣服等；孩子大一些了，可以洗碗、淘米、煮饭等；家长也可以和孩子共同商讨，列出一份孩子能够胜任的家务劳动清单。

（3）适当放手，鼓励实践

做家务劳动是个循序渐进的过程，也是主动探索和学习的过程。在这个过程中，家长要学会逐渐放手。练习比教导更重要，给予孩子足够空间和时间去实践，允许孩子犯错，并给予鼓励和信心。家长只需在孩子遇到困难后，给予相应的指导和帮助即可。

家长偶尔可以尝试示弱的方法，如对孩子说："宝贝，妈妈今天做了好多事啊，现在我很累，你可以帮帮我吗？"对于孩子来说，这样的求助，会给他们一种我是被需要的心理暗示，大大提高了他们做家务的满足感和参与感。

（4）设定目标，趣味劳动

对于小学低段的孩子，设定明确的目标和奖励制度，把家务劳动变得有趣，对于提高孩子参与家务劳动的积极性非常有效，如开展"家务竞赛""打扫挑战"等活动。家长积极鼓励、支持和配合孩子完成家务劳动，能让孩子在劳动中感受到价值和成就，在劳动过程中感受家庭的温馨。

（5）有效赞美，强化信心

孩子在完成家务劳动的过程中，家长要毫不吝啬自己的欣赏与赞美。试想，如果你做了一件自我感觉很不错的事，却没有换来任何夸奖，是不是也会瞬间丧失继续做下去的动力呢？孩子也是如此。因此，当孩子完成一项劳动后，父母可以说"宝贝，你整理玩具好快呀，妈妈都没有你会整理呢，怎么这么能干呀！"类似的话。多多鼓励孩子，会让孩子觉得自己被认可了，这样他才愿意下次继续这么做。需要注意的是，赞美孩子要具体、真诚和积极，让孩子感受到家长的关爱和支持。

家长要在家务劳动中耐心地指导孩子，积极地鼓励他们，自己也要身体力行，做孩子们的好榜样。这样，孩子们才会更愿意参与进来，才能从中找到乐趣、发展能力、提高心理健康水平，这对他们的成长大有裨益。

专题二

学习指导

培养学习习惯

一、孩子学习习惯不佳的原因

常常会听到家长说："我家孩子一上课就走神，注意力不集中，老是搞小动作。写作业时，不是咬铅笔就是对着作业本发呆。读书时，一会儿上厕所，一会儿喝水。"家长们在班级微信群里纷纷讨论，发表意见，想要找到解决孩子上课开小差的办法。

小学低段的孩子活泼好动，充满好奇心，喜欢探索新奇。当孩子出现这一情况是正常的现象，我们要遵循孩子发展的规律，允许孩子发展的差异性，不过度焦虑，尊重孩子。换个角度看，这个时期也是孩子们习惯培养的黄金期——爱模仿、可塑性强、大脑活跃度极高、思维活跃不稳定，这一时期一旦养成某个行为习惯，就会十分牢固。所以，我们要把握好孩子倾听习惯和专注力培养的关键期。

为什么说良好的学习习惯有助于培养孩子终身学习的能力？著名儿童心理学家皮亚杰的"儿童认知发展理论"认为，儿童的认知发展是不断从低级向高级发展的一个建构过程。小学低段孩子培养的学习习惯是从提取信息到建立序列感，再到逻辑意识的形成，是一个由简单接收到复杂组合的过程。

假如，把孩子比作一台正常运行的电脑，孩子先通过倾听语音接收（老师或家长的指令）信号，再完成输入指令到"大脑"，最后通过"提取整合"等方式从"大脑"中输出。第一步"听"将会影响后续一系列的学习步骤。倾听习惯的培养将为后续的学习打下坚实基础，在合作学习中才能更好地沟通交流。

为什么孩子间的倾听习惯和专注力会出现明显的差异？有些孩子一上课就走

神，注意力不集中，老师提醒一次会随即调整自己的听课状态，而有些孩子即便老师反复提醒，还是会搞小动作。这是因为小学低段的孩子们正处于儿童成长敏感期阶段，各个感官会受到来自外界的各种影响。

从自身原因分析，有些孩子并不是不愿意认真倾听，而是受视觉障碍和听觉障碍影响不受控制，专注力缺失，这一部分生理因素造成的。

我们的家长一定要正确对待，从科学的角度去了解孩子的真实情况，是否需要药物治疗，或采取多方面方法采取干预措施。以免在不了解的情况下打击到孩子，影响孩子对学习的积极性。

二、养成良好学习习惯的方法

从根源上了解倾听和专注力后，家长一定会问：有什么好方法可以培养孩子的倾听习惯和专注力呢？

（1）从家庭氛围上下功夫

父母对孩子的陪伴非常重要，陪伴意味着倾听他们的声音，理解他们的需求，分享他们的喜怒哀乐。家长通过多与孩子交流、以身作则、赏识教育、讲故事和组织多样的互动游戏方式来培养孩子的倾听习惯。通过成为孩子的倾听者，提供一个充满爱和支持的家庭环境，带着孩子积极参与户外活动，接触自然，也有助于提升他们的专注力。

（2）通过视听训练来培养孩子的倾听习惯

①调动视觉，做眼神对视、认真听的练习。在平日生活中，家长可以多鼓励孩子用眼睛关注说话人。眼睛是心灵的窗户，可以透露出人内心真实想法，眼神交流是一种肢体交流，更是一种精神交流，告诉孩子无论在跟谁谈话，可以将自己的目光停留在对方眉心处，当和对方谈到高兴的事时，可与对方眼睛对视，耐心倾听，不随意打断他人讲话，之后再进行语言交流，这样就可确保孩子的注意力集中在对话人身上。

②视觉+听觉的组合训练，你说我听，我讲你听。从简单复述一两个词、词组到复述一整句话，再到组合指令，训练孩子听懂指令，把话说完整。这样有层次、有梯度、有目标、指令明确的系统训练，能让孩子逐渐听懂其意。

③环境滋养，潜移默化。家庭环境的质量，如与孩子的亲密度、情感表达、知识性、组织性等，都会直接影响儿童的注意力和行为表现。首先家长也要先懂得倾听，学会倾听，不随意打断孩子的话语，不破坏专注环境，其次应鼓励孩子多表达，与孩子平等沟通，尊重孩子的意见和想法，这样可以激发孩子的分享欲望。

（3）其他方法

①通过训练小游戏提升专注力。教给孩子舒尔特方格、数字年画、夹豆子、萝卜蹲等游戏，通过个体玩耍、集体游戏、亲子互动等锻炼孩子们的专注力，提升孩子的手眼协调能力。

②让孩子在规定的时间内分阶段完成学习任务。在审题过程中，自己把题目的要求、条件用笔勾画出来，以防走神出错。

③大声读书有利于训练注意力。每天安排一个时间（10—20分钟）让孩子选择他们喜欢的小文章大声为父母朗读，在朗读过程中，尽量不读错、不读丢、不读断。大声读书可以让孩子的注意力高度集中，是不错的训练孩子专注力的方法，家长可以把这种训练一直坚持下去。

④告诉且指导孩子一次只做一件事。人的精力是有限的，同时进行多件事，会损害注意的有效集中。

孩子学习习惯的培养，离不开家长的努力，抓住孩子习惯养成的黄金期可以事半功倍。让我们和孩子一起循序渐进地养成良好的学习习惯。

创设学习环境

一、学习环境对孩子的影响

有一个叫小豆豆的二年级小学生，他那被挤在客厅墙角的书桌总是乱糟糟的，玩具和书本混在一起，就像一个小小的“战场”。每当妈妈喊他做作业时，他就会在这片“战场”中迷失方向，不是找不到铅笔，就是找不到作业本、练习册。不仅如此，小豆豆做作业也常常拖沓，成绩更是不尽如人意。为此，小豆豆的家长十分苦恼。

小豆豆的身上有你家孩子的身影吗？让我们一起来寻找其背后的原因。

（1）环境对注意力的影响

心理学上的视觉干扰理论指出，过多的视觉刺激会干扰大脑处理主要任务的能力。因此，当客厅里的书本、玩具、零食等物品杂乱地堆放在小豆豆的书桌上时，每件物品都可能成为分散他注意力的“小恶魔”。一个整洁有序的学习环境能够帮助孩子形成固定的学习流程和习惯，而杂乱的环境则可能加剧其混乱状态。

（2）习惯与自律性的缺失

长期在杂乱环境中学习，小豆豆难以专注于眼前的作业，频繁地寻找物品也会打断他的学习思路学习效率大打折扣。当小豆豆逐渐习惯了这种无序状态，则难以培养出良好的学习习惯和自律性。这两点在孩子的学习生涯中至关重要，不仅影响日常作业的完成，还关系到长期的学习计划和目标设定。

（3）情绪和心理的关联

学习环境不仅影响孩子的注意力和学习效率，还与他们的情绪和心理健康紧密相连。在一个杂乱无章的环境中学习，孩子可能会感到沮丧、焦虑或无助。这些负面情绪会像一层阴影，笼罩在他们的学习之路上，削弱他们的学习动机和自信心。

（4）家长的关键作用

小豆豆家长的苦恼不仅体现了家长对孩子学习现状的关切，也映射出家长在营造良好学习环境中的重要作用。一个重视环境整洁与秩序的家庭，自然而然地会培养出孩子保持环境整洁与有序的良好习惯。这种家庭文化不仅体现在物质环境的维护上，更体现在家庭成员之间的行为规范和价值观传递上。若家长不重视环境的整洁与秩序，孩子也会受到潜移默化的影响。

其实，相关研究也早已表明，孩子的学习环境不仅与他们的学习效率息息相关，也会影响他们的心理健康和长远发展。那么，如何创设一个温馨、和谐、有利于孩子学习的家庭环境呢？

二、创设良好学习环境的方法

（1）选择合适的空间

可以在家里选择一个相对安静、光线充足且通风良好的房间或角落作为孩子独立且舒适的学习空间。这个空间不需要很大，但一定要干净整洁，有充足的光线和清新的空气，因为高强度的脑力劳动需要大量的氧气和能量。如果空间有限，可以使用屏风或书架进行分隔。接着，为孩子挑选一张符合人体工学的桌椅，让孩子的双脚能够平放在地面上，桌面与眼睛保持适当距离，避免近视和脊柱问题。同时，家长也可以鼓励孩子用自己喜欢的元素简单装饰学习空间，比如贴上学习励志海报、摆放小盆栽或是自己喜欢的卡通人物玩偶，让学习环境更加个性化和温馨，从而激发孩子的学习热情和创造力。

（2）保持学习区域的整洁有序

家长可以协助孩子使用多层书架或抽屉柜来存放书籍、文具和玩具，教会孩子分类整理。尤其是在孩子学习前，可以带着孩子一起检查学习用品是否齐全，如文具、参考书、字典等，减少因寻找物品而分散注意力的情况。这样，孩子一坐到书桌前，就会自然而然地进入学习状态。

（3）制定学习时间规划和小目标

规划每天的学习开始、结束和休息时间，以及每日的学习计划。每当孩子完成一个小目标，就给予他适当的认可和奖励，比如心愿存折积分。这样不仅能激发孩子的内在动力，也有助于培养孩子的时间观念和自律性。当然，规则的制定要合理，且具有一定的弹性，不能过于严格，否则可能会适得其反。

（4）减少干扰因素

有些家庭的书桌摆在客厅，旁边就是电视机，家人经常在客厅聊天、看电视。在这种环境下，孩子很难集中精力学习。所以，当孩子学习时，应关闭电视、手机调至静音或远离学习区域。当然，家长可以保持适度的关注和鼓励，但避免过度干涉。甚至可以以身作则，与孩子一起阅读或学习。

一个良好的家庭学习环境不仅关乎孩子的学习效率，更关乎他们的心理健康和人格发展。在这个温馨的小小学习乐园里，孩子不仅能找到学习的航标，也能在鼓励和支持中健康、向上地成长。让我们与孩子共同努力，创造一个温馨、有序、充满爱与支持的家庭学习环境。

学会专心听讲

一、不要被伪专注欺骗

你觉得孩子长时间刷视频、玩游戏是专注力的表现吗？这与课堂学习中需要的专注力是一回事吗？答案是否定的，刷视频、玩游戏用到的是被动注意，而读书学习用到的是主动注意，后者才是我们需要培养的专注力。

被动注意是指在刷视频、玩游戏等活动中，孩子会因为快速切换的图片、有趣的声音等大量不同变化的刺激物被动吸引注意力。在这个过程中孩子可能不需要主动去寻找信息，大数据就会源源不断地推送大量的信息，孩子只需要被动接受。被动注意的特点是不加选择和批判性地吸收周围的信息，它让孩子容易分心，破坏孩子主动思考的能力。

主动注意则是指孩子在有明确目标的情况下主动将注意力长时间持续集中于某种事物或某个活动的能力，对信息进行筛选、分析和整合。比如，孩子对汽车非常感兴趣，他正在翻阅一本汽车主题的书籍，认真阅读，看到自己喜欢的汽车还会进行特别的标注。这时用到的正是主动注意，它能够提高学习效率，增强孩子主动解决问题的能力，也是孩子真正需要的专注力。

二、孩子的专注力需要被保护

在如今这个信息爆炸的时代，我们每个人都面临着前所未有的挑战，专注力变得越来越稀缺。手机、电脑、平板、电视等各种电子设备无处不在，它们像磁铁一样吸引着我们的注意力，成年人有时候都难以抗拒，我们的孩子更是毫无抵抗力。而这种被动的接收信息方式容易导致孩子注意力分散，进而影响到他们的学习、生活和成长。

从心理学的角度来说缺乏注意力，孩子的知识无法很好地进入大脑，也就不能发展出建立在一定知识储备基础上的思维能力、创造能力和决策能力。所以，我们要重视对孩子专注力的保护与培养。

三、专注力的影响因素

很多父母提起孩子的专注力就满是担忧，非常头疼。那么，到底哪些因素会对孩子的专注力产生影响呢？

（1）生理原因

事实上，大部分孩子的专注力会随着年龄的增长而逐渐提高。5—10岁孩子是20分钟左右，10—12岁是25分钟左右，12岁以上是30分钟左右。

还有一部分孩子可能会因为病理因素导致注意力不集中，如多动症、感统失调。其中，感统失调包括触觉、听觉、视觉等各个不同方面的发育问题，导致一系列行为和语言的障碍，这也会影响专注力的发展与培养。比如，听觉失调，会无法集中注意力听别人的声音或听不懂别人在说什么，听到突如其来的声音会产生较大的情绪反应等。感统失调不是病，但是它会造成学习功能障碍，直接影响孩子的学习能力，所以家长也要对此有一定的了解，做到早识别早纠治。此外，缺乏充足的睡眠和营养也会影响孩子的专注力。

（2）缺乏兴趣

为什么孩子一坐下来读书学习总是左顾右盼、心不在焉，画自己喜欢的画，拼乐高时就能完全专注，听不到任何人讲话？其中一部分原因是孩子对自己感兴趣的事情会更专注，兴趣才是最好的老师。

（3）过度使用电子产品

现在孩子每天都能接触到许多电子产品，看电视、玩游戏、刷视频，这不仅会让孩子长时间处于被动注意的状态，还会诱发孩子的大脑释放大量多巴胺。过多的多巴胺会使大脑的敏感性降低，孩子今后很难将注意力集中于一些相对静态的物质。

（4）教养方式不当

家庭是孩子生活最重要的环境，家长不当的教养方式会对孩子的专注力产生极大的影响。比如包干型的教养方式，家长过多地干预孩子的学习和生活，让孩子缺少提升专注力的机会。或者父母之间、父母与爷爷奶奶之间对孩子的抚养理念不一致，经常发生矛盾，会引起孩子的认知冲突，不知道如何做才是正确的，影响专注力的养成。

（5）外部刺激干扰过多

有些家庭没有给孩子营造固定安静的学习环境，如孩子经常在餐桌、茶几、沙发等地方写作业，家长没有进行约束和规定。另外，还有一些家长会给孩子购买许多书籍和玩具，但是孩子对它们的兴趣维持不了太长时间，这是因为外在的刺激太多，某一个玩具就只能带给孩子短暂的吸引，无法在玩的过程中感受到发挥想象力与创造力的乐趣。

四、专注力的培养

（1）遵循身心发展规律

对于低年级的孩子来说专注的时间大概在20分钟，具有一定的限度。超过这个限度，如果仍要孩子继续专注就变成强制性行为了。所以要注意两点，一是定时练习，保质保量。孩子在完成学习任务前，提前说好要求，规定好时间并且不超过孩子的专注时间。二是学习任务分段完成，分解目标。在面对过量的、难度较大的学习任务时，家长可以教孩子分解学习任务，把大目标分成一个个小目标，规定时间，一步步地来完成，这样更有利于集中注意力。

同时还要保证充足的睡眠和健康饮食。比如，一年级学生的睡眠时间就要在10小时左右，平时要让孩子摄入适量的营养，多吃鱼类、豆类食品和奶制品。

（2）保护孩子的兴趣

家长要学会从孩子的兴趣点切入，找一些有趣的事情让孩子去做，并从中收获快乐与成就感。孩子坚持完成一件事后，一定要及时进行鼓励和反馈，指出孩子正确的行为。

（3）共同约定电子产品使用规范

电子产品的使用是一把双刃剑，如何把握使用的度才是关键。对于低年级的孩子，家长要控制孩子电子产品使用时间，和孩子一起约定好每天使用的频次与时间长度，严格执行。另外，还可以建立电子产品使用时间和地点的禁区，比如学习时间、吃饭时间，以及书房、卧室等区域不可以使用电子产品。

（4）营造专注的学习环境

避免过多的刺激物。给孩子营造一个安静且固定的学习环境，保持书桌的整洁，做作业时减少人为的干扰。同时，也要减少买过多的新玩具和新书籍。玩具不要一天、一周就买一个，书本也可以看完一本再买新的。在玩耍学习时，引导孩子在一段时间内只玩一个玩具，或者阅读一本书，这样才会更专心。家长平时也要注意创造安静、有秩序的家庭氛围，避免打麻将等嘈杂的活动，物品摆放有条理，这样的家庭环境更有利于孩子专注力发展。

（5）在游戏中培养专注力

游戏是孩子的天性。在游戏中孩子们往往是非常投入的，因此，家长要学会利用游戏培养孩子的专注力。比如，图片找不同、拼图、走迷宫、接拍球练习、搭积木等，从视觉、听觉、运动协调能力等方面，锻炼孩子专注力。

保护和培养孩子的专注力，需要家长以身作则树立榜样，并持续地陪伴，建立亲密亲子关系，营造温馨家庭氛围。其中，最关键的是，耐心和坚持。不是坚持一周、一个月，而是长年累月地坚持，只要持之以恒地投入时间和精力，家长定能看到孩子的变化与成长。

科学辅导功课

你是否一辅导作业，就控制不住怒火？网络热语“不写作业母慈子孝，一写作业鸡飞狗跳”是否就是你家的真实写照。大家经常看到的案例都有一个共同点，不管家长水平有多高，在辅导功课的过程中，生气和崩溃是常态。事实上，很多家庭都有这样的困扰。2017年，《中国中小学生写作业压力报告》显示，91.2%的家长都有过陪孩子写作业的经历，其中，75.79%的家庭曾因写作业发生过亲子矛盾。那么，家长如何在面对孩子作业问题时保持克制客观，做到科学辅导功课呢？

如果你在辅导功课方面也有类似的问题，那么，就需要把握下面两大步骤。

（1）思想上，转变两种观念

在功课辅导中，家长的角色是“陪伴者”“支持者”和“督促者”。我们要做的就是在孩子遇到困难时，正面鼓励，适度引导，耐心指导。在此基础上，家长还需要管理自己的情绪。给大家一个小锦囊：一撤二呼三凉水。简单来说就是如果家长感觉自己马上要发火了，一要撤离现场，二要深呼吸，三可以喝凉水帮助冷静下来。

在小学低年级阶段，辅导家庭作业的重点是启发孩子思维，培养孩子学习能力，养成孩子良好的作业习惯。对于孩子来说，现阶段的主要目标就是定时定量完成作业。

（2）行动上，把握细节

以语文作业为例，从完成作业的过程来说分为作业前、作业中、作业后三个阶段。

①作业前：

建立积极情绪。可以先简单和孩子谈谈心，聊聊当天快乐的事情，引导孩子带着积极的情绪面对作业。

创造安静环境。家长要减少干扰，如不要在旁边看电视、玩手机或大声聊天等。而且要引导孩子提前准备好该学科所需的物品，如写语文作业时，就提前准备好语文书、字典、文具、练习册和作业本等，避免写到一半东翻西找，转移注意力。

做好作业规划。做作业之前，将其由易到难进行拆分，保证每一小部分能在

15—20分钟完成。并且遵循先易后难的原则，语文可以先完成简单的抄写作业，再进行基础作业，最后完成需要家长协助的阅读或写话难题。如果作业涉及读、写、背诵等多种类型，最好交叉完成。

②作业中：

绝不打断。如果孩子走神，可以温和提醒；如果发现孩子做错题，也不要打断，做完之后再统一检查指导。

科学休息。每完成一项作业休息3—5分钟，休息时可以离开座位，活动一下身体，喝口水，吃个水果都可以，但不能做沉浸式投入的事情，比如看电视、玩游戏。

言传身教。孩子学习时，家长也可以在旁边安静地看书或工作，陪伴学习。

③作业后：

正向反馈。多关注过程，发现并夸奖每一个微小的细节，孩子会更积极、更主动。如夸夸语文的书写，可以具体到某一个字、某一笔画，写得比之前更工整。

检查指导。引导孩子先自己检查，培养习惯；家长指导时夸两次再说一个需要改进的地方，孩子接受起来相对比较容易。

作业定量。给孩子适当的自由支配时间，可以帮助他更好地养成按时完成作业的习惯。

李玫瑾教授曾说："父母好好学习，孩子天天向上。"各位家长朋友，科学辅导孩子的功课是一门教育艺术，需要每位家长付出耐心、信心和持之以恒的努力，希望家长能找到适合孩子的正确的、科学的辅导方法，让孩子爱上学习！

培养运动兴趣

想象一下，在繁忙的学习与生活中，我们的孩子可能渐渐忘记了运动带来的快乐，他们可能更愿意沉浸在电子游戏的虚拟世界中。但这样的生活方式，不仅可能让他们的小身体逐渐“发福”，还可能影响他们的精神状态，甚至学习表现。

小文是个九岁的小男孩，除了每周一次的体育课，很少参与其他体育活动。如此这般，不要说强健身体，对于培养意志力、加强团队合作精神和社交能力等方面都带来不少负面影响。面对这样的情况，家长望孩子健康活泼，又不希望他们因为过于强制的运动而心生反感。如何在这两者之间找到平衡点呢?

针对小文同学的情况我提出以下几点建议。

第一，家长要做孩子的运动侦探，去发掘他们内心的运动小宇宙。每个孩子都有自己喜欢的运动方式，可能是篮球、足球、游泳，或者是跳舞跳绳等。我们要做的，就是陪伴他们一起探索，找到那个能让他们心动的运动，并且要鼓励孩子敢于去尝试这些有兴趣的运动。比如，小文同学是学校网球校队的，那么家长就可以从网球入手。

第二，家长要成为孩子的运动搭档。父母才是孩子最重要的榜样。小文的父母就陪伴小文从简单的一些户外活动开始，如骑自行车、楼下公园跑步等。可见，这还是改善家庭关系和增强亲子沟通的有效形式。

第三，家长可以和孩子一起制订运动小目标。比如，每天跳绳100下，或者每周跑一次3公里。每完成一个小目标，就给孩子一个小奖励，让他们感受到运动的成就感。这样，他们不仅会更加热爱运动，还能学会坚持和自律。

当然，家长还可以把运动变得更有趣一些。比如，定期组织家庭运动会，或者约上其他家庭一起去户外徒步探险。在游戏和探险中，孩子们不仅可以锻炼身体，还能增强团队合作能力和社交能力。

最重要的是，家长要成为孩子最坚实的后盾。在他们运动的过程中，无论遇到什么困难，家长都要给予他们充分的鼓励和支持，给出具体运动方法和防止运动伤害的指导。让他们知道，无论结果如何，家长都为他们骄傲。

通过以上方式，家长最终要帮助孩子养成良好的运动习惯：制订一个合理的运动计划，设定固定的运动时间和地点。这样，孩子们就能逐渐养成规律的生活习惯，提高自律能力。

运动是孩子成长过程中不可或缺的一部分，不仅能使孩子身心更健康，还是培养他们意志力、秩序感和团队合作的有效方式，家长要努力创造条件，让孩子们在运动中感受快乐，在快乐中健康成长！

专题三

身心健康

保护牙齿健康

牙齿在我们品尝美食、日常对话中，都扮演着不可或缺的角色。如果没有它们磨碎食物，人体无法顺利吸收营养，身体和心理都会受到负面影响。口腔健康与全身健康密切相关。口腔中的细菌可以通过血液循环进入身体其他部位，引发各种疾病。如果牙齿残缺或不美观，不仅影响交流，还会导致自卑心理。所以，牙齿健康首先保证了我们自己的生命质量，其次也有利于我们与社会的关系。1—3年级孩子常见口腔问题有龋齿、乳牙滞留、牙列不齐、牙龈炎等。今天，我们将从牙齿的成长历程、它们的天敌、喜爱之物，以及是否需要矫正四个方面，为你层层揭开让牙齿健康的谜底。以下的牙齿健康小测试请你带着孩子来测一测吧！

牙齿健康小测试

1. 你每天刷牙几次？（　　）

A. 一次　　B. 两次　　C. 三次或以上

2. 你经常喝碳酸饮料或果汁吗？（　　）

A. 每天都喝　　B. 偶尔喝　　C. 很少或从不喝

3. 你是否喜欢吃甜食，如糖果、巧克力等？（　　）

A. 非常喜欢　　B. 一般　　C. 不太喜欢

4. 你是否有用牙齿咬硬物的习惯，如咬开坚果壳？（　　）

A. 经常　　B. 偶尔　　C. 从不

5. 你是否定期去牙医那里检查牙齿健康？（　　）

A. 每年都会　　B. 偶尔去　　C. 从未去过

计分方法

选择A得1分，选择B得2分，选择C得3分。将你的得分相加，得到你的牙齿健康指数。

分数解析

9—15分：恭喜你，你的牙齿健康状况非常不错！请继续保持哦！

6—8分：你的牙齿健康还有提升空间。请注意调整生活习惯和饮食习惯哦！

3—5分：哎呀，看来你的牙齿健康需要重点关注了！建议尽快去看牙医并调整生活习惯哦！

了解了孩子的牙齿状况，接下来就看看如何让孩子的牙齿更健康！

一、牙齿的成长：从乳牙到恒牙的华丽蜕变

从呱呱坠地到青春年华，牙齿经历了从乳牙到恒牙的华丽蜕变。乳牙，那些陪伴我们童年的小白牙，早在母亲怀孕时就已悄然孕育，随着我们的成长而逐一亮相。而恒牙，则在乳牙退役后接棒，成为我们一生的伙伴。乳牙通常在出生后6个月左右开始萌出，而恒牙则自6岁左右起逐渐替换乳牙，这一过程将持续至12岁至13岁。值得注意的是，智齿作为第三磨牙，其萌出时间较晚，且并非人人都会拥有。在换牙期间，孩子们可能会遇到疼痛与不适，这是成长的一部分。家长应具备科学常识并给予足够指导，帮助孩子们顺利度过这一阶段。

二、牙齿的天敌：甜蜜与酸爽背后的隐忧

你是否曾被那甜蜜的糖果或酸爽的果汁所诱惑？然而，这些美味背后却隐藏着对牙齿的潜在威胁。它们如同潜伏的敌人，悄无声息地侵蚀着你的牙釉质，让你的牙齿逐渐失去光泽。此外，过硬的食物和不良的生活习惯，如夜间进食、用牙齿咬硬物等，也都是牙齿健康的隐性威胁。还有，意外伤害和外部因素，如摔倒、碰撞等，都可能让我们的牙齿遭受重创。

三、牙齿的伙伴：享受美味的同时呵护健康

没有想到吧，牙齿也有它们钟爱的食物。富含钙和磷的奶制品、坚果和豆类，是它们成长的最佳伙伴。而深海鱼类中的维生素D，则如同阳光般温暖着它们。新鲜蔬果中的纤维和绿茶中的茶多酚，更是为牙齿健康保驾护航。

四、牙齿的“美容”：让微笑更加完美无瑕

是否需要进行牙齿矫正？这要根据每个孩子的牙齿发育情况和畸形程度来决定。在乳牙期和替牙期，牙齿的排列和咬合关系可能会经历一些变化，因此不必急于矫正。但如果出现了严重的牙齿排列不齐或颌骨发育异常等问题，就需要及时寻求专业医生的帮助了。专业医生会根据孩子的具体情况制定个性化的矫正方案，让牙齿重新焕发光彩。一口健康的牙齿，会让孩子的笑容更自信迷人！

最后，我们再分享一些牙齿健康小建议。

①坚持每天刷牙两次：早晨起床后和晚上睡觉前，各刷牙一次，每次刷牙时间不少于两分钟。使用软毛牙刷和含氟牙膏，确保每个牙齿表面都能被充分清洁到。

②使用牙线或牙间刷：刷牙后，使用牙线或牙间刷清洁牙缝中的食物残渣和牙菌斑，以预防蛀牙和牙周病。

③定期更换牙刷：一般建议每三个月更换一次牙刷，或者当牙刷刷毛变形、褪色时及时更换，以确保牙刷的清洁效果。

④减少甜食和酸性食物的摄入：甜食和酸性食物是牙齿的“天敌”，容易腐蚀牙釉质并引发蛀牙。尽量减少这些食物的摄入，并在食用后及时漱口。

⑤定期进行口腔检查：每年至少进行一次口腔检查，以便及时发现并治疗牙齿和牙周疾病。同时，根据医生的建议进行牙齿清洁和保健。

⑥使用漱口水：漱口水可以帮助杀灭口腔中的细菌，减少牙菌斑的形成。但请注意，漱口水不能替代刷牙和牙线的作用。

⑦注意饮食均衡：多摄入富含钙、磷和维生素的食物，如奶制品、坚果、豆类等，有助于牙齿的健康发育和保持。

⑧避免用牙齿咬硬物：用牙齿咬硬物容易导致牙齿磨损和破裂。请使用合适的工具来处理需要咬或撕的食物。

牙齿虽小，却关乎我们的健康和美丽。让我们从日常小事做起，为牙齿健康保驾护航。无论是选择对的食物、养成良好的生活习惯还是及时纠正牙齿问题都是对它们最好的关爱。愿我们每个人都能拥有一口健康美丽的牙齿并绽放出最灿烂的笑容！

预防眼睛近视

请问你近视吗？因为近视，平时工作和生活有不方便的地方吗？今天我们一起聊聊如何预防眼睛近视。

有一位小涛同学，刚上一年级，上课经常眯着眼睛看黑板，还频繁地揉眼、眨眼。家长带去就医，经散瞳验光检查后发现小涛已经近视175度了。他的爸爸妈妈很是不解，孩子才上一年级，怎么就近视了呢？根据观察，小李平时阅读和书写时头埋得较低，老是要家长提醒才端坐。通过家访，还发现了这样几个问题：

①电子产品使用多：小李的爸爸妈妈工作很忙，没有太多时间陪孩子，于是就给孩子看电视和平板，当然孩子也很喜欢；

②户外锻炼机会少：能看电视和网络节目，小李就不太愿意出门进行户外锻炼；

③环境光线不充足：小李的书桌上放了一个小台灯，光线比较暗。

小李的爸爸妈妈很着急，他们知道近视是不可逆的，小李近视现在已经接近200度，这样发展下去对孩子的视力不利。小李爸爸是高度近视，担心小李发展为高度近视后会和自己一样出现飞蚊症、白内障等眼部疾病，影响正常生活。所以爸爸给小李买了坐姿矫正器，禁止小李看一切电子产品，小李一时间也很难接受，效果也不太好。

“父母之爱子，则为之计深远。”保护青少年儿童的视力，既要有行动，还要讲方法，下面几点建议希望能够帮到家长。

（1）科学认识近视

家长可以购买预防近视的书籍，带孩子听爱眼讲座，让孩子对近视的形成原因、影响危害、防控方法等有初步的了解。不要只凭孩子看不看得见为评判近视的标准，建议每3—6个月带孩子到专业眼科进行视力检查，及时发现并纠正视力问题。如果是假性近视，经休息或治疗后可以恢复；如果是真性近视，就需要佩戴合适度数的眼镜，防止度数进一步增长。所以，科学认识，抓住预防、干预的关键期很重要。

（2）坚持户外活动

建议每天坚持至少2小时的户外活动。阳光柔和时，在安全的前提下，可让孩子闭眼面向阳光持续10—15分钟来进行自然补光，但是要避免睁眼直视太阳。阳光充足时，可以在树荫下进行运动。即使是阴天，也可以去户外跳绳、慢跑，都能够让眼睛充分接收到自然光，增加视网膜多巴胺含量，延缓近视的发展。

（3）控制电子产品使用

0—6岁是早期防控近视的关键时期，越早使用电子产品，出现近视的可能性越大。教育部明确规定：0—3岁幼儿应禁用电子产品；而3—6岁幼儿也应尽量避免接触和使用；建议1—3年级的学生能不看就不看；家里的手机、平板电脑、电话手表。打游戏时对电子产品关注度很高，所以也不建议孩子长时间打游戏；电视或投影，每天观看时间建议控制在半小时。使用电子产品学习时尽量选择屏幕大一些的产品。家长回到家也尽量控制自己玩手机的想法，爱护自己眼睛的同时也给孩子当好榜样。

（4）端正读写姿势

创设明亮的学习环境，指导孩子写字做到“3个一”：眼离书本一尺，胸离桌子一拳，手离笔尖一寸；看书阅读做到“3个20”：学习用眼20分钟后，远眺20英尺（6米）外，至少保持20秒。

眼睛是我们获取信息、感受世界的主要器官，良好的视力也是日常活动、工作和社交互动的重要基础，让我们共同保护孩子的视力。

规律作息

一、什么是规律作息?

作息说得通俗一点就是什么时间做什么事。对小学生而言，规律作息通常是指每天定时睡觉起床、按时吃饭，合理安排学习、运动、玩耍时间。具体有以下几点。

①固定的睡眠时间：小学生每天应该在固定的时间上床睡觉，并确保获得足够的睡眠。根据年龄段，小学生一般每天需要10小时的睡眠时间。

②定时的饮食习惯：规律的饮食习惯有助于维持小学生的健康和精力充沛。确保他们在固定的时间吃早餐、午餐、晚餐和一些健康的零食，避免暴饮暴食或吃太多垃圾食品。

③规律的学习时间：在家庭和学校之间建立一个统一的学习时间表，包括固定的功课、阅读和复习的时间。确保小学生有足够的时间完成作业并进行复习，但也要给予他们充足的休息时间。

④适当的休息和娱乐时间：除了学习之外，小学生也需要适当的休息和娱乐时间来放松身心。这可以包括户外活动、参加兴趣班或者进行一些轻松的游戏和活动。确保这些时间不会影响到他们的学业和睡眠。

⑤建立良好的睡前习惯：在睡前建立良好的习惯有助于小学生更容易入睡并获得更好的睡眠质量。这包括避免使用电子设备、安静地阅读书籍或进行一些放松的活动，帮助他们准备好入睡。

二、规律作息的重要性

小学生养成规律作息的习惯对他们的身心健康和学习能力都极为重要，具体好处包括以下几点。

（1）促进身体发育，增强抵抗力

小学生正处于身体快速成长发育的阶段，规律作息有助于保证充足的睡眠，促进生长激素的分泌，强化免疫系统，有利于孩子身体健康发育。

（2）培养良好习惯，提高学习效率

从小养成规律作息的习惯，有助于孩子形成自律的性格，为将来的学习和生活打下良好基础。同时良好的睡眠能确保小学生在上课时精力充沛，有助于孩子记忆学习内容。使注意力集中，从而提高学习效率。

（3）减少情绪问题，促进家庭和谐

规律的生活作息有助于稳定孩子的情绪，减少焦虑和脾气暴躁等问题，睡眠充足的孩子往往情绪更平和、稳定。全家人一起遵守规律的作息时间，有助于建立和谐的家庭氛围。

（4）避免不良行为，提升社交能力

规律的作息有助于减少孩子沉迷于电子产品等不良行为，也能使孩子更好地适应学校生活，与同学建立良好的关系。

因此，家长应鼓励和引导小学生养成规律作息的习惯，这对他们的成长和发展具有长远的积极影响。

三、如何培养孩子规律作息

在培养孩子们的作息规律中，我们总会遇到各种问题。有时觉得无从下手，有时觉得效果不佳，还有时觉得没有办法坚持……那我们在可持续的培养过程中要注重哪些方面呢？

（1）时间“可视化”

培养孩子的时间意识，使用可视化的计时器， 如沙漏、闹钟、手表等。孩子早上刷牙，可以用 3 分钟的沙漏。回家弹钢琴，可以用小型定时器。身体锻炼，可以用 1 分钟的计时跳绳等。当孩子看到时间一分一秒过去的时候，他们就会自觉调整自己的学习和活动进度，可参考表2-1。

表2-1 时间“可视化”表

活动	时间/分钟	完成情况(√)
起床、穿衣、洗漱	15	
早餐	20	
户外活动	40	
整理书包	10	
晚上洗漱	30	

（2）做“时间小主人”

我们希望孩子能够自主掌控时间，但是怎样帮助孩子们做时间的小主人呢？

鼓励孩子设定作息时间表，培养时间管理能力就是个好办法。与孩子一起制定一个合理的作息时间表，包括起床、吃饭、学习、玩耍、睡觉等时间，并坚持执行。可参照美国管理学家科维提出的“四象限管理法”，将某一段时间内的任务按难度高低依次排列，合理安排兴趣班、玩耍和休息时间，让孩子能有管理时间的自主性。时间“四象限管理法”是一个时间管理的理论，把工作按照重要和紧急两个不同的程度进行了划分，基本上可以分为四个象限：既紧急又重要、重要但不紧急、紧急但不重要、既不紧急又不重要。比如，临近期末，老师布置了四项作业：自主复习、做一项家务劳动、交放假安排回执单、设计一款暑假益智游戏。大家可以想想这四项作业如何划分象限呢？

显然自主复习是当前既紧急又重要的任务；其次，交放假安排回执单是紧急但不太重要的事；再次，做一项家务劳动是重要但不紧急的安排；最后，设计一款暑假益智游戏是既不紧急又不重要的活动，孩子们可以在暑假时间充沛时再自主设计。孩子可以根据任务的紧急重要程度依次完成，相信孩子们掌握了可视化、可实操的时间管理方法，家长们就可以放手让孩子做时间的小主人。

（3）预留时间+正向强化法

孩子若有磨蹭的习惯，家长可以提前预留准备的时间，如设置提前10分钟的起床闹钟，告诉孩子：“宝贝，再过10分钟闹铃响了，就该起床了，看看我们谁先起床？”当孩子在规定时间内，准备就绪后，可以采用正向强化法鼓励孩子，如说“哇，宝贝你速度真快！真是个守时的孩子。你真厉害”读的话。正向强化法就是当孩子出现好的行为时，父母及时去鼓励孩子强化这种行为，孩子就会不断出现这种行为。如果父母每次都能及时表扬孩子，孩子就会越做越好，潜移默化地培养了孩子规律作息。

（4）有效沟通清单

①将反向式命令改为正向式提醒式沟通：根据这个年龄段孩子的特点，我们要避免过度催促。如将以前提醒孩子睡觉，是以命令口吻说“现在几点了，你赶快去睡觉”，改为“宝贝，该睡觉了，晚上好好休息，明天早上妈妈给你做好吃的”。再如，将“不要磨蹭，快点吃饭，上学要迟到了”改为“宝贝，我们和时间赛跑的游戏快要输啦！我们一起抓紧时间吃早饭好不好”。

两者表达内容是一样的，前者会让孩子产生逆反心理，父母长期对孩子吼叫，还会让孩子失去自主规范自身行为的能力。而后者是正向的，有诱惑力的，自然孩子更愿意配合。

②陈述后果式沟通，让孩子为自己的问题承担责任。例如，孩子有背诵作

业，家长提醒他却不听。这时可以跟孩子说："宝贝，爸爸已经提醒你完成背诵作业了，你不完成，明天老师抽背，你背不出来，老师会责问你。"孩子可以自由选择背或不背。若不背就自己承担被老师责问的后果。在学校受到了教育，就会认识到自己的事情及时做。把试错机会留给孩子，让他为自己的行为承担后果，才会主动做到规律作息。

（5）抓大放小法

好习惯的养成并不是一蹴而就，孩子难免会出现反复的情况。请给予孩子信任，相信他能管理好自己。此时家长可以采用抓大放小法，不急于给孩子贴"负面标签"，弱化对孩子错误的评价。多看看孩子积极的一面，及时给予表扬，看如何表扬孩子的视频，了解表扬孩子的正确方法。鼓励家长不断正确表扬孩子。不断激发孩子的内驱力，慢慢孩子会将规律作息内化为自己的好习惯。

教育家卢梭说过："从小培养孩子良好的习惯，这将对他一生产生深远的影响。" 规律作息正是良好习惯的重要组成部分。父母要重视家庭教育的作用，以身作则，为孩子树立榜样，引导孩子形成正确的作息观念。同时，父母可以依据孩子的实际情况和需求，灵活调整作息时间，确保孩子能够在规律作息的基础上健康快乐成长。相信家校的通力合作，能对学生进行行为引导，经过反复训练，定能播下一颗颗好习惯的种子。

坚持锻炼身体

不知大家是否有这样的体会：坚持锻炼是对身体极好的投资。尤其在身体“受挫”后，大家总是会想：要是早点开始坚持锻炼身体就好了。那么，坚持锻炼身体，到底好在哪里呢?

一、坚持锻炼的重要性

（1）在身体素质方面

有研究表明，当我们锻炼身体时可以增加体内抗氧化酶，调节血液细胞比例，增加自然杀伤有害细胞活性，激活细胞免疫和体液免疫功能，从而提高免疫力。良好的免疫力能够让身体更好地应对病原体的入侵，从而有效预防感染疾病。坚持锻炼是少花钱且能够有效提高孩子免疫力的好方法。每天一点时间，带来身体强健，让孩子在传染病多发期少“中招”。另外，坚持锻炼，也能够有效改善肥胖低龄化情况。肥胖可能导致青少年发生多种慢性疾病，但是也请家长注意，体脂率肯定是要结合年龄、身高和体重判断，并非觉得有些胖就是肥胖。同时，坚持锻炼对于提高睡眠质量有很大帮助，而高质量的睡眠也是孩子白天生活学习有活力的基础。

（2）在心理健康方面

坚持锻炼身体还能培养孩子的各方面心理品质，完善人格，助力孩子身心健康地成长。在日常调查中，我们发现运动锻炼是孩子最常用来调节负面情绪的方法，因为在锻炼时会增加脑内的γ—氨基丁酸水平，而它是一种能够减轻焦虑的神经递质，孩子能感觉到锻炼会让自己情绪好转。同时，锻炼时身体会释放一种物质叫内啡肽，会让人的心情变得更加愉悦，愉悦是一种积极情绪，有助于孩子以良好的状态和面貌，面对生活和学习中碰到问题，调动积极的内在资源，拥有积极向上的心态。

（3）在个人成长方面

一些锻炼是需要孩子不断突破和挑战的，孩子在这些经历中会获得正确面对和处理失败的经验，人格的形成会更加完善，换言之“输不起”的情况能得到缓解。这对于坚持锻炼也起到锦上添花的作用。

（4）从知识学习方面

大脑每个神经细胞通过树状分支的“叶片”接触，而锻炼可以促进这些分支生长并发出许多侧枝，让孩子大脑更加灵活和敏捷，能够增强孩子大脑的思维能力。还有关于学习能力发展阶段的研究表明：人出生至10岁左右，感觉运动能力占主导，其中包括方向感、节奏感及反应速度等，而这些感觉运动能力均为注意力的形成基础。

锻炼身体的重要性可以覆盖身体素质、心理健康、个人成长和知识学习等多个方面。孩子们通过锻炼身体拥有健康的身体、健康快乐成长之外，还能学习到持之以恒的意志品质。

二、如何培养坚持锻炼的品质

日常生活中家长该如何帮助孩子坚持锻炼身体呢?

（1）以身作则，树立榜样

如果父母是热爱锻炼且持之以恒的人，孩子更容易受到激励。家长可以考虑这两个途径：一是家长可以在每日饭后进行简单运动，孩子可以逐步有按时运动的意识；二是在周末空闲时间结合户外或室内的运动场所进行运动，如健身房、儿童运动场所、游戏场所、绿道等。

（2）设定合理且具体的锻炼时间

在习惯养成初期，设置的运动时间不具体、不规律。有研究表明，长期的体力活动能够提高儿童的学习成绩，儿童参与的体力活动量可以参考持续5周，每周3次，每次大约30分钟。家长可以做一个参考，根据孩子在校运动时间和运动量进行调整，设定锻炼时间这一步，建议与孩子共同制订，避免单方面制定后孩子要赖不执行，打乱整个计划，还会破坏孩子习惯的养成。

（3）制定“跳一跳”就能达到的锻炼目标

只有适度的目标才能促进孩子坚持锻炼的品质养成。假设一个孩子运动协调能力本身比较弱，平时跳绳只能连续完成10个，若将目标定为必须连跳25个才能达标，在前期孩子一定会感觉很困难，孩子可能会有疲惫感上升、积极性下降、自我否定的状况出现而和家长产生矛盾，导致亲子关系紧张。因此，目标必须制定孩子跳一跳就能够得着的，增加1个也是进步哦。

（4）及时给予孩子积极情感反馈

孩子感受到赞赏，也会收获自信，而且当孩子产生畏难情绪时，如果家长能给予充分的理解与接纳，并同孩子一起用积极的眼光看待暂时的困境，充分调动积极资源，迎难而上，孩子的抗挫折力也能得到锻造。

（5）具体的鼓励及奖励

鼓励的形式可以有效结合孩子年龄的增长、过程中的目标进行调整，既要考虑当下的情况，又要增加挑战性，以促进孩子运动；另外，在奖励实施中，若双方达成一致，家长和孩子一定要注意言行一致带来的重要性。

（6）鼓励多样化运动

由于单一形式的身体锻炼容易让孩子失去兴趣，产生厌倦。不同种类的运动对于孩子能力的提高有各自的优势，如篮球运动，是集增强腿部和手部力量、提高手眼协调性、提升空间感知能力等多种作用于一身的运动，提高身体素质之余还能提升孩子行动的速度和规范，因此家长可以为孩子提供进行多样化运动的机会，助力孩子全面成长。

（7）创设有趣的运动场景

创设有趣的运动场景，可以体现在三个方面。一是在运动中，家长可以多给予孩子积极的、鼓励的、热情的语言激励，就像为偶像呐喊一样，让孩子感受到被肯定、被支持。二是带孩子感受竞技体育中激动人心的体育精神，如看比赛、参与比赛等，鼓励孩子去运动、去坚持。三是尝试引入亲子运动。共同运动不仅能增加有效社交，还可以相互鼓励和支持，增进亲子感情。在学校运动会时，会有亲子运动项目，我们能明显发现孩子在亲子运动中感受到自豪、满足和支持，亲子运动除了带来的运动性和趣味性，对改善亲子关系也发挥了重要作用。

坚持锻炼身体可以总结为一句话：只要家长能坚持下来，孩子就一定能动起来！期待家长们即刻行动起来，和孩子一起运动！

培养自信心

一、什么是自信

自信就是自己相信自己，是对自身力量的确信，相信自己有能力实现目标。自信是一种积极、乐观、阳光的心态和生活态度，它可以帮助人们克服困难，在竞争中保持积极的心态。同时，自信也是发自内心的自我肯定与相信，相信自己能够实现所追求的目标，并付诸行动去实现它。

二、自信的重要性

①自信的人更了解自己，更容易设定明确的目标。孩子的目标感更强，更加清楚自己想要什么、什么适合自己，就会朝着目标努力，变得越来越自律。

②自信的孩子与人交往更顺畅，与人相处更和谐。自信的孩子性格会更加活泼，敢于和人主动交流，表达自己的想法，在和别人相处的过程中，也更大方得体。

③自信是成长的基石，自信能增强抗挫能力，面对困境不轻易放弃。拥有自信的孩子会相信自己能够做好，当遇到困难的时候，会想办法去解决，不会轻易逃避，抗挫折能力会更强。

三、如何培养孩子的自信心

培养孩子的自信心并不难，我们可以从以下几个方面去帮助他们。

（1）给予孩子适当的玩耍权

儿童是在玩耍中成长的，往往会玩的孩子各方面都会发展比较好。很多家长在帮助孩子建立自信的时候，会忽视运动玩耍与孩子自信的建立有着莫大的关系。家长们要尊重孩子的天性，允许孩子用自己喜欢的方式进行玩耍。在玩的过程中，只要保证玩的环境安全，家长就不要过多地干预和指导孩子怎么去玩，让孩子用自己喜欢的方式，在自己可以安排的自由空间里玩耍。

这样，孩子通过解决玩耍中遇到的问题而取得成功，会给孩子带来极大的自信。同时，在玩耍的过程中，家长也可以在孩子需要时，成为他们的玩伴，这样就可以与孩子建立起良好的情感纽带。当孩子遇到问题时，就愿意和家长倾诉，从这个方面来说，也有助于孩子自信心的建立，因为他知道自己身后，有着值得信赖的家长。

（2）学会忽视孩子的小错误

孩子在成长中学习，会犯许许多多的小错误。有的家长见不得孩子犯错，只要孩子一犯错就要去纠正，觉得似乎这样才是对孩子负责。其实，孩子很多的小错误我们可以假装看不见，没有必要不停地给孩子强化你犯错了，这样反而会让孩子一做事一说话，就会有畏惧感，哪里来的自信呢？比如，孩子把油弄在衣服上了，不小心把碗摔碎了，玩耍绊倒了，都不是原则性的错误，家长就不要去批评指责，可以和孩子共同承担，让他感受到父母的支持，并学习解决这类事情的方法就可以了。

在这种宽松的氛围下，孩子会变得更加勇敢，敢于尝试，敢于发表自己的看法，从而会更加自信。

（3）学会和孩子进行有效沟通

有效的沟通可以帮助孩子建立强大的内心，让孩子变得越来越自信。我们可以从以下几方面和孩子进行有效沟通。

①能看到、会赞美孩子的闪光点。当孩子完成一件事情的时候，我们应该多看看孩子在这件事情中做得比较好的地方，及时地给予孩子积极的评价。可以给孩子一个笑容，竖起我们的大拇指，或者用击掌等方式表示认可，同时还可以用具体的语言来表扬。例如，家长可以说“你今天自己去问超市的阿姨有没有你喜欢的玩具，太勇敢啦！”“你见到邻居就会打招呼，真是个有礼貌的宝贝！”“你没完成作业主动告诉老师，并主动补完了作业，真是个知错就改的诚实孩子！”之类的话。

②先听再讲理。当孩子做错事情的时候，我们应保持冷静，不要过度激动或愤怒。首先要语气温和地问问孩子为什么这么做，因为有的时候孩子的视角和大人是不一样的，他并不知道这样做是错误的。我们先做一个良好的倾听者，再跟孩子共情，告诉他爸爸妈妈小时候遇到这样的事情也不知道该怎么解决，并和他一起面对错误，解决问题，不要让孩子觉得你是高高在上的批判者，这样孩子会更容易接受，并且不会为做事或者做错事而感到恐惧。敢做事的孩子才是一个自信的孩子。

其次在指正孩子错误的时候，我们要注意场合，维护孩子的尊严。在人多的公共场合孩子犯错了，我们可以立刻制止他的行为，但是不要在众人面前高声指责，并表达你的愤怒。随后，我们可以找单独和孩子相处的时间跟孩子沟通，别看孩子小，他们也是有自尊心的！家长如果不注意这些小细节，日积月累，就会让孩子感受不到父母的关爱，没有安全感，让他们越来越怕在人多的时候表现自己，也就变得越来越不自信了。

③直接、热烈地表达爱。我们的孩子对家长的信任和爱远远超过家长感知到的，但是很多时候家长对孩子爱的表达却很含蓄很内敛，孩子们感受不到这种爱。我们要做一个善于表达爱的家长，做一个直接、活泼、热烈表达爱的家长。比如：经常拥抱孩子，告诉孩子因为有他，爸爸妈妈感到很幸福。重要的节日可以给孩子准备惊喜，或者一起做全家人都喜欢的事情，让家里每天有爱在流动。因为从小被爱紧紧包围的孩子，内心会更加强大，更加自信。

（4）设定合理的目标

过高或过低的目标都可能打击孩子的自信心。我们应该根据孩子的学龄特点，设定对孩子来说，既有挑战性又能够实现的目标，这样可以帮助孩子体验到成功的喜悦。这种成功体验是建立自信心的基石，它让孩子感受到了达成目标的喜悦感，这种喜悦感会增强孩子的自信心，进而形成一个良性循环，让孩子更愿意更敢于去做事和表达，他们的自信心也能得到提升。

其实，培养孩子的自信心并不难，只要我们愿意去做，能理解孩子、多陪伴孩子、多宽容孩子，无条件地爱孩子，我们的孩子就会越来越自信。

应对同伴欺凌

一、什么是同伴欺凌

同伴欺凌日益成为家长们担心的一个问题：要是自家孩子在学校被欺凌了到底该怎么办?

首先，什么是同伴欺凌？欺凌是儿童之间，尤其是中小学生之间经常发生的一种特殊类型的攻击行为，指力量相对较强的一方故意或蓄意地反复伤害力量相对弱小或处于劣势的一方。2024年5月，教育部办公厅印发《教育部办公厅关于开展基础教育“规范管理年”行动的通知》，通知附件2中明确提出“严禁校园内发生以多欺少、以强凌弱、以大欺小等学生欺凌行为，或教师漠视、纵容学生欺凌行为”的要求。

今天我们谈论的同伴欺凌与日常发生在孩子双方间的矛盾冲突不同，它通常表现为以多欺少、以强凌弱、以大欺小。我们国家对于同伴欺凌是零容忍的态度。那么，作为家长，我们该如何帮助孩子识别、应对同伴欺凌呢?

二、高度关注同伴欺凌的原因

在学校的日常生活中，低年龄段的孩子天性活泼好动，打打闹闹、矛盾冲突也是常有的事。但如果冲突升级成为欺凌行为，家长或老师没能及时识别和应对，就会给孩子造成伤害，呈现很多问题。作为家长，我们应该仔细观察孩子从学校回家后的状态，若孩子出现以下几种情况家长们就需要引起重视。

（1）焦虑不安，害怕上学

首先是情绪变化。情绪变化是孩子遭受欺凌最直接的表现。长此以往，孩子可能会变得情绪起伏较大，焦虑不安，对上学感到害怕和排斥。

（2）精神恍惚，成绩下降

其次，遭受欺凌的孩子可能时常出现精神恍惚的状态，特别是遭受辱骂、威胁、恐吓等行为时，孩子会无时无刻不想着那些让他愤怒或担忧的语言，从而精神恍惚、无心学习，可能表现为上课发呆、作业书写凌乱、成绩下降等。

（3）胆小怯懦，惊弓之鸟

长期遭受欺凌的孩子，遇事会愈加胆小怯弱。他不会主动参与集体活动，会尽量降低自己的存在感，仿如惊弓之鸟，一点风吹草动都容易受到惊吓。而这些表现可能会招致更多的欺凌行为，陷入让人担忧的恶性循环。

总而言之，家长们需要高度关注同伴欺凌，尽力在它发生之前就能及时发现、立即行动，同时帮助孩子积极应对。

三、如何应对同伴欺凌

面对孩子被欺凌，家长通常表现出担忧、着急、气愤的情绪。家长究竟该如何引导孩子应对欺凌呢？我们可以从下面这个案例中去寻找一些切实可行的方法。

有位妈妈曾说："我儿子属于比较内向的孩子，很老实，在幼儿园时就很容易埋没在一群表现出众的小朋友里，在学校受欺负就憋着。我从他回来告诉我的过程里，隐隐约约感受到他内心的自卑。"那孩子遭遇了什么事情呢？妈妈继续说："我儿子说，今天一位挺要好的小朋友，把颜料甩在了他脸上，也没有说对不起。我就问，有没有可能他没有看到你？然后我儿子说，不是的，他是面对面看着我，冲着我直接甩过来的。"

案例中这位妈妈听到儿子的诉说，第一反应是了解对方行为的出发点是不是恶意的，先假设对方不是故意的，但当孩子说是面对面甩的，妈妈开始重视了，这是很好的。面对这样的情况家长该如何引导孩子呢？以下是给家长的一些具体建议。

（1）开放式提问，还原现场

当孩子告诉我们类似"被欺负"的事情时，爸爸妈妈们要第一时间提高警惕，同时也需要保持理智，以开放式提问的方式询问孩子事情发生的经过，尽可能"还原现场"。比如，可以这么问"他是不小心还是故意的呢？""当时他说了什么？""在这之前你们说了什么？做了什么？"之类的问题。搞清楚事情的来龙去脉，再评估事件的性质和严重程度。只有委屈的感受被父母看见，孩子才能感觉好起来。

在交流的过程中，家长要避免夸大孩子的"受伤体验"，不妨使用描述情景和情绪的共情短句："你当时很不高兴""你没想到他会那样，有点突然，有点疼""他没有说道歉，你感觉他是故意的""你要求他道歉，他却做了鬼脸，你很生气"。当不确定对方的目的时，也可以引导孩子持续关注：任何人都有情绪不佳发脾气、做错事的时候，你可以再观察观察，他是不是经常做类似的事。

（2）家校联络，及时沟通

通过与孩子的交流，家长认为孩子可能遇到同伴欺凌时，要第一时间与老师沟通。1—3年级的孩子认知能力有限，此时需要借助老师的多方位调查，进一步确认事实，家校合力帮助孩子选择最恰当的方法来解决问题。

当然，也有部分孩子被欺凌了之后不反抗，也不知道该怎么办，如果多次出现类似事情，家长一定要教孩子学会及时求助，求助老师、求助父母或者对方孩子的家长都可以。

（3）提前预演，勇敢说“不”

如果确定孩子的同伴的确是出于不良的目的，那么要引导孩子勇敢面对。可以给孩子讲讲喜欢欺负人的人都有一个共同的特点，就是欺软怕硬。只要我们给他们一种不好欺负的感觉，他们就会胆怯了。语言应对是最平和又很有效的方法。你瞧，动物界也有好多类似的事情：谁叫得大声，就能吓跑敌人。所以，当孩子遇到欺凌，可以让他大声说不，并告诉对方自己的感受。案例中的孩子，可以对将颜料甩到脸上的同学说：“你把颜料甩到我的脸上了，我很生气！请你以后注意管理好颜料笔。”

当然，不是所有孩子在面对欺凌行为时就能够第一时间大声制止或合理应对。所以，父母在家陪伴孩子进行提前预演，就特别重要。父母可以创设情境，或者重现孩子遇到过的真实情境，由父母扮演欺凌者，孩子应该用多大的音量进行反击，什么语言最恰当，都可以通过反复演练得出。比如，大声喊出“我不喜欢这样”“不要这样”“你已经多次这样做了，我要告诉老师了”。

（4）远离危险，自我保护

在引导孩子正面勇敢对抗欺凌者的同时，一定要给孩子提醒一种特殊情况：没有什么比你的安全更重要。假如你感受到欺凌者情绪很激动，或者做出了要伤害你的举动，要快速远离他，他的行为已经不需要你去反抗，要马上寻求老师或者大人的帮助。

（5）阳光自信，远离欺凌

乐观开朗、大方勇敢、阳光自信的孩子不容易成为别人的“欺凌对象”。每个孩子都有自己的亮点，父母要善于抓住孩子的优点，多肯定孩子，给予他们足够的信心。同时，家长还应重视从小培养孩子人际交往的能力。让孩子多和不同性别、不同年龄、不同性格的孩子一起玩，在玩耍过程中，逐渐学会解决各种冲突、矛盾，从而增强孩子的社交应变能力。

总而言之，孩子良好性格、社交能力的养成，会让孩子自然散发阳光自信的光芒，这样会真正远离欺凌。

专题四

安全教育

保障居家安全

一、孩子居家就一定是安全的吗

孩子居家就一定是安全的吗？答案可不一定。案例中的主人翁小飞，9岁，是一名小学生。他的父母平时工作较忙，还经常出差，小飞独自居家的时间较多，慢慢表现出以下一些行为。

①不规范使用燃气、电器：由于父母外出办事，他走进了厨房，尝试打开燃气灶，想要自己做饭。同时，在一些家用电器的使用上也不规范，如忘记关闭电源等。

②碰撞尖锐边角：有时在玩耍或奔跑过程中，不慎撞到家具的尖锐边角，导致受伤。

③浴室滑倒风险：在独自洗澡时，因地面湿滑而摔倒，造成身体受伤。

二、分析隐患

下面我们一起来分析一下小龚居家中隐藏的安全隐患。

①生命财产受影响：如果没有规范使用燃气、电器造成火灾，不仅会烧毁家庭财产，更会危及家庭成员的生命安全。

②心理健康受影响：家里多次发生安全事故，会让孩子心理缺乏安全感，并出现一些应激反应。一个安全的家庭环境能够让小学生感受到家的安全，有利于他们的身心健康和成长。相反，如果家中存在安全隐患，频繁发生安全事故，不仅会破坏家庭氛围，还会让小学生感到不安和恐惧，影响他们的学习和生活。

这么一分析，是不是能够说明孩子居家也存在着很多安全隐患呢？

三、家长应该怎么做呢?

作为家长，我们该怎么对孩子做好居家安全的教育呢?这里有四条建议。

(1)共筑家庭安全防线

①明确规定孩子不能单独使用燃气、电源等危险物品。告知孩子如何正确使用家用电器，避免电器火灾，并和孩子一起制作并张贴家庭危险物品警示标语。

②家长可以安装防撞条或防撞角，以防碰到尖锐边角。

③家长要时刻注意自己的言行举止，为孩子树立榜样。在日常生活中遵守安全规则，不随意进行危险尝试。

(2)亲子定期安检

①进行定期安全检查：父母带领孩子一起设置安全检查时间表。鼓励孩子向家长报告家中的安全隐患或异常情况。

②定期检查家中的电路、燃气管道等设备是否完好无损。检查家中的插座、开关等是否松动或损坏，及时更换。

③清理家中的易燃物品，确保它们远离火源。

④告诉孩子遇到危险时要拨打119、110、120等求助电话。

⑤与孩子一起参与家庭安全检查和演练活动，共同提高安全意识。

(3)强化安全意识

①父母协调保证每周安排两三次家庭故事分享(制作故事分享台历)，通过故事、绘本、视频等方式向孩子传授安全知识。

②在家庭日常生活场景中，及时教育孩子识别危险源，学会自我保护。

③定期组织家庭安全知识竞赛或演练活动，提高孩子的安全意识。

(4)增设安全设施

①在家中安装烟雾报警器、天然气报警器等安全设备。

②在厨房、浴室等易滑倒的地方铺设防滑垫。

小学生做好居家安全不仅是对自己负责，也是对家庭和社会负责。居家安全涉及我们家庭生活的方方面面，作为家长，我们应该高度重视小学生的居家安全问题，加强安全教育，切不可存在侥幸心理。家长要培养孩子们的安全意识和自我保护能力，更要加强防范为孩子的健康成长保驾护航。

学会自我保护

每当传来孩子意外溺水、被困电梯或被欺凌的新闻时，家长无不揪心，担忧也自然转向自家孩子。但担忧无益，唯有通过科学方法和实际行动，才能为孩子筑起安全防线。

一、安全基石：家长需遵循的核心原则

（1）避免过度保护与溺爱

过度保护会让孩子产生依赖，难以独立；溺爱则可能让孩子迷失方向。我们要在爱与放手间找平衡，鼓励孩子勇敢面对困难，做自己的守护者。

（2）平安成长优先

家庭应树立“平安成长比成功更重要”的观念。鼓励孩子诚实面对困难，勇于向父母求助，确保在任何情况下都能得到支持和帮助。

（3）紧急避险权

教育孩子，在紧急情况下，他们有权采取一切必要措施保护自己，包括大声呼救、自卫等。同时，要让孩子明白，面对威胁时，保守秘密不是最佳选择，及时告知家长是避免伤害的关键。

（4）法治安全教育

家长应强化孩子的法治观念，教育他们遵法守纪，认识到法律与规则的重要性。这是对自己和他人形成最基本安全保护的前提。

遵循这些原则，再通过以下具体的方法和实践，我们可以帮助孩子勇敢面对挑战，保护自己不受伤害。

二、实操指南：教孩子自我保护的具体内容与方法

（1）安全规则学起来

学习并遵守安全规则是自我保护的第一步，家长们可以与孩子一起制定家庭安全规则，让他们知道哪些事情可以做，哪些不可以做，并解释为什么，确保他们明白并遵守这些规则。同时我们更应该以身作则，为孩子做好榜样，潜移默化地让孩子遵守安全规则。例如，教育孩子遵守交通规则，如过马路要走斑马线、

看红绿灯，不在马路上追逐打闹，乘坐交通工具时系好安全带或抓好扶手；游泳时，不要在游泳池打闹，禁止跳水、潜水、压水线等危险动作，禁止横游；乘坐电梯时，不能在轿厢内乱跳或扒电梯门缝等。

（2）安全隐患避开来

着重培养孩子的环境警觉性，让他们能够敏锐地察觉到周围环境中可能存在的安全隐患，还包括察觉到身体的不适（如疼痛、眩晕）或心理的不安（如恐惧、焦虑），并认识到这可能是潜在危险的信号，并采取相应的措施。例如，有陌生人尾随时能够立马察觉并走向人多的地方；游泳时腿部抽筋，能够立马上岸并调整休息。我们可以通过以下方法教会孩子识别并避开潜在危险：

①讲安全故事：通过阅读《我能保护我自己》《我身体的小秘密》等绘本，家长可以讲生活中的安全故事。

②看安全动画片：选择适合孩子的安全教育动画片，如《大吉成长记》《小学生安全教育动画片》等，让他们在娱乐中学习安全知识。

③模拟危险场景：通过亲子游戏来模拟危险场景或模拟安全事故的过程。例如，在公园利用健身器材锻炼时，家长可以为孩子讲解倒立、从高处跳下来的危害性，以及如何正确使用这些器材的知识。

④教孩子说“不”：告诉孩子当有人让他们做不舒服的事情时，要勇敢地说“不”，并立即告诉家长。例如，在小区玩耍时，有人想要摸穿小背心的地方，孩子能够马上拒绝并告诉家人。

（3）沟通方式用起来

培养孩子和家长之间良好的沟通方式，也能提高孩子的自我保护能力。告诉孩子在进行“冒险”的活动时，要把自己的计划告诉照看他的人并且征得同意；遇到困难时，主动和家人沟通，寻求帮助。例如，下楼和小伙伴玩耍时提前和家人沟通和谁一起、在哪里玩、几点回家；在学校被同学欺负时，能够回到家准确表达自己的情绪，陈述事实的过程，并寻求家人的帮助。所以和孩子相处时我们要营造温馨的家庭环境，让家成为孩子可以畅所欲言的地方，鼓励他们分享自己的想法和计划。同时也要和孩子一起练习，让他们学会用简单明了的话表达自己的需求和感受。

（4）简单技能学起来

家长应该尽量地放手，提供机会让孩子处理一些小问题。通过生活中的一些小事，培养他们的独立应对意外及解决问题的能力。例如，当孩子不小心手指被割破时，家长可以先示范如何正确清洗伤口、消毒，并鼓励孩子自己贴上创可贴，这个过程不仅教会了孩子基本的急救知识，还让他们体验到自我照顾的成就感；游戏过后，自己收拾满地的玩具，既能养成他的收纳与整理的习惯，又能让他明白玩具散落一地存在的危险。

（5）求救技巧练起来

向他人求救：当发生危险时，应该立马向身边人求助。例如，有同伴溺水时，在保证自身安全的情况下，向周围的大人求助。

电话求救：记住家人的电话号码，走失或需要帮助时拨打求救。危急情况下拨打110报警、119火警、120急救，保持冷静，清晰地描述自己的位置和情况，以便救援人员能够迅速定位并提供帮助。

声响求救：在可能有人听到的地方，大声呼喊“救命”以引起周围人的注意。同时，最好喊出求救的原因，以增加被救助的可能性。在封闭或隔音的环境中，可以利用坚硬物体敲打墙壁、水管、金属等能发出响声的物品，以引起外界注意，还可以使用哨子、哨音器、汽车喇叭等能发出响亮声音。

学习自我保护，是孩子成长的必修课。从识险到求救，步步都很关键。家长别“圈养”也别“溺爱”，用爱和信任引导孩子。通过学规则、讲故事、做演练，让孩子在实践中成长，变得既勇敢又独立。这不仅是知识教育，更是生命教育。

避免危险游戏

一、生活中的危险游戏

说到危险游戏，不知道有没有家长很困扰。危险游戏包括人体叠叠乐，两人拉手快速转圈圈，用棍子打闹，恶作剧，在楼梯、阳台、停车场等危险的地方玩捉迷藏等。

这些游戏可能导致孩子遭受身体伤害、心理创伤，甚至危及生命，真是让人担忧。

这是孩子之间玩的游戏，除此之外还有些成年人也喜欢和孩子玩危险游戏。

①抛宝宝：家长双手拖着孩子身体，用力上抛，下落时接住。说这游戏可以锻炼孩子的胆量，但你有没有想过，万一没接住呢？

②转圈圈：拉着孩子的胳膊，快速转圈。孩子的身体还未发育好，这样玩很容易造成关节脱臼。而且，如果旋转时手滑没有抓紧，该怎么办？

③骑大马：家长跪趴在地上，让孩子骑在家长的背上。孩子如果没坐稳，摔倒地上，导致受伤；有的孩子比较重，家长支撑不住，导致家长腰部损伤。这个游戏，家长也容易受伤的。

还有一些游戏，看似很安全，其实也暗藏危险。

①放风筝。每年基本都有孩子曾因为放风筝，不小心掉进了路边的坑中。

②蹦床。蹦床项目被认为是世界上十大危险运动之一，其中因玩蹦床受伤的患者中，踝关节扭伤等下肢伤最常见（占50%以上），其次是颈部伤（17%）和头部伤（10%）。看了这组数据，你还想让孩子们玩吗？

这时有的家长可能会说：“哦，那我们不玩游戏了，肯定安全。”

不玩游戏，那是不可能的。

那么，怎么既让孩子玩得开心，又能避免危险呢？

二、避免危险游戏的方法

第一，家长要提高安全意识，要能识别危险游戏，不可掉以轻心。

有一则新闻：一个7岁的小孩因为哥哥燃放二踢脚（一种鞭炮），被炸伤了眼睛。孩子的爸爸说，孩子每年都燃放，从没出过事。

很多人，可能也是这样想的，从没出过事。可是没出事不代表不会出事。

如果我们能够提高安全意识，让孩子远离鞭炮，就能避免这样的事故。所以各位家长，我们一定要提高警惕，要关注孩子的游戏行为，了解孩子参与的游戏内容。

这里给大家推荐几个渠道，一是安全相关的新闻，大家可以通过它快速了解哪些游戏容易出事故；二是可以与其他家长、老师、社区人员交流，了解可能存在危险的游戏。

此外，还可以读些文章或书籍，参加一些安全教育的课程或讲座，更加全面地了解系统的安全知识和防范措施，从专业的角度了解如何保护孩子。

第二，我们敢于对危险游戏说“不”。

相信以下两个场景不少家长遇到过：第一个是孩子哭闹着要爬雕塑；第二个是家里来的亲戚，非要和孩子玩转圈圈。

请问，你怎么办？

只有一个答案，那就是说“不”。

很多时候，孩子会玩危险游戏和大人的纵容有关。所以，此时我们要明确地表达出自己的担忧和反对立场。让孩子明白，父母之所以说“不”，是因为关心他们的安全。

第三，与孩子一起看视频学习安全知识。

有家长说：“老师，你说的那些我都知道，也照做了，可孩子不听啊。”家长往这个困难可能是因为没做到第三点，与孩子一起观看安全教育视频，学习安全知识。孩子年龄小，爱玩，他们往往缺乏安全意识。

值得注意的是，看视频的时候，要鼓励孩子提出关于安全的问题，并一起探讨解决方案。这也是增进家庭关系的好方法。

第四，与孩子沟通。

当我们家长与孩子建立了亲密关系，孩子就会愿意与我们分享自己的游戏经历。此时，各位家长朋友一定要耐心倾听，不要打断或指责孩子。我们建议大家和孩子一起参与游戏，了解孩子对游戏的看法和感受，这样才能保证亲子沟通的顺畅，也可以更好地引导孩子。

第五，制定规则与限制。

家长要和孩子明确游戏时间，和孩子一起合理安排学习和娱乐；要筛选孩子的游戏内容，像暴力、色情等不良游戏内容，不让孩子接触，要为孩子培养一个健康的兴趣爱好。千万别忘了设定游戏场所，安全的游戏场所，既可以避免受伤，又可以让家长、孩子都玩得开心。

第六，提供替代活动。

有时候，我们可能做得再多，孩子还是不听我们的，尤其当孩子年龄越来越大时。

这个时候，我们建议大家寻找一些孩子感兴趣的替代活动，如骑自行车、跑步、游泳等，也可以和孩子一起进行户外探险、野营等。这些活动不仅有益于孩子的身体健康，还能培养孩子的团队精神和意志力。

当然了，这些活动一定要在安全的场所进行。

第七，持续关注与引导不可少。

要知道孩子会长大，家长不可能随时随地盯着他们。如何一直保障他们的安全呢？一方面是沟通，一定要定期与孩子沟通，了解孩子的游戏情况和心理状态。及时发现并纠正孩子的不良游戏行为，引导孩子树立正确的游戏观念。另一方面是与其他家长交流，互相学习育儿经验。

如有必要，家长还可以寻求专业帮助，通过心理咨询、教育辅导等方式，帮助孩子走出困境，重返正轨。

正确对待动物

成都一项基于小学生的调查结果显示：90%左右的小学生表示很喜欢小动物，并且近46%的小学生有饲养宠物的愿望。我们都知道，动物是人类的朋友，孩子天生对动物充满好奇和喜爱。然而，在与动物相处的过程中，孩子可能会出现一些错误行为，这些行为不仅可能对动物造成伤害，还可能给孩子自身带来安全隐患。

一、孩子对待动物的不安全行为

（1）过度亲近陌生动物

孩子们往往爱心满满，看到可爱的动物就想亲近。但无论是街头的流浪动物，还是他人家中并未熟悉的宠物，在不清楚动物性情和健康状况的前提下过度亲近，有可能遭到动物的攻击，或者感染疾病（如狂犬病、寄生虫病等）。据世界卫生组织估计，全球每年有数万人死于狂犬病，其中儿童占比较高。

（2）随意逗弄、挑衅动物

有些孩子可能会为了好玩，故意去拉扯动物的尾巴、耳朵，或者向动物扔东西、大声吓唬它们。这种行为很容易激怒动物，引发动物的攻击反应。新闻曾报道，一名 9 岁小学生向小区里的流浪猫扔石子，导致流浪猫发怒抓伤了孩子的手臂。

（3）在动物进食、休息或育幼时打扰

动物在进食、休息或者照顾幼崽的时候，警惕性会提高，攻击性也会增强。如果孩子在这些时候去打扰它们，很可能会被视为威胁，导致动物发起攻击。

（4）私自投喂不合格的食物

孩子们看到动物，常常会想要投喂。但如果投喂的食物不适合该动物的食性，或者投喂的方式不当（如直接用手伸进动物围栏），不仅可能影响动物的健康，还可能使孩子的手被动物咬伤。有调查显示，约 30%的孩子有过私自投喂动物园动物的行为。

那么，我们该如何帮助孩子建立对动物的正确认知呢？

二、引导孩子正确对待动物的方法

（1）知识传授是基础

孩子之所以在与动物的相处上产生许多不正确、不安全的行为，正是因为缺乏对动物的正确认知。家长可以通过多种方式为孩子提供与动物相关的知识。首先，阅读相关书籍就是一个很好的途径。为孩子挑选一些适合他们年龄的动物科普书籍、绘本等，让他们在书本中认识不同种类的动物，了解它们的外貌特征、生活习性，以及在自然界中的角色。比如，阅读《动物世界大百科》《我的野生动物朋友》等书籍，都能够增强孩子对动物的了解。

其次，观看纪录片也是一种直观有效的方式。像《地球脉动》《蓝色星球》等优秀的自然纪录片，能够以生动的画面和精彩的解说，带孩子们走进神奇的动物世界，让他们感受动物的魅力和生命的奥秘。

（2）实地体验增见识

除了书本和屏幕上的知识，实地体验对于孩子建立对动物的正确认知也非常重要。

家长可以带孩子去动物园参观。在动物园里，孩子们可以近距离观察各种动物的真实形态和行为。在参观过程中，家长可以引导孩子观察动物的生活环境、饮食习惯、活动方式等，并给他们讲解动物的特点和相关知识。同时，也要教育孩子遵守动物园的规定，文明参观，不随意投喂、不惊吓动物。

另外，有条件的话，带孩子去农场体验也是一个不错的选择。在农场里，孩子们可以接触到一些常见的家禽家畜，如鸡、鸭、牛、羊等，了解它们的养殖方式和生活习性。让孩子参与一些简单的农事活动，如给动物喂食、清理圈舍等，能够培养他们的动手能力和责任感，同时也让他们更加深入地了解动物与人类的关系。

（3）养宠物培养责任感

如果家庭条件允许，养一只宠物也是帮助孩子建立对动物正确认知的好方法。让孩子参与宠物的日常照顾，如给宠物洗澡、喂食等，能够让他们亲身体验到照顾动物的不易，培养他们的爱心和责任感。在与宠物的相处过程中，孩子还能够学会关注动物的情感需求，理解动物的语言和行为，从而建立起与动物之间的深厚情感。

（4）参与活动树观念

我们可以鼓励孩子参加一些动物保护组织举办的活动，如动物保护讲座、公益宣传活动等。通过这些活动，孩子可了解动物面临的生存困境和保护动物的重要性，从而建立环保意识和社会责任感。同时在活动中孩子可以结交一些志同道合的朋友，共同为保护动物贡献力量。

（5）日常引导固认知

在日常生活中，家长要及时纠正孩子对待动物的不当行为和错误认知。当孩子出现随意逗弄动物、虐待动物等行为时，家长要及时制止，并耐心地给他们讲解为什么这样做是不对的，以及正确的对待方式。同时，家长也要以身作则，以尊重、关爱、保护的态度对待动物，为孩子树立良好的榜样。

总之，帮助孩子建立正确对待动物的认知是一个长期的过程，需要家长的耐心引导和教育。让我们一起努力，让孩子们在与动物的和谐相处中，学会关爱生命、尊重自然，成为有爱心、有责任感的人。让孩子们在享受与动物相处的乐趣的同时，也能保护好自己的安全。

关注食品安全

一、认识食品安全

你的孩子喜欢吃零食吗？放学时孩子会缠着你买路边摊吗？每每谈及孩子的食品安全问题，我们都有太多话要说。“严防死守也挡不住孩子们对零食的偏爱”更是道出了许多家长的心声。而2024年的“3·15”晚会再次曝光了孩子们喜爱的“淀粉肠”存在着安全隐患。我们在对不良商贩深恶痛绝的同时，便需要引起对食品安全的关注。

食品安全指的是食品无毒、无害，符合应有的营养要求，对人体健康不造成任何急性、亚急性或者慢性危害。而导致食品不安全的问题主要有三个。一是食品的污染导致的质量安全问题如，生物性污染、化学性污染、物理性污染等；二是食品工业技术发展所带来的质量安全问题，如食品添加剂，以及辐射食品、转基因食品等；三是滥用食品标识，如伪造食品标识、虚假标注食品功能成分等。

二、怎么增强孩子的食品安全意识

近年来，关于孩子食品危害事件时有发生，日常生活中我们应该怎么守护孩子的“舌尖上的安全”呢？又如何帮助孩子养成良好的饮食卫生习惯呢？

“红灯停，绿灯行。”这是班上一名家长从孩子幼儿园过马路起就叮嘱的话语。我们每天都面临吃什么的问题，哪些东西要像红灯一样拒绝，像绿灯一样接受呢？

（1）不卫生的东西要“亮红灯”

烈日炎炎，美味的冰淇淋成为了孩子们不可抵挡的诱惑。当孩子拿起一包精心挑选的冰雪杨梅，正准备放进购物篮里时。家长可弯下腰对孩子说：“宝贝，你挑的冰棍不卫生，还是别买了吧！”孩子满脸疑惑地问道：“包装看上去五颜六色挺好看的，为什么不卫生呢？”

此时，家长就可耐心地给孩子讲解。世界卫生组织公布的垃圾食品包括冷冻甜点、油炸食品、罐头食品等食物。孩子除了要了解垃圾食品的范畴，食品外包装上的文字、图形和符号也要学会辨别。这时候就可以引导孩子学会观察食品，让孩子在买之前就做到“心中有数”。我在这里介绍一个“三看”法：一看包装，如果发现包装有胀气漏气破损等情况，一定不要选择；二看日期，日期包括生产日期和保质期，确保商品在保质期以内；三看配料表，配料表传递的信息是该食品是由哪些东西制成的。看配料表，要记住配料越简单、越天然就越好。虽然说只要符合国家标准，食品添加剂的使用都是安全的，但总归少吃点添加剂对我们更有益。下面给大家看一张图（图2-1），作为识别添加剂的一个小窍门吧！

识别添加剂的小窍门	
色素	有颜色的
增稠剂	有“胶”字的
防腐剂	带“酸”字的
甜味剂	带“蜜”、“甜”字的

图2-1 识别添加剂的小窍门

而且配料表中越靠前的食物配料含量越高。以某款饼干为例，排在第一位的是白砂糖，其次是鸡蛋、小麦粉。这就意味着糖是用得最多的，这就说明这款饼干含糖量不低。

同时，大家还要小心配料表中“隐姓埋名”的反式脂肪酸哦！长期摄入反式脂肪，会引发心血管疾病、情绪波动、肥胖等健康问题。为什么说它“隐姓埋名”呢？因为我们在配料表中不会看到“反式脂肪”几个字，它们多以起酥油、人造奶油、植脂末、代可可脂等别名出现，需要我们仔细甄别。

孩子认知能力也有限，很容易被美食的外观和广告吸引。作为家长的我们，需要引导孩子学会“三看”食品标签，买对也要买“好”，记住面对不卫生、不健康的产品要学会主动亮起红灯，直接拒绝。

（2）安全健康的东西才能“亮绿灯”

每天接孩子放学的路上，相信家长都经常看到不少孩子在小摊上、小卖铺买辣条和干脆面。家长很担心孩子因吃这些垃圾食品而影响身体健康，那是不是一点零食都不可以吃呢？我们要首先明确零食是什么？零食是指三餐以外所摄入的所有食物，它作为膳食营养的额外补充，忌太多，且绝不能代替正餐。有了这样的意识，我们就可以教孩子自己选择健康零食。

第一，优选水果、奶类和坚果。口感多样美味的同时，也富含维生素、膳食纤维等营养物质。温馨提醒：食用瓜果前应充分清洗，建议尽量去皮后食用。

第二，少吃高盐、高糖、高脂肪及烟熏油炸零食。长期选择高盐、高糖和高脂肪食物会增加发生肥胖、血脂异常、骨质疏松症等的风险。

第三，不喝或少喝含糖饮料。含糖饮料摄入过多，会增加肥胖和龋齿的风险。

当然除了健康零食的选择，更重要的还是我们平时的一日三餐。

①建议多食用清淡营养类食品，不食或少食重油、重盐食物。多食富含膳食纤维、维生素的新鲜蔬菜。

②饭菜要注意烧熟煮透，同时减少冰冷食物的摄入。儿童及低免疫力人群应控制生冷食物的摄入，建议主动、及时、适量饮水。

③儿童需注意饮食均衡，营养充足。孩子们处于生长发育时期，运动量大，体力消耗多，往往抵抗不了群体效应和美食的诱惑。家长应该引导孩子正确了解食物的营养特点，帮助孩子选择适量健康的零食，并督促吃好正餐。因为只有安全健康的食品，才能为孩子的茁壮成长“亮绿灯”。

目前，问题食品常常包含制作场地的卫生条件不过关、食材变质、滥用添加剂等多种问题。孩子食品安全意识淡薄，作为家长的我们，一是要正确告知孩子们食品安全知识，学会分辨食物是否健康；二是要以身作则，从家庭氛围上营造健康环境，从小培养孩子良好的饮食习惯。

专题五

网络教育

理性对待广告

一、认识广告

广告是孩子在生活中随处可见的信息载体，什么是广告呢？它是一种信息传播活动，旨在通过各种媒介向公众宣传商品、服务或观念，以达到促进销售或影响公众意见的目的。本文主要讲的是通过各种媒介向公众宣传商品、服务，以达到促进销售的这类广告。这类广告有哪些特征呢？

（1）广告形式多样

根据传播媒介的不同，可以分为电视广告、网络广告、广播广告、平面广告等。根据内容和目的，又可分为商业广告、公益广告、政治广告等。

（2）广告几乎无处不在

无论是走在繁华的都市街头，还是置身于静谧的乡村小路，你总能不经意间捕捉到广告的身影。

二、理性对待广告的重要性

正因为这类广告有以上两个特点，所以非常容易影响家长，特别是孩子的选择和决策，以及对待外界事物的判断。因此，家长在孩子教育中培养理性对待广告的能力，不仅可以避免潜在问题的出现，更能促进孩子良好习惯的养成，以及全面、健康价值观的塑造。

（1）避免不必要的消费

广告经常利用各种手段吸引注意力，诱使我们做出冲动的消费决策。例如，某些零食、玩具广告会使用动感的音乐和鲜艳的色彩来吸引孩子们的注意，使他们渴望立即购买。如果孩子不具备理性对待广告的能力，就可能买一些并不需要的产品或重复买同一种产品，浪费金钱。

（2）避免个人信息泄露

互联网广告和街头推销传单，往往是个人信息泄露的主要途径之一。如果孩子不具备理性对待广告的能力，就容易被网络上的精彩广告画面、推销人员的小礼物所吸引，进而导致个人信息的泄露，给自己的安全带来潜在威胁。

（3）培养独立思考能力

广告往往会告诉我们“购买这个产品会让你更快乐”，但家长需要教会孩子自己判断这是否真的对我们有好处。在这个过程中，家长需要告诉孩子要对广告中的信息进行分析和评估，而不是盲目地接受它们所传达的信息。所以培养孩子理性对待广告，也是在提高孩子的思维能力，培养他们对事物独立判断的能力，对孩子个人的成长和发展是非常有益的。

（4）建立正确的价值观

在这个信息大爆炸的时代，广告内容丰富多彩，但也良莠不齐。部分广告过度宣扬物质主义和消费主义，可能对缺乏经验和辨识能力的孩子产生负面影响。鉴于此，家长需要培养孩子理性对待广告，使其具备一定的理性思维，对广告中的信息进行深入的分析和思考，帮助孩子树立正确的金钱观和人生观。只有这样，孩子才能够保持清醒的头脑，不受外界不良信息的影响，坚定地走自己的路，追求真正有意义的生活。

四、理性对待广告的方法

孩子可能会在无意间看到有广告提到某零食吃完可以变成“聪明小博士”，于是吵着让家长非买不可。因此，培养孩子理性对待广告需要父母采取一系列有针对性的措施。以下是一些细致的建议供家长们参考。

（1）了解广告，保持清醒

父母要提醒孩子广告仅供参考并让孩子了解广告用意是什么等，逐步揭示广告背后的真相，告诉孩子广告的目的往往是推销产品。教会孩子用批判的眼光看待这广告，保持清醒，管理自己的消费行为。

（2）质疑广告，相互探讨

平时家长在孩子看广告的过程中可以鼓励孩子多与自己讨论广告的内容。如在上述案例中可以引导孩子对广告内容进行质疑，家长可以问孩子“你认为这个广告有没有夸大其词的地方？”“如果换作是你，你会如何设计这个广告来推销这个产品？”之类的问题。

（3）明确购买目的，立足实际

当孩子想要购买广告中的商品时，可以引导孩子说出购买目的，这样有助于孩子区分他们是因为真正的需要而购买，还是仅仅因为一时的冲动或是被广告所吸引。通过这样的方式，我们可以帮助孩子建立起正确的消费观念，让他们明白消费应当基于实际需要，而不是盲目跟风或是被商家的营销策略所影响。这样的教育方式有助于孩子形成理性和健康的消费习惯，对他们未来的财务管理和生活质量都有着积极的影响。

此外，现在孩子用家长的手机看短视频是常见的现象，于是就会出现如下情况：有些孩子无意看短视频时看到新奇的玩具，视频左下角还有购买链接，这个玩具正好在班级中很热门，孩子就闹着要买，家长没办法，买了之后发现实物和视频里讲解的差距太大。

当发生类似上述情况时，我们可以按照如下方法做。

（1）让孩子识破广告

家长有责任告诉孩子一些广告中常见的陷阱，让他们明白广告表面上的内容并不一定和现实一样。在广告宣传中，为了吸引消费者购买产品或服务，有时会出现实物与宣传不符的情况。例如，某些食品广告中展示的产品外观可能经过精心挑选和处理，与实际购买到的产品有所不同。此外，广告中也可能出现夸大产品功效或使用效果的情况，家长要让孩子明白这些广告内容并不可靠。

（2）全面了解商品信息

广告往往会夸大商品的某单一特性或优点，而隐藏了商品的缺点。家长要教会孩子全面了解商品信息，不被广告宣传蒙蔽，这个商品也不是你想象的那么好，积极从使用者的口中了解商品的好坏，再与同类商品作比较，对自己的消费行为负责。

（3）树立正确的消费观

孩子在反复接收广告中极容易被诱惑养成毫无节制的消费习惯。个别广告诱导孩子只要拥有某项新产品就会高人一等，引起攀比消费。家长一旦发现孩子有错误的消费观时要给予正确的引导和教育，并拒绝为其买单。

（4）帮助孩子增强法律意识

《中华人民共和国广告法》对于保护未成年人免受不良广告影响给予了高度重视。其中特别指出，针对不满十四周岁的未成年人的商品或者服务的广告不得含有下列内容：

①劝诱其要求家长购买广告商品或者服务；

②可能引发其模仿不安全行为。

在当前这个流量经济备受瞩目、各类广告无孔不入的时代背景下，我们通过短视频、网络直播等多种渠道每天都会接触到大量的广告内容。其中，不乏有个别广告，内容的真实性和商品的质量等都可能存在问题。因此，家长在繁忙的工作之余，可以与孩子一同学习广告法等相关法律法规，提高自身的法律意识，也帮助孩子们建立正确的消费观念，增强识别和抵制不良广告的能力。

广告在传播信息的同时，也在潜移默化地影响人们的消费观和生活方式。因此，父母应当承担起教育责任，使孩子明确广告的本质目的，并培养他们理性看待广告的能力。只有这样，我们才能确保孩子们在成长过程中形成健康的消费观，建立正确的生活方式，为他们未来过上高质量生活打下坚实的基础。

防范网络不良信息

在日常生活中，你担心过孩子上网的问题吗？在家庭中，如何教会孩子防范网络不良信息呢？本文将从案例分享、案例探究和家庭妙招三个方面进行讲述。

一、案例分享

随着人工智能的发展，如今的中小学生已成为新一代“网络原住民”。互联网在拓展未成年人成长空间，变革未成年人教育模式的同时，也带来一系列问题考验。

案例一

据红星新闻报道，2024年4月8日，有网友发视频表示，9岁儿子在玩一款手机游戏时，10分钟内充值了6 400元，几日内扣款超万元。据悉该游戏公司已和这位家长沟通协调退款，并证实该男童的账号使用了成年人身份信息注册。

案例二

恩施市11岁的小周在刷短视频时，有名陌生人称加入QQ群扫码可以得到某明星签名照，在所谓“工作人员”诱导下小周用母亲的银行账户向对方转账了两万余元。

案例三

1998年生于四川的舒某在网络平台上伪装成10岁左右的女孩隔空猥亵多名未成年人，2024年3月28日，北京市海淀区人民法院宣布：依法判决舒某犯猥亵儿童罪和强制猥亵罪，决定执行有期徒刑15年6个月，剥夺政治权利5年。

由此可见，防范网络不良信息在家庭教育中十分重要，能有效预防信息泄露、网络沉迷、网络欺凌、网络诈骗、网络性侵等问题，保护未成年人身心健康。

二、案例探究

有家长反映，网络不良信息特别狡猾，具有信息量大、更新传播快的特点，让人防不胜防。

首先网络环境具有开放性和匿名性，不良信息可能通过加密、隐匿等手段逃避监管；其次从未成年人自身特点来说，他们正处于身心发展的关键期，对外界充满好奇，渴望被认同。未成年人对网络信息的甄别能力、自我保护能力、自我控制能力相对较弱，更容易受到网络不良信息的影响甚至侵害。

《我国未成年人数据保护蓝皮书》数据显示：作为“数字原住民”的孩子对互联网的技能掌握情况优于其家长代表的“数字移民”一代，家长在指导未成年人上网过程中愈发有心无力，仅有四成左右的家长对未成年人上网有规定和指导，例如家长规定未成年人上网的时间、地点，对浏览的网站和内容进行甄别；家长对网络安全的认识不足，无法有效指导孩子识别和防范网络风险；家庭对孩子的网络活动监管不力，缺乏明确的网络使用规则和限制。

为了深入了解家庭不良信息防范情况，我面向三个学段六个班级的家长和学生进行真实调研问卷发现：68.6%的家长认为家庭教育对于防范学生网络传播不良信息非常重要。学生调研反映出虚假信息、暴力恐怖信息、色情信息在网络空间中传播最为广泛。

三、有法：防范网络不良信息之家庭妙招

为了守护未成年人的健康成长，还网络一片净土，家庭防范网络不良信息刻不容缓，家长们可以采取以下五点妙招指导孩子在网络世界中安全遨游。

（1）普及网络安全知识

①家长要树立做孩子网络“顾问”意识，持续关注网络安全动态，了解最新的网络风险和不良信息形式，如定期召开家庭会议学习网络安全知识，通过真实案例让孩子了解网络诈骗的手段和不良信息的危害。

②家长还可以模拟网络场景，与孩子通过实际操作提升网络安全意识。比如，了解12321网络不良与垃圾信息举报受理中心网址、牢记96110全国反诈预警劝阻电话、下载国家反诈中心APP等。

（2）提升孩子网络素养

①引导孩子慎用公共场所免费网络，及时开启各平台青少年使用模式并确保未用成人信息后台注册，如案例一中提到的某手机游戏虽然要求成人的账号登录防止未成年人冒用，但如果未成年人使用父母身份信息注册并不会受到任何游戏时间、登录时限、付款权限的限制。导致案例中的孩子游戏无限制，并几天花销上万元。

②引导孩子辨别网络谣言和虚假广告，使用APP设置复杂密码并定期更换，增强账户安全。

③强调个人隐私保护的重要性，尤其是在孩子喜爱的社交网络谨慎分享个人信息，尤其是家庭地址、电话号码、身体隐私的保护。

（3）巧用网络防护工具

①家长定期检查和更新软件，保持家庭电子设备处于最佳防护状态。指导孩子为家庭网络选择网络安全过滤软件，如开启防火墙、安装杀毒软件。

②提醒孩子智能设备定时扫描杀毒，不轻易使用未知网络和设备，确保不良信息被有效屏蔽。

（4）共同制定上网规则

①家长应与孩子民主协商，明确每天的上网时间，并设定合理的限制。注意一定要听取孩子的意见，让孩子参与规则制定。

②一旦发现孩子接触到不良信息，不要立刻批评指责，应站在孩子的角度及时与孩子沟通并做好心理疏导，帮助孩子应对。

（5）走出网络，感知美好

电视节目《少年说》里有一个孩子控诉父母喜欢玩手机而忽略自己，孩子说："手机才是你们的孩子吧？我想让你们陪我的时候，你在做什么？玩手机！"站在台上的父亲反问："你觉得游戏好玩吗？"孩子大声回答："我觉得没有你们陪我的时候，它是我唯一的伙伴！"家是孩子心灵避风港，孩子是家长的镜子，家长应做好榜样，创造温馨亲子时光，带孩子走出网络，开展适宜的亲子活动。如户外活动游戏、走进大自然、劳动、阅读都能使孩子的身体产生血清素、去甲肾上腺素、多巴胺三种物质，这些物质能够很好镇静大脑、提高认知能力，减少对网络的依赖。

通过以上五点妙招，家长们可以更有效地指导孩子防范网络不良信息，保护孩子们在网络世界中安全、健康成长。原创儿歌《网络安全小卫士之歌》分享给大家。

广告弹窗不要点，点开可能有风险。

未知链接别好奇，轻轻划走最安全。

网络设备要小心，未知信息要谨慎。

病毒入侵要防范，保护数据不泄露。

QQ微信别乱加，陌生群组别去碰。

不传暴力不传谣，健康网络靠大家。

遇到危险不害怕，勇敢告诉师长听。

网络世界虽精彩，安全第一不能忘。

网络安全小卫士，我们都是守护者。

拒绝暴力游戏

《第5次全国未成年人互联网使用情况调查报告》显示，2022年我国未成年网民规模为1.93亿，未成年网民中经常上网玩游戏的比例已经达到67.8%。在这些丰富多彩的游戏中，有一种游戏尤其需要大家关注，那就是以紧张刺激的画面和血腥暴力的场面吸引孩子们目光的网络暴力游戏。

这些游戏对孩子究竟有什么样的影响呢？下面，我们一起通过一个案例来了解一下。

有一个孩子叫小峰，现在已经是一名小学三年级的学生了，平常都是家长、老师眼中的乖孩子，但是这一学期，老师经常打电话跟家长沟通他在校的表现：首先，在上课期间，小峰经常注意力不集中，甚至会直接趴下睡觉；其次，跟班上的同学发生矛盾时，经常会采用辱骂、殴打他人的方式解决；当老师批评时，也会直接顶撞老师，甚至直接逃离办公室。妈妈也反映小峰这一学期在家情况也很糟糕，经常半夜不睡觉地玩一款暴力游戏，自己在制止的时候要么当听不见，要么就是疯狂地吵闹、砸东西，甚至还想打父母。

从以上这个案例中，我们可以清楚地看到暴力游戏对小峰的身心健康、人际交往等都已经造成了严重的影响。

那面对这样的情况，我们又该怎么办呢？

让我们先分析一下孩子沉溺暴力游戏的原因。

第一，缺乏亲子情感交流。当遇到问题时，家长斥责或采取强制措施可能导致亲子关系紧张，孩子为逃避现实压力，转向暴力游戏发泄。

第二，缺乏其他娱乐选择。如果孩子找不到足够的健康娱乐活动，他们可能会转向网络暴力游戏。

第三，好奇善仿。孩子对新鲜事物充满好奇，暴力游戏的刺激性和新奇感吸引他们。若是看到其他人在玩，他们可能也会觉得这样很酷而选择模仿。

了解了孩子沉迷暴力游戏的原因，我们再来谈谈如何帮助孩子拒绝暴力游戏呢。

第一，了解孩子，建立沟通桥梁。许多家长看到孩子玩暴力游戏时常采取的措施是斥责和怒吼，孩子无动于衷时，更会选择拔掉网线、没收游戏工具，但这些方法往往适得其反，问题不但没解决，亲子关系也更紧张。

其实，我们首先需要做的是了解孩子。通过游戏，了解孩子的兴趣爱好，了解孩子为什么会喜欢暴力游戏？背后又是哪些需求未被满足？是因为缺少陪伴，想要释放情绪，还是为了在同学中不落伍？相信家长们在听取孩子的想法后，对孩子会有更多的理解，然后我们再尝试从他们的角度出发，引导他们认识暴力游戏的危害，并教会他们如何选择适合自己的游戏。

第二，用心陪伴，选择健康游戏方式。除了关心孩子的学习成绩和衣食起居，我们有多久没有和孩子谈心聊天了呢？除了辅导孩子做作业，我们有多久没有一起共读过一本书了呢？除了接送孩子上下学，我们有多久没有一起出行过了呢？家长们，和孩子一起阅读、一起散步，去野外露营、爬山、旅行吧！让孩子感受到，现实世界同样充满了奇妙和挑战，值得他们全身心地投入。相信在这样的陪伴中，孩子的注意力自然转移了，亲子关系也更融洽了。

第三，以身作则，为孩子树立榜样。鲁道夫·斯坦纳曾说："孩子实际上是一个观察者，在年幼的孩子心中，父母就是他们观察模仿的对象。"若是我们都选择以暴力的方式去解决问题，我们又凭何期待孩子会选择更加理性的方式去解决呢？

暴力游戏因其紧张刺激的画面和血腥暴力的场面很容易吸引孩子的注意，而长期玩暴力游戏对孩子的身心健康、人际交往等都有影响。作为家长，我们应该及时跟孩子沟通，了解他们的需求，帮助他们筛选健康的游戏方式，同时为孩子树立好的榜样，引导他们远离暴力游戏。向暴力游戏说"不"！让孩子们能在阳光下奔跑，在书海中遨游，而不是在虚拟的暴力世界中迷失。

专题六

性教育

了解身体发育

一、缺乏性教育

在身体发育这件事上，孩子们因为既好奇又不懂，经常会感到心里不安和困惑。具体有以下表现。

①他们可能会对自己是男孩还是女孩这件事有点疑惑，特别是当他们发现自己的行为和大家说的“男孩该怎么样”“女孩该怎么样”不太一样的时候。

②他们对自己的身体变化也特别好奇，如为什么乳房会变大，声音会变，还会长出体毛来，这些都让他们觉得既神奇又有点不明白。

③至于生殖的事情，那就更让他们觉得神秘了，他们可能会想知道小宝宝到底是怎么来到这个世界的。

④最重要的是，孩子们对自己身体的某些私密部分特别好奇，总想去摸摸看看。如果他们没有得到正确的教育和引导，就可能会因为这些好奇而感到不安或者尴尬。

孩子的性教育之旅，如同一段未知的奇妙旅程。家长需精心准备，为孩子装上身体发育的“知识行囊”，作为他们探索自我的必备工具。解答疑惑，引导他们正确认知性别与身体，是确保孩子自信前行的关键。在这次旅程中，孩子将逐渐学会尊重与爱护自己，勇敢迎接成长的每一个挑战，享受每一次发现与成长的喜悦，让每一步都充满意义与美好。

二、回避性教育的后果

在现实中，家长面对性教育常显尴尬，因“耻于谈性”而回避。

当孩子问及生殖器官时，家长可能会含糊其词地说“哎呀，那个嘛，是秘密哦，别问了。”看到孩子讨论相关话题，家长立刻紧张地说“别跟那些乱说话的孩子一起玩，不学好！”面对孩子对性的好奇，更是直接斥责孩子：“小孩子家家，别整天想这些没用的！”

这些反应，都显示出家长在性教育上的误区，忽略了科学引导的重要性。

家长若回避孩子的性教育问题，可能会有如下不良后果。

首先，孩子可能因缺乏正确引导而对自我身体及性别产生误解，甚至从网络等渠道接触到不准确或有害的信息，影响身心健康。其次，孩子的性好奇若得不到合理解答，会加剧其内心的不安与困惑，甚至可能导致自卑或错误行为。再次，缺乏性教育会限制孩子的社交能力，难以在异性交往中保持适当距离，建立健康关系。最后，家长的回避态度会阻碍亲子间的有效沟通，影响家庭氛围和亲子关系的亲密度。

孩子好奇自己的身体很正常，家长别慌也别躲。他们提问，说明已经开始认识自己了。每个孩子都会经历这些，性教育就是帮孩子更懂自己和别人。我们要大大方方地跟孩子聊，告诉他们“性”是自然的事，这样他们才能健康成长，心灵也温暖。

三、正确引导的方法

当我们的孩子开始像小小探险家一样，对自己的身体充满好奇时，家长们应该当一名手持地图和指南针的向导，引领他们安全又愉快地踏上这段旅程。具体可以这样做。

（1）家长提前学起来

在孩子的成长过程中，性教育的重要性日益凸显。作为家长，我们不仅是孩子的守护者，更是他们性教育的启蒙者。为了更有效地引导孩子，家长需提前自我学习，成为性教育的专家。通过购买专业书籍、观看权威视频、参加培训课程等方式，家长可以深入了解性教育的核心内容和科学方法。这些资源不仅丰富了我们的知识储备，还提供了实用的教育技巧。当我们掌握了足够的知识和信心，便能以平和、科学的态度解答孩子的疑问，帮助他们建立正确的性观念，促进身心健康发展。

（2）心态平和说出来

面对孩子提出的新问题，家长的心态与解答方式起着至关重要的作用。保持一颗平和、开放的心态，以科学、坦诚的态度去回应孩子的好奇心和求知欲，是帮助他们建立健康性观念的关键所在。

当孩子带着纯真无邪的眼神，对身体的种种变化提出疑问时，家长应当首先放下自己的羞涩与顾虑，以冷静和耐心的态度去倾听。不要因为担心尴尬或害羞而回避问题，更不要因此斥责孩子。相反，我们应该蹲下身来，用孩子能够理解且感兴趣的语言，去解答他们的疑惑。例如，当孩子问起“为什么我身上会长毛?”时，我们可以温柔地告诉他们，这是身体在成长过程中的自然现象，就像小草在春天里会发芽一样，是每个人都会经历的变化。

而在解答这些敏感问题时，特别是关于生殖器官的疑问，家长更应该勇于使用其学名。有些家长可能会觉得使用学名过于羞涩，更倾向于使用俗称，如“小鸡鸡”等。然而，这样的做法往往容易引发歧义和混淆，因为不同的地方对同一器官的俗称可能各不相同。更重要的是，研究表明，父母越是能够平常地、自然地讲出这些身体部位的名称，就越有利于孩子建立对身体不同部位积极、健康的认知态度。

（3）科普资源看起来

利用科普视频和图书等教育资源，与孩子共同学习性教育知识，是一种既有趣又有效的教育方式。现在市面上有很多适合孩子阅读的性教育科普图书和视频资源，如《小小科学家：身体的奥秘》《丁丁豆豆成长记》《我们的身体》《小乳房》《爸妈怎么有了我》《我是男生？我是女生?》《身体里的荷先生和荷太太》《人体城市》《我的身体小秘密》等。这些资源以生动有趣的画面和通俗易懂的语言，向孩子介绍了生殖器官、人的诞生和青春期变化等性教育知识。家长可以与孩子一起观看这些视频或阅读这些图书，通过互动讨论的方式加深孩子对性教育的理解和认识。同时，这些资源还能帮助孩子建立起对身体的正确认知和尊重，为他们的健康成长打下坚实的基础。

（4）亲子游戏玩起来

通过亲子游戏的方式进行性教育，不仅能增进亲子关系，还能让孩子在轻松愉快的氛围中掌握性教育知识。

家长可以设计一些与性教育相关的亲子游戏，如“我的身体宝藏图”“一样不一样”等。在游戏中，家长可以引导孩子正确认识和命名身体的各个部位，特别是隐私部位。例如，在“一样不一样”的游戏中，家长可以与孩子轮流说出自己身体上的一个部位或特征，并判断对方是否与自己相同。通过这样的游戏方式，孩子不仅能更加直观地了解自己的身体结构，还能在轻松愉快的氛围中建立起对隐私部位的正确认知和尊重。

（5）孩子照片摊开来

利用孩子从小到大的照片进行性教育，是一种独特而有效的方法。家长可以与孩子一起欣赏这些照片，回顾他们的成长历程。在欣赏过程中，家长可以引导孩子观察并讨论身体的变化，如身高的增长、体重的变化，以及生殖器官的发育等。通过这样的方式，孩子可以直观地感受到自己的成长过程，并在家长的引导下建立对身体变化的正确认识。同时，家长还可以利用这个机会向孩子解释青春期身体变化的原因和过程，帮助他们做好心理准备并顺利度过这一时期。这种教育方式不仅增进了亲子之间的沟通和信任，还为孩子的健康成长提供了有力支持。

保护身体隐私

一、树立保护隐私部位的意识

作为家长，如果小男孩平时喜欢和小伙伴玩戳彼此下体的游戏，你会制止吗？如果小女孩穿了裙子，但坐着的时候喜欢将腿抬起来，露出了底裤，你会及时提醒吗？

保护身体隐私，是青少年性教育中重要的内容，我们一定不能忽视。

身体隐私是指人体出于礼仪、得体和受尊重，在公众场合和常规环境中，习惯被衣服覆盖的位置。它包括我们的生殖器官，如男孩子的阴茎和女孩子的阴部，还有胸部和臀部。简单来说，背心和小底裤遮住的地方就是隐私部位。孩子们在小时候树立保护隐私部位的意识至关重要，为什么呢？主要有以下三个方面的原因。

（1）促进孩子身心健康发展

儿童时期的性教育是全面发展的重要组成部分。正确的性教育不仅能帮助孩子建立健康的性观念，还能促进他们身心健康地成长。当孩子们明白如何保护自己的隐私部位时，他们会更加自信、自尊，也更懂得尊重他人的身体界限。

（2）增强孩子的自我保护能力

《中华人民共和国家庭教育促进法》明确指出未成年人的父母或者其他监护人应当增强其自我保护的意识和能力。随着年龄的增长，孩子们会面临越来越多的社交场合和人际关系。通过树立保护隐私部位的意识，孩子们能够学会在复杂的环境中识别潜在的危险信号，并采取相应的自我保护措施，如及时离开、寻求帮助等。同时通过早期的教育，让孩子们了解自己的身体界限，知道哪些部位是隐私的、不容他人随意触碰，这可以大大降低他们受到性侵害的风险。

（3）培养正确的性别观念

性别教育也是性教育的重要组成部分。通过教育，孩子们能够了解自己的身体，包括隐私部位；形成正确的性别观念，认识到男性和女性在生理上的差异，从而更加尊重和理解彼此。

二、树立保护隐私部位的意识的方法

保护隐私部位十分重要，那我们怎么做才能帮助孩子树立保护隐私部位的意识呢？

（1）保持科学、积极的态度

家长的教育认同、教育意识以及心态，是开展儿童性教育最关键的因素。当孩子提出与“隐私部位”这个话题相关的问题时，不要因为孩子揭开了“隐私部位”的话题，而感到生气或者不安，因为家长的第一反应，是孩子性教育的最初印象，影响孩子往后成长中对性的态度。当孩子做出一些不太恰当的行为（如公共场合摸自己的隐私部位），仍然要心平气和、保持微笑告诉孩子：“宝贝，为了保持卫生和健康，不能在公共场合摸自己的隐私部分。”

（2）正面科普隐私部位的知识

关于什么是隐私部位，家长们首先需要大大方方地对孩子开展科普教育，科普时可以借助一些绘本、科普视频等。隐私部位和眼睛、鼻子、耳朵一样，是身体的一部分。首先，告诉孩子男女的隐私部位不一样，男生有阴茎、睾丸和臀部，女生有阴部、乳房和臀部。隐私部位不能随便给别人看到，平时要遮起来。其次，告诉孩子隐私部位的正确名称，如“小鸡鸡”叫作“阴茎”。不必给隐私部位创造一个昵称，因为这会给孩子传达一个信息：生殖器官是不能随便说的，甚至都不能说它们正确的名字。比如，孩子问长在胸上的点点是什么？就直接告诉孩子：它们是乳头，每个人的身体都有乳头。正面大方地谈论，会帮助他们健康地长大，并拥有保护自己身体的概念。

（3）设定隐私部位的触碰界限

谁可以触碰隐私部位？要让孩子知道，什么情况下哪些人可以触碰我们的隐私部位。最亲的人，如爸爸和妈妈，在帮助孩子穿衣服或者洗澡时，可以触碰宝宝的隐私部位。可以信任的人，如医生因为医学诊断，可以在爸爸妈妈的陪伴下对我们的隐私部位进行检查和触摸。其次，和孩子一起制定“安全圈”，根据亲疏程度不同画出安全圈范围内的人，这些人是非常爱你的人，可以在帮助你的前提下，触碰孩子的隐私部位。除了安全圈范围内的人，其他人都不能触碰孩子的隐私部位。

（4）教会孩子大胆拒绝

家长应该告诉孩子，如果别人想碰你的隐私部位甚至已经碰了，需要立即拒绝别人的行为，还要告诉对方自己不喜欢对方的触碰。如果不在设置的“安全圈”内的人，无论是大人还是其他小朋友，他们触碰你的隐私部位，你应该大声说“不”，然后快点离开那个人，同时一定要将这件事告诉“安全圈”里的人（如爸爸妈妈），让他们来帮助你。

（5）引导孩子尊重别人

让孩子知道在保护自己的隐私部位的同时，也要尊重别人的隐私部位。别人的身体是别人的，我们千万不能随意乱说、乱摸别人的隐私部位。那么，是不是其他的身体部位就可以乱触碰呢？不是的，触碰别人的身体，都要经过别人的同意，如果别人不喜欢，感到不舒服，我们也不能摸，尊重别人是最棒的品质。如果你想牵好朋友的手，也要问问他："我可以牵你的手吗？"

孩子树立保护隐私部位的意识是一个长期且持续的过程，需要家长的耐心、细心和爱心。家长教导孩子保持隐私部位的这些方法不仅仅是知识的传递，更是爱的传递，是家长与孩子之间温馨对话的起点。家长每一次的引导和教育，都在为孩子铺就一条更加安全、健康的成长之路。

专题七

家庭沟通

做好隔代教育

现在很多家庭都有爷爷奶奶或者外公外婆帮忙带小孩，这样就出现了隔代教育。隔代教育，指的是祖辈与孙辈在一起生活，并承担抚养教育孙辈的主要或全部责任。受中国传统文化和观念的影响，加上工作压力、社会竞争等因素，越来越多的年轻父母把孩子交给自己的父辈养育，这也使隔代教育成了家庭教育中自然而普遍的现象。

一、隔代教育的利与弊

很多家庭都存在隔代教育的情况，因为隔代教育有着明显的优势和独特的价值。

首先，隔代教育的家庭绝大部分是因为爸爸妈妈工作比较忙，祖辈可以解决孩子上下学的接送问题，还能给孩子准备好饭菜，有的老人还会帮忙整理清洁，大大减轻了爸爸妈妈的负担。其次，我们常说“隔代亲”，说的就是祖辈非常关注孩子的生活起居和安全活动，给孩子提供了一个爱与包容的环境，而老人也在与孙辈的交往中感受到年轻的活力，享受被需要的满足，减轻孤独感。

当然，隔代教育的家庭也会面临一些挑战。第一，孩子多样化的心理需求在隔代教育中难以得到充分满足。孩子除了吃喝拉撒等生活需要，还需要父母的关爱、陪伴与支持，这是祖辈代替不了的。第二，隔代教育的理念与方式较难适应时代的新要求。大多数祖辈生长环境与孙辈完全不同，他们的某些教育观念、教育方式已经无法顺应新时代的需求，难以取得良好的效果。第三，如果存在这些差异，但父辈和祖辈的沟通又不顺畅，家庭成员内部之间就容易出现矛盾，双方都会觉得自己没有得到尊重。

二、如何做好隔代教育

到底应该怎样做好隔代教育呢？我们总结了以下四点，供家长朋友们参考。

（1）明晰角色定位，不当“甩手掌柜”

在家庭教育中，角色定位很重要。家长们，我们需要明确祖辈是家庭教育中的配角而不是主角，是协助者而不是代替者；父母才是孩子的监护人，也是孩子教育的第一责任人。

带着这样的认识，家长们可以这样做：一是主动与祖辈交流。家长们在关心孩子的学习、生活情况的同时，也要多关心老人家的身心状况，了解孩子和老人相处是否融洽，适当传递当下时代的教育理念。二是在有限的时间里，做到高质量陪伴。只要下班回到家里，对孩子的生活、学习、游戏等各方面都要一一了解，这样才能和孩子保持良好的互动，建立和谐的亲子关系，千万不要以工作忙为借口，逃避自己的责任，做“甩手掌柜”。

（2）心怀感恩，适当包容

家长们有没有想过，我们的爸爸妈妈本身是可以惬意地享受退休生活的，但他们愿意继续为我们的家庭和孙辈的成长付出时间和精力，且不求回报，这真的很让人感动。家长也要适时表达自己内心的感恩，而且一定要当着孩子的面说，这既是给孩子的良好示范，也是一种让家庭保持和睦的良好方式。

当然，老人家本身年纪也大了。研究发现，人到了六十岁，大脑前额叶就会开始退化，记忆力、理解能力、学习能力都会减退，所以祖辈在教育孩子的时候难免力不从心，有一些教育方式也不太合时宜。当祖辈的教育方式不太恰当的时候，如果我们对他们的想法和行为一味地责备，这对于老人来说是一件很残忍的事情，会让他们觉得自己对这个家庭付出了很多，却没有得到认可，甚至怀疑自己的价值。所以，当我们不太赞同老人家的观点时，可以侧面提醒，或是委婉地提出自己的建议和想法，而不是一味地责备老人。

例如，很多小朋友都喜欢吃糖，祖辈觉得只要小朋友喜欢就给他买，但是爸爸妈妈可能就会担心吃糖会导致小朋友长蛀牙、影响生长发育等，所以不同意小朋友吃糖。如果你发现祖辈给小朋友吃糖的时候，先不要急着责备老人，可以委婉地告诉祖辈，吃糖可能会对小朋友造成不良影响，引起祖辈的重视，进而达成共识。

（3）有效沟通，形成合力

由于生活背景、受教育程度等多方面的差异，父母和祖辈在教育孩子的时候，往往会出现不同的做法。这个时候，如果缺乏有效沟通，就很容易导致家庭教育冲突。

为了避免这样的情况发生，建议家长在生活中细心观察，了解孩子的表现，了解在培养孩子的问题上自己和老人有哪些态度和方法的差异，和老人私下提前做好沟通，统一原则和标准，尽量不将分歧呈现在孩子的面前。

例如，祖辈出于对孩子的关爱，会自发地为孩子做很多事情，如每天早晨起来帮孩子穿衣服、叠被子。其实，1—3 年级的小朋友完全有能力自己穿衣服、叠被子，祖辈还在代劳。那么，就可以找一个合适的时机跟祖辈做好沟通，小朋友力所能及的事情可以让她自己做，一方面可以培养小朋友的生活自理能力，另一方面也可以减轻祖辈的负担。

有效的沟通是建立良好亲子关系、减少家庭矛盾的重要桥梁。只有父辈与祖辈统一标准，相互理解与支持，才能为小朋友创造一个温馨友爱、和谐欢乐的家庭环境。

（4）主动学习，更新观念

祖辈往往拥有丰富的育儿经验，并且能够很好地满足孩子生理的需要和安全的需要，但是他们原有的传统经验不一定能满足当今社会的育儿需求。也许他们也想了解如何养育孩子更好，只是退休后不知道有哪些途径可以学习。建议家长主动为祖辈提供学习资源和帮助，在日常的生活中做好引导。

家长们，隔“代”不隔“爱”，希望大家可以和祖辈在家庭教育中找到平衡，实现“双赢”，共同为孩子的成长保驾护航。

善用学校教育资源

学校的核心工作就是育人，因此学校为教育教学活动提供了各种条件和服务，我们统称为教育资源。这些丰富的资源是保障教学活动正常进行、提高教学质量和效果的重要基础。

但是部分家长对学校教育资源的利用还不够重视，体现在孩子身上，可能会存在以下情况：只满足常规课程的学习，不参加发展兴趣、提升技能的社团活动；图书馆中有丰富的书籍和资料，但孩子很少去图书馆借阅或利用图书馆的学习空间；缺少师生的沟通与交流；等等。这些无不影响着孩子的学习体验和成效。

这些情况出现是多种因素交织的结果，常见的原因包括以下几种。

一、对学校教育资源利用率低的原因

（1）信息不对称

家长可能并不完全了解学校提供的所有教育资源和服务，如学校课程设置、特色项目等，或者不知道如何有效地获取和使用这些信息，导致孩子无法及时、全面地了解资源信息。

（2）时间管理问题

相对较重的课业学习和家长安排的校外兴趣班可能使学生感到时间紧迫，难以抽出额外的时间去探索和深挖课堂外的学校教育资源。此外，一些学生可能缺乏有效的时间管理技巧，无法合理安排学习和使用资源的时间。

（3）缺乏兴趣和动力

孩子对某些学科或活动可能缺乏兴趣，因此不愿意投入时间和精力去利用相关的教育资源。此外，缺乏明确的学习目标和动力也可能使学生对学习资源的使用持消极态度。

（4）技能和能力不足

一些学生可能缺乏使用某些教育资源所需的技能和能力，如信息技术等。在数字化时代，许多教育资源以电子形式存在，如在线课程、数字图书馆、电子期刊等。如果学生不熟悉基本的计算机操作、网络搜索技巧或特定的学习平台使用，这些技能的不足可能阻碍他们有效地利用学校的教育资源。

（5）心理和情感因素

学生的心理和情感状态也可能影响他们对学校教育资源的使用。例如，害羞、不自信、焦虑等情绪可能使学生不愿意主动寻求帮助或参与活动。此外，学生对学习环境的适应程度、与教师和同学的关系等因素也可能影响他们对教育资源的利用。

这些问题，常常会让家长对孩子的成长感到担忧，甚至因为沟通方式等还可能引发亲子矛盾。

二、充分利用学校教育资源

家长应该如何利用学校教育资源去激发孩子的学习兴趣和潜能，促进孩子的全面发展？我们可以这样做。

（1）了解并参与学校活动

家长不妨主动了解学校提供的各类活动，如班级活动、社团活动或艺术表演、体育比赛等，并鼓励孩子积极参与。这些活动不仅能培养孩子的兴趣爱好，还能提升他们的团队协作能力和社会交往能力。

（2）与教师保持沟通

家长可以定期与教师沟通孩子的学习情况和表现，了解孩子的优势和不足。教师的专业建议和指导可以帮助家长更好地支持孩子的学习和发展。同时，家长也可以向教师反馈孩子的家庭表现，共同协作促进孩子的成长。

（3）利用图书馆资源

学校图书馆作为教育资源的重要组成部分，在学生的学习和成长过程中扮演着不可替代的角色。家长们可以多鼓励自己的孩子，让他们多走进图书馆，多借阅各类书籍，多查阅各类资料，拓宽他们的知识视野，感受书籍带来的乐趣，从而激发他们的阅读热情。这种热情，将会成为孩子们持续学习的动力。同时，图书馆中的安静氛围和有序环境，也有助于孩子们集中注意力，深入思考，从而更有效地吸收和理解知识。

（4）参与家校合作活动

许多学校会开展家校合作活动，如家长会、亲子运动会、家长志愿者等。家长可尝试积极参与这些活动，与学校建立更紧密的合作关系。通过共同参与孩子的教育过程，家长可以更好地了解学校的教育理念和方法，同时也能为孩子树立榜样，共同促进孩子的全面发展。

（5）关注学校提供的辅导和支持服务

学校通常会提供学习辅导、心理咨询等支持服务。如果孩子在学习或心理上遇到困难，家长可以及时与学校沟通并寻求帮助。这些服务可以帮助孩子及时解决问题，保持积极的学习态度和良好的心理状态。

（6）鼓励孩子参与课堂互动

在课堂上积极发言、提问和参与讨论是提高学习效果的重要途径。家长应鼓励孩子在课堂上积极参与互动，培养他们的表达能力和批判性思维。

让我们一起行动起来，合理利用学校教育资源，为孩子营造更加全面、多元的成长环境，助力他们成为有知识、有能力、有担当的未来栋梁。

家校共育　促进发展

一、什么是家校共育

家校共育是指家长和学校共同教育孩子成长的过程，是家庭和学校共同参与、共同责任、共同教育孩子的一种教育模式。这种教育模式旨在让孩子在更加和谐、愉悦的环境中成长，促进孩子全面而协调地发展。

二、家校共育的重要性

①家庭和学校的合作可以让孩子在更加和谐、愉悦的环境中成长，促进孩子全面而协调地发展。

②家校合作共育是激活教育磁场最重要的方法，有助于促进新型家庭、家教和家风建设，提升父母的教育素养，避免家庭成员之间在教育上的分歧、矛盾，帮助父母更好地成长。

③家校共育能够形成教育合力，达到“1+1>2”的效果，有助于为学生营造一个和谐的家庭环境和校园环境。

三、家校共育，家长如何做

（一）明确各自职责

其实，孩子、家长、老师都是平等的，只是各自的角色不同，每个人应该担起的责任和作用不一样。但有些家长会不小心就越过了自己的边界，插手管理班级事务，甚至干涉学校管理，这是非常不可取的做法。很多家长都搞错了自己的职责，然后就出现了各种问题。其实我们可以按以下方法做。

（1）了解学校和老师的要求

家长应该了解学校的教育要求，如在学习方面，各科老师的要求不同，像预习要求，要读几遍课文，勾画几个词语；在生活方面，早上到校要和家长说再见，自己进学校，在门口要向保安叔叔、阿姨问好，和值周生大哥哥大姐姐互问好，向老师同学互问好，到教室后整理好自己的学习用具，准备开始一天的学习，课间活动文明休息、不疯跑。家长了解了学校的要求才能在家中更有效地支持学校的教育目标。

（2）理解和维护老师的权威

家长应避免在孩子面前批评或质疑老师，维护老师在孩子心中的正面形象和权威。家长应该通过自己的行为和言语，支持和信任老师，帮助孩子建立起对老师的正面情感。例如，不在孩子面前非议老师，维护老师的专业形象，可以和孩子说说自己小时候和老师的故事；当孩子不理解老师时，家长可以引导孩子思考老师这样做的原因。

通过这些具体的行动，家长不仅能更有效地支持孩子的教育，还能与学校建立良好的合作关系，共同促进孩子的健康成长。

（二）建立有效沟通

沟通就是交流，是人与人之间心灵的碰撞。家长要主动与老师建立沟通，关切孩子情况的同时，也能同老师交流育儿之道，使孩子“亲其师，信其道”。这样有利于发挥家校教育的合力，培养身心健康的孩子。

（1）做到有礼有节

和老师沟通要注意言辞，尊重老师，支持老师，认可老师，比如，可以这样说“老师，我们教育孩子还是缺乏专业知识，以后要多跟你学习，给你添麻烦了”“老师，如果班级里有需要我们家长帮忙出力的，随时跟我说。都是为了孩子们，我们肯定积极配合的”积极热心的家长总会让老师记忆犹新。学会主动联系老师，但也不要频繁地给老师打电话，有事情用文字发短信表达就可以，可以在后面加上：你不忙的时候回复就行、老师你辛苦了、谢谢老师等礼貌性的用语。

（2）做到有话直说

家长在和老师沟通时，要尽可能地准确地描述孩子的实际情况，这样老师才能对孩子的问题进行更好的指导。同时，要尊重老师的意见，不要轻易地否定老师的观点或建议。比如，上课表现、学习方法、人际交往类、性格等。所以，可以这样问：老师你好，我孩子最近上课认真吗？回答问题是否积极？老师你好，听孩子说他和某某同学闹别扭了，他们是有什么矛盾吗？老师你好，我家孩子比较内向，还得麻烦你在平时多鼓励，多费心，增加孩子的自信心。只要是合理要求，就直接跟老师提出，老师知道后也会多留心孩子。

（3）做到互相理解

当老师和家长的想法发生冲突也是在所难免的，角色不一样，思考的角度就不一样，那么想法和做法就会不一样。我们很多时候总是会把主观情绪带到处理问题当中，很难客观公正地看待问题。不过家长还是要尽量做到就事论事，互相理解。发生冲突时，我们可以这样做：陈述事实+虚心请教+真诚感谢，如说“老师你好，我家孩子的情况是这样的……”“孩子这种情况我们做家长的可以怎么做，帮助他提升呢?”“感谢老师对孩子的关心……”之类的话。这样说老师感受到的是家长关心孩子的情况，自己的工作也被家长肯定了。双方都达成理解，问题也得到了解决。

（三）配合支持工作

当学校需要家长参与解决孩子的问题时，家长应积极参与，与老师共同探讨解决方案，这有助于形成教育的一致性和合力。

（1）参与学校的活动

如果家长能提供一些帮助的，可以踊跃参加一下，更有助于增加老师和家长之间的信任，人和人之间有了信任的基础，沟通起来就会更顺畅。比如，家长进课堂、家长会、运动会、亲子活动等。这些活动是家长了解学校教育理念、参与孩子教育的重要机会。家长应该积极参与这些活动，与老师和其他家长交流，分享教育经验。同时，家长也可以通过这些活动，了解孩子在集体中的表现，发现孩子的优点和不足，为下一步的教育计划提供依据。

（2）支持班级的工作

家长要引导孩子每天做好分内之事。比如，每天准备好学习物品，按时上学别迟到，上课认真听讲，课堂积极互动，课外活动积极报名，等等。也可以积极参与班级建设，如“班级文化墙”的布置工作，由学生和家长共同承担，家长可提供好的创意，协助学生制作班级文化墙，不仅丰富教室文化，还锻炼了孩子的管理与动手协作能力。又如，家长和班级一起去社会实践：七里诗乡写诗 、浦江茶园采茶 、明月村乐扎染 、凡朴农场谷子……从学校劳动延伸到社会劳动，不仅增进了家校情感，还让孩子共同体会到了劳动的不易，更有助于培养孩子节俭、勤劳的好品质！这些行动都在说明，家长在配合和支持学校和老师的工作。

家校共育是促进孩子全面发展的关键，需要家庭和学校的共同努力。通过建立有效的沟通机制，家长参与学校活动，学校提供家庭教育指导等方式，可以实现家校共育，提高教育效果，促进孩子的全面发展。

专题八 父母成长

俯身倾听

作为三年级学生的班主任，经常有家长发消息跟我表达“孩子不如一、二年级的时候听话了”“孩子放学回家后，不太愿意分享自己的校园生活。我多问几句呢，他就很不耐烦了”“我感觉孩子长大之后，离我越来越远了”这样的话。隔着屏幕，我都能感受到家长们的无奈。

不只如此，孩子们也有类似的烦恼。记得在上学期的家长会上，我建议家长利用周末多带孩子去博物馆、美术馆参观，拓宽孩子的知识面。一学期下来，我问了几次，结果好多孩子都没有去，有的孩子说：“我不想跟爸爸妈妈出去玩，他们总能把任何话题引到好好学习上。”有的孩子说，“跟爸爸妈妈没什么好聊的呀，我喜欢跟同学一起玩”。

孩子进入三年级，自我意识增强，有很多自己的想法，与爸爸妈妈的关系也在悄悄地发生变化。作为家长，到底该如何更好地与孩子沟通，保持和谐的亲子关系呢？答案就是——俯身倾听孩子。

一、儿童自主意识增强

首先我们来了解一下儿童的成长规律。

如图2-2所示，随着年龄的增长，孩子与家长的相处时间变短，对爸爸妈妈的依赖性降低，亲子关系会发生变化，这是正常现象。

小学阶段，孩子开始进行自我管理和监督。这一时期，家长可以把自己想象为舵手，负责掌握大方向，督促孩子的学习和生活；孩子则是拥有一定自由度的水手，对自己的言行有一定的自主权。

孩子的能力提升，会挑战父母的权威。随着学习经验的增加、知识传播方式的改变，小学生掌握的信息越来越多，也许他们知晓的信息是家长不了解的。这样的变化常常让我们感到欣喜，当然，偶尔也会让我们有种自己落伍了的感觉。

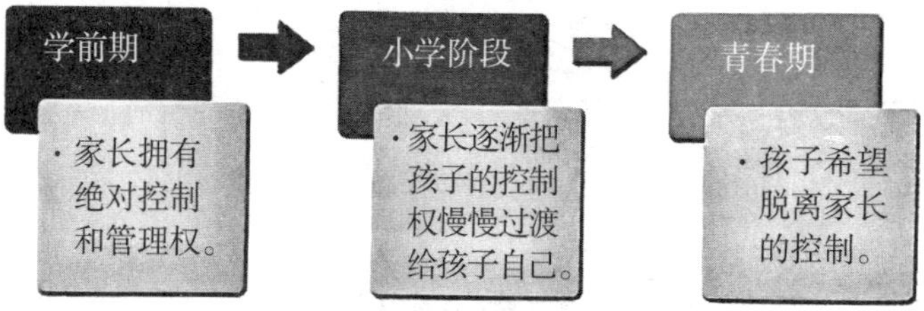

图2-2　亲子关系的发展

二、亲子沟通的挑战

孩子的成长变化悄无声息，作为家长，不必过于焦虑。但是如果我们没有正确的认识，不能理性地对待，就有可能导致亲子关系紧张、家庭氛围压抑。从而造成孩子的学习困难、人际交往受阻、意志消沉、缺乏自控等心理和行为问题。

让我们来看看关于亲子沟通的一些调查。

《全国家庭教育状况调查报告（2018）》显示：部分学生报告家长不尊重自己，13.3% 的四年级学生和 10.8% 的八年级学生报告“我做错事时，家长总是不听解释就批评我”，10.7% 的四年级学生和 8.2% 的八年级学生报告“家长从不认真回答我提出的各种问题”，15.4% 的四年级学生和 9.9% 的八年级学生报告“家长从不认真听我把话讲完，总是打断我”，17.4% 的四年级学生和 14.4% 的八年级学生报告“当我和家长有不同意见时，家长从不允许我表达自己的观点”，19.3% 的四年级学生和 18.8% 的八年级学生报告“家长要求我做某件我不愿意做的事情时，从不会向我耐心说明理由”。

我们再来看看孩子最不想听到家长说的话有哪些。

①嘲讽和嫌弃：“走开点，看见你我就烦！”“我怎么生出你这个孩子呢？”

②比较：“看看人家×××。你怎么就赶不上人家一半呀！”

③威胁：“你要是再这样，我就不管你了。”

④找借口：“我这都是为了你好！”“等你长大了，就会明白我们这么做的苦心！”

⑤拒绝商量：“没有原因，我说不行就是不行！”“别跟我讨价还价！”

家长朋友们，以上这些情况，你有没有遇到过？孩子不想听的话，你是否说过呢？如果有，我们真的需要做出改变和调整。下面的内容能帮助大家掌握一些有效的沟通技巧，提高亲子沟通的质量。

俯身倾听孩子包含了四个关键词，分别是尊重、理解、接纳、看见。尊重是把孩子看成与自己平等的个体，而不是任我们掌控的对象，要充分考虑孩子的意见和想法，愿意与孩子平等沟通；理解孩子的个性、爱好和情绪，减少不必要的限制和约束；接纳孩子的行为，客观看待孩子的言行；看见孩子未来的可能性、看见孩子内心的情感需求、看见孩子点点滴滴的成长。

家长们可以使用以下这些方法，来倾听孩子的心声。

（1）蹲下来

①平等而非霸权：家长们要懂得尊重和接纳孩子的意见，愿意与孩子平等沟通，这样孩子才会信任家长，喜欢和家长诉说自己的想法和遇到的问题。

②教育而非命令：家长们在指导孩子时，切忌简单地发号施令，而是可以通过解释、讲故事、做示范等方式帮助孩子理解大人的意图，还可以引导孩子站在对方的角度换位思考。

③共鸣而非打断：不论对错，都要认真、耐心地听孩子把话说完，中途不要打断，可以微笑、点头示意，让孩子感受到家长的关心和理解，使彼此在情感上产生共鸣。

（2）坐下来

①无压力的对话：鼓励孩子积极表达自己的想法、态度、情感，宽容孩子的不同意见，让他知道你真心愿意听取他的观点。特别提醒，家长们千万不要觉得孩子说的内容幼稚而不认真听，敷衍了事。孩子会从眼神中看出你是不是真的感兴趣哦！

②感兴趣的话题：交流时最好从孩子感兴趣的话题着手，如他们喜欢的偶像、班级中的趣事，而不要局限于学习。聊天的内容具体一点，最好是最近发生的事情。

③参与感的决策：重视孩子的意见，让他参与到家庭的决策中来，如制订暑假的游玩计划。

（3）写下来

如果你与孩子面对面坐下来交流的时间有限，你还可以给孩子写留言条、便签、书信，让孩子充分感受到爸爸妈妈对自己的关心与照顾。如果有的话不方便面对面地说，也可以用这种方式写下来，向孩子表达自己的感受与想法，也鼓励孩子回信说说自己的想法。

（4）夸一夸

在与孩子相处时，多发现他的闪光点和进步之处，并给予认可，这样会鼓励孩子继续表达自己真实的想法。当然，夸奖也是有技巧的。例如，你可以用以下句子代替“你真棒”。

①你在数学验算方面做得真棒！（表扬细节）

②你一点儿都不怕困难，真不错！（表扬勇气）

③你把自己的书柜整理得真好！（表扬责任心）

④你很重视别人的意见，这点做得非常好。（表扬开放的态度）

⑤你记得把用过的字典放回原位，真棒！（表扬细心）

（5）议一议

定期召开家庭会议，讨论家庭事务、活动计划，确保每个家庭成员都有机会发言，让孩子的声音被听到。

（6）静一静

发生亲子冲突时，家长需要有意识地反省自身言行是否恰当，而不应只责怪孩子。例如，孩子顶嘴，家长先冷静下来，不要急着给孩子扣上“叛逆”的帽子，大家可以想想之前自己的要求是否合理、语气是否太重。同时，家长不仅要关注孩子的情绪，也要注意控制自己的情绪。明确底线，有些话不能说，以免伤害到双方的感情。

建立合理期待

一、不合理的期待

父母对孩子抱有怎样的期待是合理的呢?

可以先思考一下，你对孩子有过哪些期待?是希望他成绩优异、才艺出众，还是希望他成为一个有爱心、有责任感的人?可能很多家长的回答是“都要”。可现实会不会让你的期待不断降低?如原本期待他最好成为优秀学生，现在呢，认真学就好，成绩没有太高要求。其实，家长的期待对孩子的成长是有重要影响的，为什么这样说呢?

我们先来分享一个“最近发展区”理论，它是由苏联著名心理学家维果茨基提出的。这个理论说的是，孩子的成长就像他们跳起来摘苹果一样，有一个最合适的高度。

这个高度可以分为两部分。一部分是孩子现在能够轻松达到的，我们称之为“现有水平”。在“现有水平”范围内设定的目标，就像是孩子不用挑就能拿到的苹果。另一部分则是孩子跳一跳才能够得着的，我们称之为“可能的发展水平”。在“可能的发展水平”范围内设定的目标，就像是孩子跳起来才能摘到的苹果。

“现有水平”和“可能的发展水平”之间的差距，就是“最近发展区”。在这个区域里，孩子的成长最为有效，因为他们既不会感到过于轻松，也不会觉得过于困难。

也就是说，合理的期待来自孩子的“最近发展区”，是他们通过努力就能够实现的，而不是遥不可及的梦想。

如果我们的期待超过了孩子的能力范围，那就是过高期待。例如，小方的父母，期望小方在学习、游泳和弹钢琴三方面均成为同龄人中的佼佼者，要求小方的各科成绩都要是A，只要参加比赛一定要获奖。这个期望对于正在上小学三年级的小方来说，确实难以实现。当孩子达不到父母所期望的标准时，家长就会表现出失望沮丧、抱怨指责，甚至加码管控、打骂责罚等行为。长此以往，我们的孩子便会感到自卑、烦躁、拒绝沟通，甚至对学习失去信心。

如果我们的期待低于孩子现有的能力，那就是过低期待。例如，有家长常说“你这样就可以了，我不求更多”“我对你也没有什么高要求，只要以后能养活自己就行”之类的话这种态度看似是不给孩子施加压力，但在孩子听来可能就是“爸妈不看好我”“我没能力把事情做得更好”“我不能让爸妈满意”等，会让孩子对自己缺乏信心、害怕未知挑战，上进心也会受影响。

类似的过高期待或过低期待，都属于不合理期待。

小学低段的孩子在7—9岁，他们开始上小学，接触更广泛的社会环境。孩子在这个阶段的主要发展任务是学习和掌握新技能，以此获得成就感和自我效能感。而不合理的期待，则会压抑孩子的内心力量，对他们的身心成长产生消极影响。

二、建立合理期待

作为家长，我们要把握的，就是刚刚好的期待。给孩子设定的目标，要像他们头顶上方的苹果，跳一跳就能够得着。

小华是小方的同学，她非常喜欢跳舞，但总是担心自己跳不好，父母知道后，决定为她提供一个展示自己的机会。在询问了小华的意愿后，父母为她报了一个舞蹈比赛，这个比赛难度适中，非常适合小华这样的初学者。为了帮助小华准备比赛，父母为她请了一位舞蹈老师，并且每周都会陪着小华去上舞蹈课，学习新的舞蹈动作和技巧。在家里，父母也会鼓励她多练习、多展示，时刻给予支持和赞美。比赛时，小华站在舞台上，信心满满地完成了舞蹈表演。她的动作流畅而优美，表情和姿态都充满了自信与活力，台下的父母为她送上了热烈的掌声。小华父母的期待是通过舞蹈比赛，让她勇敢展示自己，获得自信。这样的目标正是根据“最近发展区”所制定的，既能够激发孩子的潜能，让他们感受到成功的喜悦，也不会产生过大的压力。

那么，就让我们跟着小华父母的脚步，看看如何找到孩子的“最近发展区”，从而建立合理期待，助力孩子成长。

（1）全面了解孩子的真实情况

例如，了解孩子的性格特点、能力优势等。怎么了解呢？可以像小华的父母一样，通过日常生活中的观察，了解孩子的兴趣爱好和选择偏好，也可以与孩子进行真诚开放的沟通，鼓励他们分享自己的想法和感受。如果有需要，也可以借助专业的工具，如“VIA人格力量测评”“多元智能雷达”等。从个性特点、学业能力倾向等角度，发掘其兴趣所在，并给予支持和引导。在自己感兴趣的领域发挥潜能，更能帮助孩子增强自信心。

（2）和孩子一起制定目标

合理的目标既有挑战性，又能让孩子通过努力实现。短期目标可以是孩子近期内需要达成的具体事项，如完成暑假作业、参加下个月的钢琴演出等。这些目标有助于孩子保持动力，投入学习。长期目标可以是孩子在未来一年甚至更长时间内希望实现的目标，如熟练掌握一项技能、考上心仪的学校等。长期目标为孩子指明方向，激励他们持续努力。无论是短期目标还是长期目标，制定时都需要与孩子共同商议。就像小华的父母，了解到小华喜欢跳舞，但是不敢展示，便与小华商议，报名了适合初学者的比赛，从而帮助小华建立自信。

（3）适度引导自主

让孩子在一定程度内自己做决策，如选择兴趣班、暑假期间安排自己的生活作息时间等，这将有助于调动孩子的内在动力，愿意向父母的期待方向努力。如同小华的父母，确定了期待目标后，便带小华寻求专业老师的指导。在父母的陪伴和鼓励下，小华认真学、勤奋练，逐步积累起展示自我的勇气。

作为家长，当孩子做得好时，我们要及时表扬和认可他们的努力付出，分享他们的喜悦，并不断优化期待目标，继续前进。孩子遇到困难时，也要记得及时伸出援手，问问孩子，是目标太高，难以达成；还是遇到瓶颈，不知如何应对。理解孩子在成长中的困惑，给予具体有效的支持。

回顾一下最开始的问题：父母对孩子怎样的期待算合理呢？相信你已经有了答案：合理的期待既不会过高，也不会过低。而是充分了解孩子实际情况后，与其共同商议制定的，孩子通过努力就能够达到的目标。每个孩子都有自己的闪光点，只要我们保持平和的心态，用心观察，就能发现孩子的特点与优势。

家长是孩子的智慧导师，也是他的贴心伙伴。耐心倾听孩子的内心声音，深入理解他们的真切渴望与面临的挑战，关键时刻给予恰当的支持与引导。在充满爱与理解的氛围中，亲子携手共绘的期许蓝图，一定能鼓励孩子勇往直前，助力他们自信地迈向更加辉煌的明天。

避免过度控制

一、过度控制

在家里，你是否为孩子各种行为习惯伤透脑筋？三催四请、威逼利诱都试过了效果依然不佳？作为家长，我们都希望为孩子提供好的成长环境，培养孩子好的生活习惯，但有时候却事与愿违。让我们一起看看同学小明的一天。

清晨闹钟铃响，妈妈已经为小明准备好了早餐，衣服也放在床边，一边催促起床一边开始对照课程表检查课本和文具是否带齐。小明在妈妈的指导下，吃完早餐拿上书包，不慌不忙地来到学校。

上午在学校，老师收一周前布置的小报，小明翻开书包后直接傻眼，向老师解释道“落在家里了”。

课间小明被一道数学题难住了，望着毫无头绪的题，昨天爸爸说的话回荡在他的脑海中。小明爸爸说：“你真的太让我们失望了，这么简单的题一错再错，教了半天也学不会，你去学校都是干什么的?”眼前的题就像一座大山一样压着他。

放学后外婆接到小明，赶紧前往下一站：跆拳道兴趣班。小明一点也不喜欢跆拳道，可妈妈觉得他身体素质不好，围棋对生活帮助不大，兴趣班全变成了体育锻炼。

傍晚下课回到家，小明本想找朋友玩一会儿放松一下，但妈妈已经为他安排好了晚上的学习计划。妈妈坐在他旁边，监督他完成每一项作业，时不时还会指出他写得不好的地方，提醒他头抬高背打直。小明不敢有丝毫松懈。他很担心，要是自己表现得不够好，周末的全家露营就要被取消了。

学习完成后，在妈妈的多次催促下，小明终于完成洗漱，直到关灯关闭房门，妈妈终于可以松一口气了。

看完小明这一天，你有什么感受呢？小明和家人过得都不轻松。在孩子的成长过程中，家庭教育需要父母设定一定的规则和期望，来引导孩子的言行，帮助他们形成良好的习惯。但为了达到自己的目的和情感需求来干涉孩子的心理和行为时，这就构成了过度控制。

二、过度控制的表现

过度控制往往源于内心的焦虑。我们常常希望孩子能够按照预想的状态发展，但当这种期望过于强烈，忽略了孩子的个性和需求时，就会产生压迫感。那么，哪些言行是需要我们警惕的呢？下面这些情况，也许在你的家庭中也发生过。

替孩子整理文具和书包、规定活动内容、强行安排课外学习、与孩子的穿着较劲……这些原本应由孩子自己思考或执行的任务被大人包揽，剥夺了孩子学习和成长的机会，这些就是我们生活中常见的行为控制。

除了行为控制外，还有心理控制。边玉芳教授提出心理控制主要通过言语呈现，有三种形态。快来对照一下，这些话你听着耳熟吗？

“你不听话，妈妈就不爱你了。”

“把你送回老家读书，离我远一点，省得我每天生气。”

“你真是太让我们失望了！”

“一错再错，半天也学不会。”

“我都是为了你好！”

“我说不行就不行！”

在上面的语言中，有对爱的收回、引发孩子内疚和家长权威展示的意味。

当父母使用爱和情感来胁迫孩子时，实际上是在向孩子传达一个信息：爱和关心是有条件的，只有当孩子满足父母的期望和要求时，他们才能获得这些爱和关心。这样的话语会让孩子感到恐惧和不安，因为害怕失去父母的爱和关心，孩子可能会因此变得顺从和乖巧，但这种行为往往是出于恐惧而非真正地理解或接受。

更值得注意的是，这种控制也可能来源于看似无心的玩笑话。比如，送孩子回老家读书。说者无心，听者有意，孩子可能会因此感到被威胁和抛弃，从而引发更深层的焦虑和恐惧。

引发内疚是通过强调孩子的行为对父母造成的负面影响，如担心、丢脸、失望、伤心等，来激发孩子的内疚感，从而迫使他们顺从父母的要求。在小明的例子中，爸爸的表述就是典型的引发内疚的言语。

权威展示表现为父母通过强硬和不容置疑的语气树立自己的绝对权威，要求孩子无条件地按照他们的意志去做事。

三、过度控制的不良影响

虽然从表面来看，控制的方式似乎能在短期内迅速“实现”教育目标，孩子马上“进步”。然而，这种短暂的成功背后，也是隐忧。

首先，孩子自控力弱。当孩子处于父母严格的监督之下时，能够推动孩子前进。然而，一旦父母的监管有所松懈，孩子们往往显示出自控力不足，难以独立完成学习任务。

其次，个性敏感、缺乏自信。他们害怕因为犯错而失去已有的爱，变得不敢大胆尝试、表达自己的想法。面对提问谨小慎微，不敢轻易回答，害怕出错而遭到批评。

最后，思维易僵化。习惯被安排的孩子，他们的思维可能会变得缺乏灵活性和创造力，往往难以独立思考和解决问题，缺乏必要的思辨能力和创新能力。

四、把控引导孩子的度

那么，在教养过程中，我们如何把握引导孩子的度呢？

作为父母，我们需要意识到自身言语和行为对孩子的影响力，尽可能通过积极的鼓励和引导来帮助孩子成长。如果你在生活中有过行为控制，我们要有意识地把孩子能够做的事情交给他们。要是你在生活中表达过爱是有条件的，我们从现在起应该让孩子知道，他们的价值和被爱是无条件的，无论他们做什么，我们都会一如既往地爱他们、关心他们。成长不会一帆风顺，当孩子的行为不那么如意时，与其关注负面影响，不如和孩子一起探索失败对成功的启示，从挫折中汲取成长的养分。当我们放下权威和架子，可以尝试成为和孩子共同成长的“朋友”。

这里，我还有三个锦囊想要送给各位家长。

（1）多问“有什么”

通过提问的方式引导孩子思考自己有哪些事情需要去做，梳理日常生活属于自己应该完成的事情，如问“明天有什么课？”“这个周六，我们有什么事需要做？”之类的问题。通过孩子的表达，我们可以清晰知道孩子对事情的认知程度，进而引导补充，通过多次提问，可以达到对答如流的效果。

（2）勤问“为什么”

对孩子的世界保持好奇是促进亲子友好沟通的一大方法，在孩子的回答中，父母可以更好地了解孩子的想法和需求，在平等的沟通环境中也能建立更紧密的亲子关系。如果你对这件事有不同的看法，听完孩子的描述再表达也不迟。

（3）细问“怎么做”

我们觉得孩子年龄尚小，很多时候做计划思虑不周。虽然这是客观事实，但孩子的成长没有捷径，势必会有做计划、尝试、总结调整的过程，我们不妨从生活中的小细节入手，可以在散步的时候考一考孩子“星期一早上从起床到出门，都有哪些事要做”“做一张小报需要准备什么材料，从哪些地方能够获得”。当孩子能够对答如流后，我们可以再深入地探讨“时间安排表”等内容。

教育孩子就如同养花一般，养花须知花的习性，懂得何时施肥、何时浇水、何时剪枝，在教育孩子中我们需要洞察孩子的内心世界，了解他们的需求，适时给予鼓励、引导与支持。希望各位家长都能戒骄戒躁，科学育孩！

学会情绪管理

一、情绪失控的原因

随着孩子的长大，你是否发现家中的“小绵羊”“乖咪咪”脾气渐长，生气沉默时像只闷葫芦，情绪上来时又像炸了毛的小狮子。不要担心不用焦虑，因为生气是一种健康的信号，表明孩子正在学习如何处理冲突和压力。当孩子乱发脾气时我们该如何引导他们正确地表达和处理呢？本文就来聊一聊：如何教会孩子“好好生气”。

8岁的小新在游园活动中非常期待在抽奖环节中拥有遥控飞机，但他抽到了一条玩具小蛇。拿到小蛇的那一刻小新情绪突然爆发，他用力摔打小蛇、大声尖叫。伙伴们纷纷上前安慰他，可是小新毫不领情，还捶胸顿足、用语言攻击伙伴。爸爸妈妈试图和他沟通，也丝毫不起作用。

小新的情绪失控是源于他进入6—8岁叛逆期。因为孩子心智不成熟，往往难以控制自己的情绪，这是很常见的现象，所以我们无须过于焦虑。但如果这种情况频繁发生且不加引导，可能会对孩子的身心以及人际交往造成不良影响。

二、学会情绪管理

怎样做才能教会孩子做好情绪管理呢？我们不妨试试“情绪调节四部曲”。

（1）与多样情绪拥抱

我们每一个人表现出来的快乐、悲伤、愤怒、恐惧等各种情绪都是客观存在的，没有对错好坏之分，大大方方接纳自己的每种情绪，并且了解它的类别，拥抱它。告诉孩子，丰富的情绪会让我们的情感体验变得多姿多彩。所以无须拒绝，不用恐惧。

（2）表达情绪有必要

孩子情绪激动时，家长往往急于制止，这不是合适的做法。教会孩子用语言表达，情绪才能得到有效疏导。不妨用这样的句式来表达：原因+感受。比如，小新就可以说：“我想抽到遥控飞机，可是却抽到了玩具小蛇，我不喜欢小蛇，我现在很生气。”只有当孩子学会把负面情绪表达出来，进而理解情绪，才能修复情绪。

（3）宣泄情绪循原则

当情绪不佳时，哪种发泄情绪的方式更恰当一些呢？将自己关在房间里生闷气？对周围的人大喊大叫？还是……我们不妨告知孩子宣泄情绪的原则：

不伤人，不伤己，不伤物。

不伤人，没有攻击他人的行为和语言。

不伤己，没有伤害自己的行为。

不伤物，没有损坏物品的行为。

根据这个原则来看看小新的方式，抽奖现场这么多人，爆发式宣泄情绪会影响他人，可能会损坏物品，伤人、伤物是不恰当的。但憋在心里不说出来会伤害自己。于是可以找其他方式来调节情绪。小新可以找妈妈倾诉、抱着自己的玩偶哭一场、钻进被窝睡一大觉，或者是去运动一下，当然也可以和爸爸妈妈商量用其他方式获得自己想要的遥控飞机……

（4）处理情绪树榜样

所谓“孩子就是家庭教育的镜子”，家长处理情绪的方式就是孩子最好的教科书。那么家长就树好榜样吧。比如，当我们遇到烦心事时，不随意发脾气、摔东西，责怪吼叫其他人，而是冷静下来，心平气和地想办法解决。家长以身作则，孩子就能在潜移默化中受到积极的影响，学会如何调节自己的情绪。

教会孩子做好情绪管理并非一蹴而就，家长要在日常生活中善于观察和发现，耐心引导，智慧点拨，陪着孩子去拥抱情绪，反复对照情绪宣泄原则，训练运用流程，帮助孩子主动面对处理情绪的问题。当然这一切都建立在家长能够先一步处理自我情绪的基础之上，因此让我们共同修炼，成为情绪的主人吧！

阶段三

4—6年级

专题一 品德培养

培养诚信品质

一、认识诚信

《说文解字》中有这样的表达："诚，信也"，"信，诚也"。诚，即忠诚老实，实事求是。信，即言而有信，信守承诺。诚信，是指诚实和守信。它不仅是一种道德品质，更是社会生活中必不可少的基础。

依据诚信行为发生的不同场景，我们可以把它分为三类。

（1）家庭中的诚信

它是指在温馨的家庭氛围中，成员之间相互尊重、诚实相待的表现。家庭成员，尤其是孩子们，应当在家庭生活中学会真诚地与家人交流，不隐瞒事实，不说谎话。

（2）学校中的诚信

学校是孩子们成长的重要场所，学校中的诚信行为至关重要。在这里，学生需要诚实面对自己的学业和考试，坚决杜绝抄袭和作弊等不诚信行为，力求通过自己的努力真实地展现自己的学习水平和能力。

（3）社会中的诚信

在社会生活中，孩子们需要逐步学会遵守社会规范和公共秩序，尊重他人的财产和权益，不侵占他人利益，不欺骗他人。这不仅是对个人品德的要求，也是对社会责任的体现。

二、诚信的重要性

对于4—6年级的孩子来说，诚信的培养尤为重要，因为这个阶段的孩子正处于价值观形成的关键时期。诚信的培养对孩子的成长有着重要的意义，主要体现在以下几个方面。

（1）个人成长

诚信是孩子成长过程中必须具备的品质。它不仅能帮助孩子获得老师和同学的信赖，建立良好的人际关系，还能增强他们的自尊和自信。

（2）社会信任

诚信是社会信任的基石。孩子如果从小培养诚信，将来才能在社会中赢得他人的信任和尊重。

（3）责任培养

诚信的行为往往伴随着责任感。当孩子学会诚实地面对自己的行为和言语时，他们也会更加珍视自己的承诺，从而产生强烈的责任感。

三、培养诚信品质的困难与挑战

培养孩子的诚信虽然重要，但在实际过程中也会遇到一些困难和挑战。

（1）认识不足

有些孩子可能对诚信的概念理解不深，认为某些不诚信的行为并无大碍，缺乏对诚信重要性的全面认识。

（2）环境影响

孩子的行为很大程度上受到周围环境的影响。如果周围同龄人或成年人表现出不诚信的行为，孩子可能会模仿，从而难以养成诚信的习惯。

（3）外界压力

在竞争激烈的社会环境中，有些孩子可能会面临来自学校、家庭或社会的压力。这使他们觉得在某些情况下，不诚信的行为可能是获得成功的捷径。这种外界压力可能会让孩子对诚信产生怀疑，从而放弃对诚信的坚守。

四、培养孩子的诚信的方法

在孩子的成长过程中，诚信作为一种基本的道德品质，需要家长悉心地培育和引导。家长的行为举止对孩子具有极大的影响力，因此，通过一些具体的方法和日常行为去潜移默化地影响孩子，是培养孩子诚信的有效途径。以下是一些建议，帮助家长在日常生活中更好地培养孩子的诚信意识。

（1）做孩子的诚信榜样

孩子往往模仿大人的行为，因此，家长要在日常生活中诚实守信，做到言行一致。比如，当我们与孩子之间有了约定，无论是关于学习还是生活上的琐事，我们都必须严格遵守。这样，我们才能在孩子的心中建立起信任，影响他们养成诚实守信的良好习惯。

（2）将诚信教育融入生活

家长还要将诚信教育融入孩子的日常生活。比如，在购物时，告诉孩子为什么要选择质量可靠、信誉良好的商家；在与人交往时，引导孩子学会坦诚相待，不撒谎、不欺骗；还有当孩子犯了错误或者做了不诚实的事情时，家长不要急于批评和惩罚，而是要给予孩子足够的理解和宽容。同时，要鼓励孩子勇敢地承认错误，并引导他们思考如何改正错误，重建诚信。

（3）来一场诚信角色扮演

有一个学生叫小清。他曾因为一次考试作弊被发现。接着，班级里就设计了一个“诚信挑战”的游戏，让学生们分组，面对各种情景做出决策，如在路上捡到了“钱包”怎么办，去买东西售货员多找了钱怎么办，等。在这个情境活动中，孩子们意识到了诚信的重要性，还通过实际操作增强了他们的诚信意识。小明在这堂课后主动向我道歉。从那以后，小清在每次考试中都坚持诚信作答，成绩逐步提高，也赢得了大家的尊重和信任。

（4）共同制定诚信契约

为了培养孩子的诚信习惯，家长和孩子可以共同制定一份诚信契约。这份契约应当明确界定家庭成员在日常生活各个方面的诚信行为标准，同时，定期进行评估和反馈，以确保每个人都能够严格遵守契约规定，持续推动家庭诚信氛围的建设。例如，我们可以在家庭内部营造一种象征性的“诚信树”文化。每当孩子表现出诚信的行为，家长就可以和孩子一起，在“诚信树”上贴上一片代表成长的叶子。随着时间的推移，孩子们能够亲眼见证这棵树逐渐枝繁叶茂，从而深刻体会到诚信的重要性和自己的成长进步。此外，还可以鼓励孩子记录“诚信日记”。孩子在日记中记录下每天或每周的诚信行为，然后在家庭会议上与其他家庭成员分享自己的心得体会。通过这种方式，孩子们不仅能够反思自己的行为，还能够从家庭成员的反馈中获得成长。

（5）及时给予认可和鼓励

当孩子展现出诚实守信的品质时，可以通过表扬、赠送小礼物等方式实现，以此来激励孩子们继续保持良好的诚信行为。通过这样的正面激励，孩子们将更加深刻地理解诚信的价值，进而在日常生活中不断践行诚信，最终形成受益终身的良好品质。

通过以上具体的方法和措施，我们可以有效地培养孩子诚信的品质，让他们在个人成长、学校生活和社会生活中都能受益。培养诚信不仅是对孩子个人品质的塑造，更是对社会和谐发展的贡献。让我们共同努力，将孩子培养成为一个诚实守信的人。

培养劳动习惯

一、劳动的意义

（1）很重要

关于劳动，中国共产主义的先驱李大钊先生说：“一切乐境，都可由劳动而来，一切苦境，都可由劳动解脱。”习近平总书记在2018年的全国教育大会上也明确指出：“要在学生中弘扬劳动精神，教育引导学生崇尚劳动、尊重劳动，懂得劳动最光荣、劳动最崇高、劳动最伟大、劳动最美丽的道理，长大后能够辛勤劳动、诚实劳动、创造性劳动。”古往今来，许多伟大人物都强调了劳动的重要性。在新时代，劳动教育是中国特色社会主义教育制度的重要内容，也是孩子德智体美劳全面发展中的重要组成部分。

（2）有必要

有研究表明，缺乏劳动教育的孩子，长大后可能会动手能力弱，眼高手低；依赖性强，缺乏自主性；不懂得劳动成果的不易，不理解父母的辛苦；没有同情心、感恩心。所以，我们不能忽视劳动教育。

二、劳动教育的瓶颈

但通过调查发现，在劳动教育中，由于家长们对劳动价值的认识不够，或者劳动教育的方法不多，存在以下的误区和难题。

（1）劳动教育认识不到位

重智轻劳：部分家长更多地重视学习，培养兴趣爱好，注重品德教育，却将劳动教育视为可有可无的对象，认为只要学习好，不劳动也没有关系。

心口不一：有的家长一边教育孩子要爱劳动，劳动最光荣，一边又数落孩子“你现在不好好学习，长大以后只有去当清洁工”；一边提醒孩子要学习洗衣服、洗碗，一边自己又逃避劳动。这样的做法，很容易让孩子产生疑惑，劳动到底有没有用。

家长包办：大部分家庭中的父母忙于工作，育儿的责任落在了家里老人身上，而大部分老人又倾向于为孩子包办一切事务，孩子很少有参与日常劳动的机会。

（2）劳动教育方法不恰当

操之过急：部分家长在劳动教育中存在即兴性，往往直接安排孩子参与劳动，而未能充分考量劳动内容是否契合孩子的身心发展规律，同时也未详尽地指导孩子劳动的步骤和标准。所以结果可想而知，孩子存在诸多不足。然后家长不满意，孩子不高兴，如果次数过多，孩子一提到劳动就会产生不良的情绪，那孩子就不愿意再劳动了。

明码标价：有的家长鼓励孩子做家务，将每件家务事标上价格标签，如洗碗一次1元，扫地10次买一个玩具等。这样的方法在短时间内似乎提高了孩子劳动的积极性，可一旦奖励不能满足孩子，他就再也不想劳动了。

下面我们一起来突破这些误区和难题。

（1）转变观念，明确价值

劳动教育是孩子全面发展的重要组成部分，是他们未来独立生活的基础保障，也是他们发展独立人格的必要途径。通过劳动教育不仅能增体强智，而且能为孩子的幸福生活奠定坚实的基础。

（2）制定清单，明确内容

开展家庭劳动会议。在开展劳动教育前，家庭所有成员共同召开劳动会议，说一说最近都有哪些劳动，商量其中哪些劳动孩子可以参与，哪些劳动由其他家庭成员完成。让孩子有决策的参与感，和被重视感，也让孩子明白，劳动人人有责。之后，在实施家庭劳动教育过程中，孩子就更能接受和坚持。

制定劳动清单。在交流后，我们可以与孩子共同拟定一份详细的劳动清单。通过这样的方式，孩子们能够清晰且明确地了解他们劳动的具体内容。同时，清单中还应该附有评价，以便及时、有效地反馈孩子的工作表现。

定期总结反思与感谢。最后，每月应该固定时间开展家庭劳动教育总结茶话会，总结劳动情况和效果，相互感谢在参与劳动中的付出。让孩子体会到自己的劳动在提升家庭生活幸福感上的重要意义。

特别要记住，随着孩子年龄的增长，劳动技能的提升，应该每过一段时间就重新制定劳动清单，让孩子选择难度更大更具挑战性的劳动任务，从而提升孩子的劳动获得感和成就感。

三、进行指导，允许倦怠

家长在孩子劳动前应该把劳动方法和技巧告诉他们，比如收拾书桌时不能简单地告诉孩子：“你把书桌收拾了。”而是指导他们：“首先要将桌面上的书拿开，把书桌擦干净，再按照一定的类别将书籍摆放整齐。”

具体来说孩子的身心发展特点决定了他们在一段时间的劳动后可能会产生倦怠感，这时家长们不要简单粗暴地批评孩子，甚至数落孩子，这样会让他们产生消极情绪，不利于劳动教育的继续开展。家长们应该想办法帮助孩子进行调整，以此为契机，鼓励他们，培养孩子坚持不懈的品质。家长们可以采用亲子劳动比赛、家庭大扫除日等活动提高孩子的劳动兴趣。当然，让孩子爱上劳动不能操之过急，这是一个长期的过程，家长们要允许孩子暂时的倦怠。

四、珍惜成果，尊重孩子

当孩子收拾好书柜后，家长拿取书籍放回时也要按照顺序进行摆放；孩子擦好饭桌，家长就应该有意识地保持桌面的干净；孩子整理好沙发垫，家长在坐了沙发后也动手整理整理……这些行为虽小，但在潜移默化中让孩子感受到家长对他们劳动的尊重。正所谓“谁知盘中餐，粒粒皆辛苦”，只有尊重孩子的劳动，才能激发孩子想继续劳动的意识。

劳动教育是一个长期的过程，家长要用心浇灌希望，坚持进行引导，这样才能让孩子形成劳动意识，养成热爱劳动的好习惯。要让孩子知道，人世间的美好梦想只有通过诚实劳动才能实现！

培养零花钱管理能力

“真不知道该不该给孩子零花钱？给吧，担心他乱买东买西乱花钱，不给吧，又怕他因为没有零花钱在同学交往中显得格格不入。”

“孩子10岁了，花钱大手大脚的，给一周的零花钱两三天就花光了，隔三岔五伸手要钱，理由总是一堆一堆的，不知道该给多少钱才合适？”

“我们也明白应当适时培养孩子的理财观念，但又不知道怎么做？”

给零花钱是每位家长都会面临的问题，要不要给孩子零花钱？一次给多少？多长时间给一次？给了之后我们可以做些什么？

一、零花钱的重要性

网络上有一句流行语：没有钱的孩子是学不会金钱观的，与其担心孩子乱花钱，不如教会孩子如何花钱。

《富爸爸穷爸爸》的作者罗伯特·清崎说：“如果你不教孩子金钱的知识，会有人教他的。如果让债主、奸商、警察甚至骗子来代替你进行这项教育，各位家长一定会付出惨重的代价。”

近年来，网络上频繁出现儿童大额消费的新闻报道，如江苏9岁双胞胎在网课间隙充值游戏账户高达14 000元，深圳11岁女孩花费数万元购买盲盒卡片，山西大同10岁男孩在上网课期间偷看抖音直播并打赏主播10万元等。这些案例均显著反映了在孩子的成长过程中，零花钱管理的重要性不容忽视。

金钱观是一个绝对不能忽视的问题，而零花钱不仅是孩子与金钱建立关系的起点，更是他们形成金钱观念的关键步骤。适度地给予孩子零花钱，不仅有助于他们建立正确的消费观念和价值观，还能提升他们的财务素养、规划能力和自我管理能力，为孩子未来的生活奠定坚实的基础。

二、家长如何给零花钱的建议

家长在给孩子零花钱时，应遵循一定的原则和策略，以确保孩子能够合理使用并培养良好的财务习惯，同时也是引导孩子合理使用零花钱的重要一环。以下是一些关于如何给零花钱的建议。

（1）合理的额度

零花钱的数目并没有统一的标准，家长可根据家庭的经济状况和孩子的自制力而定。建议家长们可以与孩子沟通了解其需求，共同制订计划，初期可少量给予，随着孩子年龄增长和自制力提升，可适当增加。需要注意：家长们每次给的数目一定要相对固定，不能自己心情好，给孩子多一点，心情不好，给孩子少一点。孩子表现好，零花钱多给点，表现不好，零花钱少给点，这样做孩子会没有安全感，也不利于孩子有计划地支配零花钱。

（2）合理的间隔时间

给予孩子零花钱的时间间隔同样需要家长们认真考虑。建议：一二年级，可以一周给两到三次；小学中高段，每周给一次；初中、高中半个月或一个月给一次。一二年级的孩子年龄较小，通过更频繁地给予零花钱，家长可以更好地观察和指导孩子的消费行为，及时纠正不良习惯。随着孩子年龄的增长，他们的自控能力和计划能力也会逐渐提高，这时通过延长零花钱的间隔时间，他们可以根据自己的需求和预算来规划较长时间的开支，逐渐培养起理财的意识和能力。

（3）避免三种常见的错误做法

①用钱作为成绩优秀的奖励。例如，我们常常会听到家长用钱激励孩子用功学习：“宝贝，你好好学习，你要是期末考得好，妈妈奖励你200块钱”。这种外力的操控，往往破坏了孩子学习的内驱力，让孩子的学习动机发生偏差。学习内驱力的真正源泉应该是：孩子通过努力，获得优异成绩带来的愉悦感和成就感。

②把给零花钱与孩子干分内的家务活相挂钩。你给一个4岁的孩子1块钱他或许会很开心地洗一次碗，但是等他到了14岁或许你给他5块钱或10块钱他也不见得愿意洗一次碗。孩子参与家务只是因为他是家庭中的一分子有责任也有义务去分担一部分家务活，而我们给孩子零花钱也只是因为他是家中的一分子，零花钱不应该是孩子通过劳动或者学习获得的报偿，否则他无法感受到爱和归属感。

③不过度干预孩子的消费决定。零花钱给了孩子后，应让孩子自主支配。爸爸妈妈要尊重孩子的选择。即使孩子的消费选择不符合我们的期望又或者孩子没有规划，早早地把钱花光，家长们也不要过度干预或立即解救，要舍得放手让孩子承担不合理消费的后果，再引导他们不断地总结反思和学习，从而培养出更理性的消费观。

三、引导孩子正确使用零花钱的方法

培养孩子合理使用零花钱的能力，不仅关乎他们的日常生活，更是塑造他们未来财务管理和社会责任感的关键一环。以下是一些细致的建议供大家执行和参考。

（1）教授购物技巧，培养理性消费

家长在引导孩子购物时，可以教授他们如何货比三家、讨价还价，让他们了解谈判的技巧和策略，选择性价比高的商品。这样，孩子不仅能节省金钱，还能在购物过程中锻炼自己的沟通能力和判断力。

（2）培养记账习惯，强化财务意识

家长应鼓励孩子养成记账的习惯，通过记录每一笔收入和支出，孩子能够清晰地看到自己的消费结构，并发现可能存在的不合理现象，及时调整。

（3）制定预算，学会规划未来

家长可以帮助孩子分析自己的需求和欲望，明确哪些是必要的支出，哪些是可以暂时搁置的。还可以引导孩子对自己的零花钱进行结构分配，如50%花销、10%分享（朋友的礼物、捐款）、10%投资（每年给10%的利息）、30%储蓄（教育账户成年管理）。

（4）巧用压岁钱，培养理财意识

压岁钱的金额常常较大，家长可以鼓励孩子将其部分用于储蓄，还可以帮助孩子了解不同的储蓄方式和理财产品，让他们学会用钱生钱。这样，孩子不仅能够积累财富，还能培养起理财意识和能力。

（5）以身作则，树立好的榜样

家长是孩子最好的老师，要引导孩子合理使用零花钱，家长首先要展示出健康的消费观念和负责任的金钱管理行为。通过分享个人理财经验、讨论家庭财务计划，让孩子了解金钱的来之不易，明白其价值所在。

总之，引导孩子合理使用零花钱是一个全面而系统的工程，家长需要以身作则，逐步培养。

培养关心尊重他人的品质

9～11岁是儿童成长的一个关键期，生理和心理有着很大的变化。这个阶段的孩子开始从被动学习向主动学习转变，开始拥有一些独立的想法。不少孩子是家中的独生子女，以自我为中心，在生活中常常会出现一些不尊重他人的行为。例如，与同学玩耍时，一些孩子不顾他人感受，给同伴起难听的绰号；有些孩子时常因为一点小事和同学发生争执，向老师告状，并且总是把错误归结于对方，有理的永远是自己；有些孩子上课时讲笑话影响了全班同学的学习，老师提出批评时还有意见……这些不起眼小事，都是不关心尊重他人的表现，会影响孩子良好品德的形成。

那么，为什么我们要特别关注孩子“尊重关心他人”这一品德的培养？我们需要理解其中的重要意义。

首先，只有学会关心尊重他人，才能与他人建立良好的关系。班上有个叫亮亮的小朋友，他在日常活动中有些霸道，常常对其他小朋友不礼貌，甚至有时会出现欺负其他小朋友的情况。有一次画画课，亮亮忘记带彩笔，他没征求晶晶的同意，直接将晶晶的彩笔拿来使用。看到亮亮这样，晶晶生气地说：“我不想把彩笔借给你，你很没有礼貌。”并将此事告诉了老师。老师知道这件事后，引导亮亮要学会尊重他人，彩笔是晶晶的私人物品，想要借来使用，必须先取得晶晶同意。如果晶晶不愿意，我们也应该尊重晶晶的决定；引导晶晶，同学有困难，我们也要互相帮助。经过老师的引导后，亮亮先礼貌地向晶晶借彩笔，取得晶晶同意后，才使用彩笔。这样亮亮既借到了彩笔，两个小朋友在互相帮助中关系也变得更亲密。在小学，这种现象普遍存在，只有学会关心尊重他人，才能建立良好的社交能力，这种能力对于孩子未来的学习和生活都至关重要。

其次，孩子学会关心尊重他人，能拥有同理心。有个小男孩叫小达，他思维敏捷，特别喜欢下棋，每次赢了棋就兴高采烈，到处炫耀；如果输了棋，他就十分生气，向对方发火。渐渐地，班上的小朋友都不愿意和他下棋。与他相反，班级另外一个小男孩叫云云，在赢了棋局时很谦虚，并且会主动安慰对手。所以班上的小朋友都喜欢和他下棋。云云之所以这么受欢迎，就在于他拥有同理心。同理心是指个体理解他人情绪，体验他人感受、思想与行动的能力。有同理心的孩子能够和他人换位思考、将心比心，会更容易了解他人的需求和感受，从而更加关心和尊重他人。

再次，只有学会关心尊重他人，孩子才会意识到自己的行为对他人的影响，从而更加负责任地行事。在小学阶段，孩子们逐渐形成自己的价值观。一次阅读课后，班级使用后的图书室乱七八糟，还有一些书本在地上。因此，我问哪些孩子没有将阅读后的书本归位。大部分孩子都敷衍塞责，互相推诿。只有几个孩子主动站了出来，承认是自己做的，愿意主动整理图书室。于是，我在全班表扬了这几个学生很诚实，有责任感，并告诉全班同学在公共场所要懂得尊重别人的劳动成果，最后带着全班同学一起整理了图书室。从此之后，我们班级再也没有发生过类似的情况。这个过程中，孩子们学会了如何对自己的行为负责。他们明白了，勇于承担责任不仅是对自己的尊重，也是对他人的尊重。一个具有责任感的人，才会成为社会的栋梁之材。

最后，关心尊重他人，是建立良好道德情操的基础。有个小女孩上地铁后一直埋头写作业，突然看见一老爷爷上车，小女孩主动给老爷爷让座，老爷爷婉拒了。老爷爷说："孩子，你写作业更要紧，我无所谓。"小女孩知道老爷爷身体不好，站着会很辛苦，所以主动关心老爷爷。老爷爷也理解小女孩学习的辛苦，关心她的学习。一个懂得关心尊重他人的人，会自觉地遵守道德规范和社会公德，从而成为一个有道德、有修养的人。

在培养孩子良好品德的过程中，我们要意识到关心尊重他人的重要意义。道德情操是一个人内心深处的道德情感和道德观念。一个懂得关心尊重他人的人，会自觉地遵守道德规范和社会公德，从而成为一个有道德、有修养的人。这种道德情操对于孩子未来的成长和发展具有深远的影响。

培养感恩之心

心理学家曾经在一项长达20年的跟踪调查中发现，从小就学会感恩的孩子，他的心理状态和整体发育水平都会比从来不知感恩的同龄孩子更好，而且也较少出现抑郁、焦虑等负面情绪，同时也很少表现出暴力行为。可见，拥有一颗感恩之心对于一个人的成长和发展而言是非常重要的。

我们都想培养出懂得感恩的孩子，可往往理想很丰满，现实很骨感。下面这个案例可能会引起你的共鸣。

男孩11岁，成绩优异。从小他的父母就对他十分关注，物质方面对他从来没缺过。有一次，妈妈生病了身体很不舒服，让他下楼去买一碗面，正在玩游戏的男孩死活不肯，妈妈又催促了几遍，男孩竟然对着妈妈破口大骂。想必任何一个家长遇到这样的事，听到这样的话，都会很寒心。甚至不禁想问自己一句：我是不是养了一个不懂感恩的孩子？

我们先来分析一下，为什么会出现这样的情况。不少家长教育孩子的思路是第一，我不能让孩子再吃苦了，因为我以前吃过很多苦，所以我希望我的孩子能够物质丰沛，能够活得开心；第二，孩子不用做家务，不用做任何事情，只要成绩好就一切都好。这两点或许你们都做到了，有的家长甚至做得很好，这样培养出来的孩子很可能缺少感恩之心，令人难过。想要找到方法拯救不懂感恩的孩子吗？那请你接着往下看。

要想让孩子随着年龄的增长，逐步开始明辨是非、懂得感恩，我们家长要格外注意三点：

第一，父母要充分利用各种节日作为教育的载体，启发孩子的感恩之心；

第二，父母要在孩子面前学会“示弱”，给孩子感恩的机会；

第三，教育孩子积极参加集体活动，培养孩子的感恩之心。

接下来，我们逐一分析。

第一，父母要充分利用各种节日作为教育的载体。感恩起于感受，这种感受应该从小去启发、引导，让孩子发现他人的优秀品质、良好的语言、真诚的情感。能够感受到他人的付出，感受到自己受到的帮助、支持，这是产生感恩之心的起点。教师节，让孩子亲手制作贺卡送给老师，表达对老师的美好祝愿；在父亲节和母亲节，给爸爸妈妈说几句感谢的话语，不一定感谢爸爸妈妈给他们帮了多大的忙，而只需表达生活中感觉很幸福的一点一滴。

第二，父母要在孩子面前学会“示弱”，多给孩子机会，让孩子为父母做些事。比如，下班回家累了，让孩子帮忙拿拖鞋；假装不舒服，请孩子倒杯水给父母喝……让孩子学会给予，懂得父母和别人的给予与帮助是一种“恩惠”，而不是理所当然或者欠他的。如果父母总能把每件事做得又快又好，那么孩子就没有机会插手帮忙。久而久之，孩子便习惯了接受，他所有的需要都被父母无条件地满足了，理所当然地认为什么事情都应该先满足他，认为别人的给予都是应该的。所以在孩子面前收起包揽一切的“能手”，而要学会“示弱”，给孩子尽孝与感恩的机会。

第三，教育孩子积极参加集体活动。父母可以让孩子多参加集体活动，鼓励孩子关心集体。如父母可以带孩子到孤儿院或伤残医院参观，可以鼓励、组织孩子与贫困地区的孩子结对交友等，让孩子在对比中体会过去不懂、不在意，因而也不会珍惜的东西，改变孩子的冷漠，从而激发其慈悲心、惜福心、感恩心，培养孩子对集体、家庭的责任感，进而在孩子心目中才有对社会、国家的责任。

当然，父母也要起表率作用。很多人都在电视上看到这样一则广告：一位刚下班的年轻妈妈，忙完了家务，又端水给老人洗脚，老人对她说：“孩子，歇会儿吧！别累坏了身子。”她笑笑说：“妈，不累。”年轻妈妈的言行举止被只有三四岁的儿子看到了，儿子一声不响地端来一盆水。年幼的儿子吃力地端着那盆水，摇摇晃晃地向妈妈走来。盆里的水溅了出来，溅了孩子一身，可孩子仍是一脸的灿烂。他把水放在了母亲的脚下，为母亲洗起了脚。这就是身教的力量。因此，父母以身作则的表率行为，对引导孩子感恩、施恩有十分重要的意义。

作为父母，常对孩子说谢谢，承认孩子的价值，同时欣赏孩子的独特，重视孩子的需求，理解孩子的情感，接纳孩子的不完美，只要用心爱孩子，他就一定会自然而然地回馈一份发自内心的感恩。

培养对家乡的热爱之心

一、关心热爱家长的意义

近年来，随着生活水平的提高，家庭假期出游成为一种普遍的娱乐方式。特别是小学中高年级的孩子们，总是对探索外部世界充满了好奇与热情，他们会积极了解即将去往的目的地，也能较为详细地介绍出这个地方的历史、风俗、美食等。然而，说起自己的家乡，他们却知之甚少，更缺乏那份对家乡的热爱与关心。

中国是一个拥有悠久历史和丰富文化的国家，传统美德是中华民族的重要精神财富。其中，热爱家乡是一种无可替代的美德。这种对家乡的热爱，不仅是人们对故土的眷恋，更是对家乡文化的珍视与传承。且家国情怀作为爱国主义教育的基石，有着不可替代的作用。爱祖国、爱家乡、爱集体的情感，是孩子们心灵成长的基石，也是他们探索世界、勇往直前的动力源泉。因此，家长应引导孩子感受家乡的美好，培养他们爱家乡的情感。孩子只有从爱自己的家乡做起，才能进一步升华出爱祖国的情感。

关心热爱家乡具体表现在以下几个方面。

①关心家乡的发展和变化：了解家乡的历史文化、经济建设、社会事业等方面的信息，关注家乡的重要事件和新闻，积极参与家乡的建设和发展。

②参与家乡的社会活动：参加家乡的社区活动、文化活动、公益活动等，为家乡的公益事业尽一份力，了解和传承家乡的文化传统，增强对家乡的认同感和归属感。

③有支持家乡发展的志向和实践：报效之行是爱乡教育的归宿。把爱乡情感转化为奋发图强的精神，树立起努力学习、爱我家乡、兴我家乡、建我家乡的志向，并努力实践。

④能够宣传家乡的美景和特色：乐于向他人宣传家乡的自然风光、人文景观、特色美食等，传承并发扬家乡文化。

今天的孩子是未来家乡的建设者，孩子对家乡的态度直接影响到他们在未来对家乡的贡献。因此，在家庭教育中，家长应充分利用各种资源，引导孩子去了解自己的家乡，感受家乡的变化和发展，激发孩子爱家乡、爱祖国的情感。

二、关心或爱家乡的方式

要热爱自己的家乡，首先要了解家乡。深厚的感情必须以深刻的认识作基础，唯有对家乡知之甚深，才能爱之愈切。为了引导孩子走进家乡、认识家乡、了解家乡、热爱家乡，家长可以采取以下措施。

（1）利用多种资源，了解家乡

①利用多媒体资源，让孩子了解家乡的历史，体验家乡现代生活来之不易。家长可以挑选一些关于家乡的历史纪录片，和孩子一起观看，让孩子从时间变化中感受家乡的变化；也可以定期参观家乡的博物馆、展览馆、城市规划馆，一边参观一边记录感兴趣的地方，参观后和孩子一起就感兴趣的地方讨论，还可以进行实地调研，深入了解家乡的变迁历史；长期未在家乡生活的孩子，则可利用假期回到家乡生活一段时间，感受家乡日常生活的点滴变化。这样可充分调动孩子的参与意识，使孩子在了解家乡的基础上，产生对家乡的依恋感和自豪感。

②利用历史文化名人资源，为孩子树立热爱家乡建设家乡的榜样。利用假期，带孩子参观家乡的历史名人纪念馆或故居。通过参观，孩子们可以了解到这些历史名人的生平和事迹，感受到他们为家乡、为国家所作出的贡献。同时，参观过程中，家长还可以给孩子讲讲家乡的英雄人物的故事，引导孩子思考这些历史名人为什么能够成为榜样，他们身上有哪些值得我们学习的品质和精神。这些榜样的力量会激励孩子们更加热爱自己的家乡，增强对家乡的认同感和荣誉感。

③利用社会公众平台及现有设施，引导孩子关注家乡的发展。和孩子一起关注家乡的新闻报道、社会热点和民生问题等，帮助他们了解家乡的发展现状和未来趋势；也可以带孩子参观当地的科技、文化、教育等领域的场所和设施，让他们感受到家乡的进步与变化，让他们感受到家乡的发展给自己带来的机遇和挑战，激发他们长大为家乡建设的雄心壮志。

（2）利用多种教育资源，感受和体验家乡的美

充分挖掘家乡的自然资源的教育价值，带领孩子感受家乡的环境文化及风俗民情。可以带孩子参观具有家乡特色的建筑，还可以利用双休日、寒暑假带孩子到自然景观游玩，让孩子体验家乡、自然风光的美。

（3）通过多种途径，感受和体验家乡艺术和文化

①让孩子感受民间艺术的魅力，了解家乡的本土文化。家长需要有意识地创造机会，带孩子欣赏家乡的民间艺术，像有地域色彩的川剧变脸、糖画艺术等，

了解家乡的本土文化，激发孩子对家乡的热爱。

②让孩子品尝家乡的美食，体验家乡的饮食文化。如火锅、担担面、肉夹馍等，把这些传统美食和这些美食背后的故事介绍给孩子，让他们在色香味中不断感受家乡的民俗风情，体验家乡饮食文化，使孩子爱家乡的情感得到进一步的升华。

③让孩子学习和使用家乡的方言，传承家乡的语言文化。鼓励大家在家中使用方言进行日常对话，让孩子亲近母语，在充满情感的语言环境中学习和使用方言，也可以和孩子一起阅读用方言编写的童谣、故事，一起观看方言版的影视作品，增加孩子对方言的兴趣和理解，还可以带孩子参与使用方言的文化活动和节庆活动，如庙会、民歌会等。通过学习和使用方言，孩子能够更深入地了解和传承家乡的独特文化，增强对家乡的尊重和热爱。

（4）融入家乡的生活，成为家乡建设的参与者

可以鼓励孩子积极参与家乡的各种公益活动和志愿服务，如在九九重阳节这天和家乡社区的老人一起联欢，向社区的老人献上自己的节目和小礼物，献上自己的一片爱心；也可以利用散步的时间，为社区的小公园捡拾一些杂物，让社区的环境更清洁。家长通过培养孩子对社区邻里的感情，延伸到爱整个社区，再扩展到爱自己的家乡。

作为家长，我们要让孩子在了解家乡、关心家乡、热爱家乡的过程中，逐渐树立起对家乡的责任感，成为未来积极投身家乡建设、为家乡发展贡献力量的优秀建设者。

专题二 学习指导

培养阅读习惯

一、良好的阅读习惯

大家都知道阅读很重要，莎士比亚曾说过：“生活里没有书籍就好像没有阳光；智慧里没有书籍就好像鸟儿没有翅膀。”阅读的好处也非常之多，它可以滋润心灵开启心智，可以让一个人的智商更高，思维方式更健康，也可以修复某种程度上的心理创伤——这就是为什么人们常说，阅读使人成长。让孩子喜欢上阅读，从而远离手机、电视，也是一种简单有效的家庭教育方式。

确实，许多家长都十分重视孩子的阅读，会给孩子布置阅读任务，但孩子真的喜欢阅读吗？

事实却是许多孩子阅读是为了完成老师、家长布置的任务，谈不上喜欢阅读，更谈不上拥有良好的阅读习惯。

什么才是良好的阅读习惯呢？我们可以从以下四方面来判断。

①主动阅读。如果孩子在闲暇之余愿意静心阅读，就像主动玩起游戏一样，自然而然地选择把看书作为一种娱乐方式，说明孩子对待阅读是有兴趣和愉悦感的。

②全身心投入。在开始阅读之后，能够非常专注，不被外界干扰，就说明他的思维能跟得上，能够深入阅读内容。

③主动思考。在阅读过程中，能拿起笔勾勾画画，在有想法的地方做好批注，始终保持积极的阅读态度。

④广泛阅读。阅读题材范围广，科普的能看，文学类的也可以看；喜欢看漫

画，连文字的书也能沉浸进去；能看搞笑的，也能看严肃的。

标准不要太高，对于孩子而言能达到一两点已经很不错了。

二、养成良好的阅读习惯

到底怎么做才能帮助孩子养成良好的阅读习惯呢？我们可以分阶段采取以下措施：

第一阶段是激发兴趣，引导孩子爱上阅读；

第二阶段是适时帮助，引导孩子享受阅读；

第三阶段是静待花开，引导孩子享受阅读。

下面，咱们来具体说一说。

第一阶段：激发兴趣，引导孩子爱上阅读。

在一次家访中，我和家长聊到阅读，家长满脸愁容，说小轩一回家就看电视，很少主动看书，更谈不上爱阅读，希望能在这方面得到我的帮助。于是我询问家长以下几个方面是否中招：每天在家大多时候手里拿着手机或平板看；陪孩子出去玩，在车上或走路时，也会拿着手机点来点去；经常在工作、做家务或很累的时候，把手机或平板给孩子玩，替代亲子时光。家长听了连连点头。

如果你也有这些情况，不妨从这两方面改变。

①以身作则，放下手机，拿起书本开始阅读。放学回家后，不再单方面催孩子阅读，而是拿起一本书坐在旁边陪着孩子阅读。

②创造良好的读书环境。在家里打造一处舒适、明亮的阅读空间，要有一定的藏书量，并不断添置更新，始终保持对孩子的吸引力。除此之外，我们还可以带孩子到户外、图书馆、书店等地阅读，陪伴孩子体验不同的阅读场景。

第二阶段：适时帮助，引导孩子享受阅读。

小轩在父母的带领下，已经愿意主动阅读了。家长看到孩子能主动拿起书感到很欣慰，同时也产生了一些疑惑。孩子经常看漫画书，对文字比较多的书不太感兴趣。而且，坚持阅读了一段时间，也不知道读了多少，积累了多少，接下来又该怎么办呢？这时候，就需要家长给孩子提供一些帮助。

首先，可以协助孩子制订合理的阅读计划。以学年或学期为单位，明确需要看完哪些书，做好书名登记；根据计划书本数量，规划每月、每周、每天需要读什么书、读几页书。阅读可以每天安排固定的时间，也可以利用好碎片化的时间。比如睡觉前、等待就餐时。为了让阅读“可视化”，还可以进行阅读打卡、阅读记录、阅读摘抄等。如果孩子已经能够做到坚持阅读，我们就可以取消这样的评价方式了。

其次，帮助孩子搭配多样的阅读书籍。在考虑孩子阅读兴趣的同时，引导孩子在阅读种类上多元搭配，散文类、故事类、自然科学类都必不可少。课外书籍选择要谨慎，建议根据《语文新课程标准》、人民教育出版社等权威部门的推荐，选择适合孩子年龄阶段的书籍。

最后，帮助孩子树立阅读信心。和小轩交谈后发现，他不愿意读文字比较多的书是因为有了畏难情绪，并且很久都读不完一本书，感觉有些信心受挫。此时，家长可以利用电视、电影等媒介，提升孩子对阅读原著的兴趣；还可以和孩子共读一本书：进行角色扮演，让内容生动起来；一起绘制思维导图，让内容精简起来；交流阅读感受，让思想深刻起来。

第三阶段：静待花开，引导孩子享受阅读。

经过不到一年的陪伴和引导，小轩俨然成了一名小书迷。孩子爸爸骄傲地说，阅读已经是他们一家惬意的休闲和享受。周末，一家人时常去书店、图书馆；放学回家和睡觉前，小轩最爱做的事就是到书架上找感兴趣的书看。

如果想要孩子长久地坚持阅读下去，我们还要注意这几点：

首先，阅读不能急功近利。阅读是积累的过程，量变终究会引起质变，读书越多，知识与知识之间就能形成连接，逐渐产生正向反馈。

其次，开创更广阔的阅读空间。可以带着孩子加入书友会或读书俱乐部，让孩子和志同道合的人一起“悦”读起来，享受阅读带来的持久乐趣。

阅读是一个循序渐进的过程，它需要配合人生经历去理解和消化，抛开应试和功利的心态，才能让孩子从阅读中真正获得心灵的滋养和内心的力量，慢慢地才能养成良好的阅读习惯。

同伴合作学习

一、同伴合作学习意识缺乏的原因

小丁是一名五年级的学生，学习成绩很优秀，但是最近老师经常给家长反映孩子的一个问题：课堂上同桌合作学习时，小丁总是不理同桌，不愿意和同桌交流合作。小组合作时更是固执己见，不愿意和同组同学合作，更喜欢自己独自完成。因为小丁的数学特别好，下课有些同学遇到不太明白的数学题，向小丁请教，可是小丁根本不愿意给同学讲解，反而认为同学很笨，这么简单的问题都不会。

为什么小丁会有这样的表现呢？我们可以深入思考一下。

①小丁觉得学习是自己的事，自己学就好了。老师要求同桌交流或者小组合作时，他认为不如自己独立完成效率高，而且和同学有不同意见时很麻烦，花时间交流不说，最终还得有人做出让步。

②当有同学问小丁问题时，他觉得这是在浪费自己的时间，不愿意帮助同学解答。并且还有可能担心同学在学习上超过自己，所以拒绝和同学一起探讨问题，更不愿意和其他人分享学习资料。

③小丁的父母认为培养孩子独立自主地学习是非常重要的，所以长期对他的教育就是学习是自己的事情，尽量自己独立解决，并且学习还要讲求效率，尽量不麻烦他人，尽量高效完成各种学习任务。

如果你的孩子也出现这样的问题？你会怎么想呢？是觉得没有什么，本来学习就是自己的事情，管好自己的学习就好；还是觉得要适当地参与合作学习还是必要的，不能总是拒绝同学，影响自己和同学的关系；抑或觉得这样完全不行，一定要多多锻炼自己，培养合作能力。

二、同伴合作学习的重要性

同伴合作学习是指和自己知识水平差距较小的同学或者朋友形成团体，通过同伴之间的交流与帮助获得知识和技能的学习方法。合作学习能力，不仅对学生现阶段的学习有所帮助，还有利于学生的长久发展。同时，能否合作学习在一定程度上决定着学生是否具有较强的交流能力，包容能力，领导能力等，在当代社会中，合作学习能力是高素质人才必备的一种优良品质。

合作学习能力是一项非常重要的能力。如果没有引起家长朋友们的重视，可能会导致很多严重的后果。

①同伴合作学习的氛围容易让孩子感到更多的归属感，这种被接纳、被重视的情感有助于孩子提高学习兴趣。如果一个孩子长期不参与这样的合作学习，势必和同伴之间的距离越来越远，没有了集体归属感，各种消极的效果也会慢慢出现，如没有集体荣誉感、缺乏团队合作意识。

②同伴学习中的互动有利于调动各个成员的学习积极性，孩子的倾听能力，沟通能力都可以在合作学习中得到很大的提升。如果孩子长期不参与同伴的合作学习，倾听、沟通、表达能力也会逐渐下降。

③不愿意和同伴合作的孩子，有时候不愿意分享自己的想法，怕同学因为有所启发而超越自己。孩子的心理品质也不会得到健康的发展，反而有可能变得自私善妒。

既然我们知道了合作学习的重要性，如何能帮助孩子发展其和同伴合作学习的能力呢?

三、培养同伴合作学习能力的方法

（1）帮助孩子形成合作学习互助共进的意识

尽管同伴合作学习是一种双赢的学习方法，但部分孩子仍然会出现和小丁类似的嫉妒心理，觉得自己和同学就是竞争关系，不愿意互相帮助。所以，家长要向孩子强调合作学习的重要性，合作能力对于今后学习生活的重要性。让孩子知道，在学习上互相合作不仅有利于双方成绩的提高，还能收获一份真挚的友谊。家长可以带领孩子一起收看或现场观看一些团体项目的体育比赛，比如排球、篮球，感受团队合作的力量。

（2）鼓励孩子积极参与同伴合作学习

当然有一些孩子不愿意参与同伴合作学习，并不是因为怕同学超过自己。而是觉得自己的能力尚不太高，怕在同伴学习中被同学嫌弃。这时候，家长也要多鼓励孩子，可以让孩子多参与社会实践活动，比如参加一些有意义的夏令营，或者博物馆、图书馆举行的一些活动，让孩子在活动中慢慢尝试与不同的人沟通交流，表达自己的观点，培养自己与人合作沟通的能力。

（3）鼓励孩子善于倾听和接受不同意见

现在家庭大多为独生子女，家中长辈对于孩子溺爱，致使许多孩子在成长过程中以自我为中心，不愿意接受别人的意见和建议。这种现象导致学生在集体活动中不愿意与陌生或反感的同学合作。在合作学习中难免会出现不同的声音。家长们也要鼓励孩子尊重他人，多听取别人的意见，取长补短。这个方面，我们家长一定也要以身作则，多倾听孩子的意见，给予适当的建议，而不是帮孩子做所有的决定。也可以就一些社会热点问题，家庭成员一起讨论，发表不同的意见，阐述自己的观点。

（4）家庭生活中创设合作的环境

合作学习不仅存在于学校，而且存在于我们的家庭生活中，有很多场合需要家庭成员的合作互助。家长们要善于创设这样的环境，让孩子参与其中，体会合作的必要性，体会合作带来的好处。比如，一家人分工合作共同制作一顿美味的午餐，一起合作制订假期旅游攻略。让孩子体会合作在生活方方面面中的必要性。

总之，合作精神与能力作为现代社会中必不可少的应用能力，对每个人的日常生活均有着至关重要的影响。小学阶段是孩子身心发展的关键时期，家长一定要注重孩子的长期和终身的发展，而不要只关注现阶段孩子的表现，要着眼于未来，培养孩子成为一个具有独立思考能力，又有团队合作精神的高素质人才。

高效完成作业

一、作业拖延行为的错误纠正方法

3分钟喝一口水，5分钟上一次厕所。相信这种写作业场景是很多家长的噩梦。

孩子出现作业拖延行为，从心理学角度来看，很有可能是因为缺少动力、遭受情绪的影响或是对作业内容感到恐惧。以下三点是家长需要格外注意的，千万不能犯！

第一，无意识催促。在孩子写作业的时候，很多家长常把这些话挂在嘴边。“抓紧时间写，不要再磨蹭了”“都几点钟了，还不赶紧写，别玩橡皮了”“你写作业怎么这么费劲，看看你们班占位符格式”……时间久了，催促多了，孩子很容易产生腻烦心理，只要是和学习相关的事情，都会抗拒。这实在不是一个好做法。

第二，习惯性包办。有些家长非常关注孩子的作业情况，一旦看见作业错了，立马帮忙改，孩子作业过程中有需要也是马上帮忙。久而久之，不仅孩子的自理能力和动手能力得不到锻炼，惰性也越来越强，还助长了拖拉的习惯，并形成对父母的依赖。

第三，强制管教。孩子做作业时紧紧盯着，不给孩子做选择的机会，长期施压。面对如此强势的父母，孩子往往会产生很深的无助感，从而以拖延的方式来消极抵抗。

二、高效完成作业的具体表现

要解决孩子作业拖延这一大问题，需要先了解高效完成作业的具体表现有哪些。

①情绪稳定。这是高效完成作业的基本状态。孩子在过于兴奋的状态下，思维比较跳跃；在过于低落的状态下，思维较呆板，很显然都是不适合的状态。因此，在做作业之前不要做剧烈运动、玩让人兴奋的游戏，如果做了，那么用5—10分钟做好心态调整再开始学习。

②注意力集中。具备高度集中的注意力是高效完成作业的前提。孩子需要有意识地把注意力放在当前的作业任务上，排除周边的巨大干扰项，不被其他物事所吸引。

③答题过程清晰有序。做题过程中，能看清题目，不漏字、漏题，不写错字。同样，在草稿纸上的计算过程也要工整，方便在校对时能有序的查阅，节省时间。

④用时适中，正确率高。能在标准的时间范围内尽快完成家庭作业，有时间紧迫感，且正确率高。偶尔出现小错误没关系，总结原因后，下一次不出同样错误即可。

⑤自主检查。养成认真检查的好习惯是高效完成作业的保障。孩子学会使用逆向思维去倒查，跳出惯性思维，用新的方式更容易查出错误，保证答题正确率。

三、培养高效完成作业能力的方法

家庭作业是帮助孩子巩固知识、形成能力、培养习惯的重要学习活动，它讲究的是方法。如果方法有误，那孩子只会越来越厌倦，甚至害怕作业。那么如何培养孩子高效完成作业的能力，告别“作业大战”呢？家长可以从作业准备、过程优化、自我管理三方面来努力，下面就具体来说说。

首先说作业准备，包括工具准备和环境准备。

有的孩子一说做作业，就一会儿找橡皮、一会儿找铅笔，15分钟的作业至少花费半个小时完成，这都是条理性差的表现。在写作业前，可以先花5分钟时间准备好笔、橡皮擦、作业本等学习用品。做好喝水、上厕所、书桌整理等事项，孩子一旦开始写作业后，就尽量不离开座位。

如果有条件，最好为孩子创设一个“学习小天地”，让孩子拥有一个较为独立和安静的学习空间。孩子写作业的书桌要整洁。只需放得下当下要完成的作业本，外加相关教材、工具书和文具即可。

其次是过程优化，包括善用小闹钟、作业有规划、复习要及时。

由于小孩子对时间的感受较为粗糙，也容易分心，设好闹钟会帮助他们直观看到时间的流逝，对任务完成产生一些紧迫感。需要注意的是，建立时间观念是循序渐进的过程，需要坚持下去，才能帮孩子慢慢形成珍惜时间的品质、善用时间的能力。

作业有规划指的是开始做作业前，要先跟孩子讨论，或是引导他自己思考，今天有哪些作业，每样作业大约需要多久完成，并用计时器调好时间。还要合理安排好作业顺序，书面作业放在前面完成，朗读、背诵等内容穿插在中间。写与背交替进行，不易感到疲倦。可以参考表3-1，和孩子一起填写作业规划，作业完成后自评，以不断提升作业规划及执行能力。

表3-1 作业规划表

______年___月___日　　星期________　天气________					
书面作业			非书面作业		
内容	时间分配	自评	内容	时间分配	自评

做作业时，孩子需要把知识准确地提取出来，解决具体的练习题目。就是说，他首先要记得准，最好还要记得多、用得活。心理学家艾宾浩斯有个关于记忆规律的研究，他发现：当知识进入大脑时，遗忘也就随之开始了，遗忘的特点是先快后慢。这意味着孩子白天在课堂上学到的新知识，如果放学后不及时复习，很快就会忘记。因此“一说都会，一写就错”这种情况，都是源于对知识的巩固不够，所以在做作业前，先来5分钟的复习是很有必要的。

最后，要避免作业大战，家长还需要做好自我管理，对孩子的作业不加码、不干扰、不扫兴。

不加码指的是不随意加作业。很多家长看孩子在限定时间内已经完成作业，马上给孩子加一张口算或者其他练习试卷，长期加码的结果，会让孩子失去兴趣，随之使用“磨蹭”的行为来对抗这些“负担”。久而久之，养成做作业拖拉的坏习惯。因此，孩子在规定时间内完成，多余的时间让他自由支配，或者以奖励的方式带他出去玩玩。这样孩子就会有动力，努力去完成，赚取多出的时间。

不干扰指的是孩子做作业期间尽量不打断、不打扰。提醒孩子开始计时写作业时零抬头，尽量坚持做完，不会的放在后面再来思考。很多家长看见孩子发呆就开口提醒，一写错字就拿橡皮帮忙擦，做错题又添上一句……家长请收住那颗想帮忙的心，否则破坏孩子的专注力不说，还会让孩子的主动性越来越差。总而言之，孩子写作业时，家长安静地坐一旁阅读或干其他事去，少去打扰，还孩子一个安静、舒适、愉悦的写作业环境。

不扫兴指的是要避免消极情绪传递，如皱眉、叹气、瞪眼等。孩子在做作业时若是接收到家长的负面情绪，会过度担心“做错”，无法静下心来思考，无端增加紧张感，不利于完成作业。

其实，小学中高段对于孩子来说，正是高效完成作业和习惯养成的关键期。孩子的作业，家长可以暂时放过对错，重点关注过程。孩子写作业的身心准备，过程中的书写认真、解答规范，作业管理有规划、能自学，懂得及时复习和改错等，是最终确保作业质量的关键。学习成绩好的孩子，往往是掌握了作业方法、能高效完成作业的孩子。因此，养成自我规划、时间管理和认真做事的好习惯，不仅对学习有帮助，长大以后对工作、生活都很重要，这将让孩子终身受益。

增加学习乐趣

一、学习与快乐的关系

学习本应是一件快乐的事情，但现实是一提到学习，很多孩子就觉得很痛苦，仿佛他面前的不是书，而是无数座大山。

五年级的小宇就是如此：对学习提不起兴趣，总要家长和老师催促。上课开小差，不愿发言，作业也是磨蹭敷衍。对自己缺乏信心，没有学习目标，不知道自己为何而学，成绩好坏对他似乎无关紧要。让他尝试兴趣班，总是抱怨难、累、无聊，然后半途而废。

而小王同学却截然不同，眼神里总是充满光芒，对什么都感兴趣，尤其是学习。他上课积极发言，活动积极参与；作业认真完成，还喜欢读各种课外读物；兴趣爱好丰富，喜欢探究各种新鲜事物；成绩也从不让人操心，阳光且自信，是同学们眼中的学习小达人。

看到这里，你可能会觉得，完了！我的孩子好像是第一种啊！这可怎么办？如果我告诉你无须担心，“学习”和“快乐”原本就是紧密相连的，你会不会很惊讶？不是说“学海无涯苦作舟”吗？为什么学习会和快乐在一起？

脑科学研究表明，比起游戏、短视频等给人带来的即时快乐，学习更能为人们带来长期、深度的幸福感。秘密就藏在我们的大脑之中。

我们在学习新东西时，大脑中学习与记忆中心——海马体就开始工作了，大脑自然会分泌“快乐因子”——多巴胺，让我们感到愉悦，好心情反过来也会让海马体更活跃，这也就是为什么心情愉快时，学习效率会变高。

同时，多巴胺还会悄悄“告诉”负责情绪的杏仁体和负责思考的前额叶：“嘿，学习啦，真的好开心啊！”这种快乐的感受，让人们渴望再次投入学习。

另外，大脑还是个喜欢惊喜的小家伙，一旦学习中有意外地发现，它就会产生更强烈的愉悦感。这就是为什么孩子们对重复、无趣的内容毫无兴趣，而更喜欢那些充满探索、想象和创造力的学习活动。

还记得吗？刚上幼儿园时，你家宝贝是不是经常兴奋地分享自己在幼儿园的新发现？这时候的他，眼睛里闪烁着好奇的光芒，小脑袋瓜里装满了十万个为什么。那种从心底里涌出的快乐、对世界的好奇，自然而然地转化成了对学习的热情。但是，当学习变成了日复一日的机械重复，信心被一次次的“失败”消磨，那份原本纯粹的快乐就被一点点抹去，孩子们眼中的光芒也逐渐黯淡。

不是孩子对学习没兴趣，是孩子暂时迷路了，找不到曾经那份快乐了。

二、解锁快乐学习的步骤

那我们就一起陪伴孩子、帮助孩子找回快乐吧！只需五步，就能助力孩子解锁“快乐学习”！

第一步：挖掘兴趣点。

兴趣是最好的老师，孩子碰到自己喜欢的事，就像发现了新大陆一样，乐此不疲地钻研。我们可以通过观察，发现孩子的兴趣点，也许是画画、算术，也许是视频、竞技等，每个孩子都有自己的“快乐频道”。比如，在复习成语时，把它变成拼字游戏，再来点闯关奖励，孩子在快乐中挑战，成语记得又快又牢。把孩子感兴趣的形式和学习内容巧妙地结合，就像调对了频道，学习乐趣自然就来啦！

第二步：放眼看世界。

要想让孩子保持这份学习的热情，还得让孩子“迈开腿、睁开眼”，跳出课本的小圈子，去外面的“大世界”看看，感受知识的美妙，找到学习的意义。比如，孩子好奇满街的汽车是怎么跑起来的，上网看微课、翻翻书，或者直接去现场观察，都能帮他们解开谜团。我们只需给他们提供资源，陪着他们去探索，让孩子去寻找学习的真正乐趣。

第三步：拆解大问题。

小学阶段，孩子的知识储备和认知能力有限，即便有兴趣，也可能因不知道怎么做而放弃，学习乐趣也就跟着跑了。这时候，家长们就要出马了，陪伴和引导孩子把看似复杂的大问题拆解成一个个小问题，一步步计划清晰，目标具体。当孩子发现，面前的不再是难以逾越的大山，而是可以一步步解决的小目标时，学习乐趣就会越来越浓厚。

第四步：乐学找搭子。

如何更好地保持学习乐趣？“学习搭子”就派上用场了。小学生的“好胜心”和学习模仿能力可不容小觑，找一个好的“学习搭子”，一起拼着学，乐趣就翻倍。家长可以约有同龄小朋友的朋友、同事家庭，安排一些公园、湿地、博物馆、科技馆活动，让孩子们在丰富多样的环境中自由探索和玩耍，借此帮孩子找到不同领域的“学习搭子”。孩子的同学，或者是老师引导组建的学习小组，或者是孩子自发聚拢的学习小伙伴，都可以是很好的“学习搭子”。家长只需要提供资源、关注过程即可。比如，帮孩子们准备一些学习材料、休闲零食，协助他们安顿好“搭子活动空间”，遇到问题了及时提供情感支持和方法建议。注意，孩子才是学习过程的主人，家长可以支持、点赞、受邀担任“临时法官”等，就是别撸起袖子指点江山。能找到同龄的“学习搭子”确实很棒，但别忘了，咱们家长就是孩子最天然的“学习搭子”。家庭生活中划出明确的时间，和孩子一起学习、阅读，在与“学习搭子”在一起的温馨的时光中，学习不再枯燥，而是充满乐趣，能创造无限可能的亲子互动体验。一段时间后，你会发现亲子关系也越来越好。

第五步：进步及时夸。

学习之旅是漫长而充满挑战的，及时、正向地鼓励孩子，不要吝啬夸赞。哪怕只是一点点的进步，也是值得表扬的。只要进步是实实在在的，夸奖是就事论事的，就不怕孩子飘。夸赞的点可以是孩子学到了具体的某个知识，掌握了一项解决问题的方法，提升了某项具体的能力，也可以是孩子在过程中表现出来的好奇、谨慎、乐观等积极品质，以及竞争意识、行动力等良好状态。在孩子不自信、想要放弃时，一句小小的鼓励“加油，看好你哟”，甚至是一个充满肯定的眼神，就能让孩子继续充满力量，坚持下去。未来遇到困难时，他也会模仿你今天的做法，自己给自己加油打气。学习乐趣自然就不会消失。

学习本身是一件充满乐趣的事情，如果孩子暂时找不到乐趣，就需要我们帮助孩子拨开困难迷雾，重新找回对学习最赤忱的热爱。

在五步助力孩子解锁“快乐学习”模式的过程中，孩子们不仅学会了面对困难，更学会了享受学习。这将是他人生中的宝贵财富，不论未来面对多么复杂的学习内容，或遇到怎样的困难和挑战，他都能有勇气、有方法应对！

合理奖惩

一、合理奖惩对成长的重要性

家长在教育孩子的过程中常常会有这样的疑惑：为了教育孩子，家中设置了不少的奖惩制度，可为什么还是教育不好孩子呢?

科学有效的奖惩制度是孩子成长的助推器，可以促进孩子身心发展，使孩子建立起正确的价值观，是家长教育智慧的体现。但有时过度奖励可能导致儿童对奖励产生依赖心理，而过度惩罚则可能引发反感和抵触情绪。因此，在家庭中形成一套科学合理的、符合孩子个性的奖惩制度十分有必要。

二、家庭中常见的奖惩方式

家庭中最常见的奖惩方式——积分制，当孩子在学习、卫生等习惯上表现突出，则可以获得一定的积分，反之则扣除。累计一定积分，可以获得奖励，如购买零食、增加零花钱等。

还有部分家庭未形成具体的奖惩制度，以长辈权威为准，根据孩子表现好坏进行口头表扬、物质奖励或是责罚。

三、如何合理地使用奖惩

这些奖惩方式为什么对部分家庭并不适用呢？我们又应该如何更加科学合理地进行奖惩，最大化地发挥其作用呢？首先，我们要明确在什么时候奖惩更合适。

（1）什么时候奖励更合适

①完成挑战性任务后要奖励。挑战性任务往往意味着高难度，在完成此类任务时孩子会积极开动脑筋，激发内在潜力，有助于培养孩子的进取心和目标感。

②完成创造性任务时要奖励。在完成创造性任务时，孩子的想象力在此时会得到最大发挥，完成此类任务后及时给予奖励，有利于持续培养孩子的创造性和想象力。

③坚持后有明显进步时要奖励。当孩子向着一个目标努力，坚持做一件事情

并取得明显进步后，家长应给予孩子奖励，这有助于培养孩子的自信心和坚持的品质。

（2）怎么奖励才科学

又该如何奖励才能更大效率促进孩子的成长呢？以下三点供大家参考。

①共同执行。共同制定奖惩制度，一视同仁。家长和孩子共同商议奖惩制度，明确具体的奖励清单，共同遵守，家长做好榜样示范作用；特别提醒的是二孩家庭，尽量做到对事不对人，不因年龄差异而放松准则。

②依龄设奖。孩子的年龄决定了他们对不同奖励的态度。在制定奖励制度时，高年级孩子需根据年段发展特点设定为“踮着脚够得着”的奖励目标，让孩子在获得奖励时有一定挑战性，这样的奖励才能培养孩子的目标感。其中，精神奖励比物质奖励更适合小学高年段的孩子。物质奖励一般为直接给予零食、书籍或者美食等。精神奖励有给予孩子自由的活动时间，外出游玩、野餐，邀请朋友到家做客等形式。

③奖励适度。当孩子出于内在的兴趣或进取心而表现出好的行为时，家长如果给予孩子过多表扬奖励，反而会削弱孩子的兴趣和上进心。过度的奖励，会使孩子做事失去内驱力，做任何事情都和奖励挂钩。因此，我们在奖励时要有区分，如孩子完成了本应自己完成的事情或是他感兴趣的事情时，给予口头表扬即可。比如，孩子自己非常喜欢画画，他并不需要家长的表扬和物质奖励，而只要获得认可就足够了。但如果家长说：“宝贝，你真棒！等一下我给你巧克力吃！”这样的强化多了，反而会使孩子画画的兴趣逐渐减弱，甚至会使孩子出现厌烦心理。

（3）什么时候该惩罚，什么时候又不该惩罚

心理学研究表明，表扬奖励与批评惩罚的比例最好控制在3∶1。过度的表扬会让孩子形成骄傲自满的性格，面对挫折时的应对能力也较差。而过度的惩罚会打击孩子做事的积极性，因此，我们应该把握好惩罚的时机，以下四点为大家提供参考：

①不因首次犯错而惩罚。对于孩子因缺乏经验和相关知识犯错时，不惩罚孩子。否则会使孩子在惩罚后变得胆小、无主见、不敢尝试，这对孩子的发展无益，会使孩子失去探索欲。

当孩子初次犯错时，我们可以尝试采用“三明治教育法”，即把批评的内容夹在表扬之中，让受批评者愉快地接受批评。

②好心做坏事不能惩罚。惩罚孩子要考虑动机，不能光看结果，由于能力和经验的限制，孩子常会“好心”办“坏事”，如孩子想“自己的事自己干”，自己

洗衣服没洗干净。这时家长就不能批评，否则，会挫伤孩子做事的积极性。

③不因学习成绩而惩罚，违反道德规范才惩罚。惩罚不仅不能提高孩子的学习成绩，还会使得孩子对学习心存恐惧，并最终对学习失去信心。当孩子违反道德规范，对他人产生不好的影响才可以采用惩罚。

④多次犯错或做危及生命的事情要惩罚。没有规矩不成方圆，在引导孩子成长的过程中，要有道德和安全底线，引领孩子铸就正确的价值观，避免养成坏习惯铸成大错。当孩子多次犯同样的错误或做一些危险性极高的尝试时，家长要及时给予一定的惩罚与管教。

（3）怎么惩罚才有效

以下三点供大家参考。

①积极正向，以爱为底色。反对体罚和语言冷暴力，体罚和语言冷暴力是对儿童身心的摧残。孩子高年级进入青春期后，自我意识迅速发展，一味地体罚和语言冷暴力会激发孩子的叛逆思想，损害亲子关系。而孩子有时为了逃避体罚，还会引发撒谎行为，得不偿失。

②保持一致，不随意改变。许多家长有过这样的感受，孩子长时间由自己抚养时，还算懂事。当爷爷奶奶或亲戚朋友来到家中时，孩子换了个模样似的。这是因为孩子会趁此试探父母的规则边界，观察父母对自己的态度是否有所不同，如果此时，父母选择放宽尺度，孩子则会“得寸进尺”，慢慢消磨一些行为的边界感。因此，父母不能因外部环境改变而改变态度，切勿被孩子左右。

③梳理缘由，协商承担后果。以一个事件为例：孩子把班中窗帘洒上了墨水。我们可以通过了解事情真相，和孩子确认无误是谁的责任后，一起想办法弥补。先尝试带回家由孩子进行清洗，在清洗过程中，让孩子充分意识到错误。如果无法清洗干净，则选择重新购买窗帘，购买的金额需要由孩子自行承担，通过从平时零花钱里扣除，或者做一些额外劳动来换取。惩罚是为了让孩子变得更好，在错误中成长，学会承担责任。

总而言之，合理使用奖惩是一种教育艺术。只有掌握好奖惩的艺术，奖之有方，奖之有法，惩之有理，才能使奖惩制度长期“保鲜”，促进孩子的健康成长。

专题三 身心健康

培养运动习惯

一、运动好处知多少

都说运动好处多多，喜欢运动的孩子往往身体强壮，意志也会更坚强。具体来看，运动有以下好处。

（1）使身高增长

现代社会，家长都很重视孩子的身高。一方面，因为中国人的平均身高不断增加。一份2023年的报告（《生命时报》发布）显示，20年来中国男性从166.7 cm增至173.8 cm，女性从155.1 cm增至161.0 cm。家长不愿孩子被落下。另一方面，很多职业在招聘时对身高有明确要求，而运动是促进身高增长最有效的方法。运动会增加身体的血液循环和代谢能力，身体骨组织就能获得更多养分，促进骨骼的生长。

（2）使智力发育

实验表明，运动后人们学习词语的速度，比运动前提高了20%。科学研究也证明，当人们运动时，血管适度收缩，血液循环加速，大脑的供血量就会大量增加，从而有利于大脑神经细胞的代谢，促进脑细胞的正常发育，对孩子的智力发展、认知能力提升非常有益处。所以，运动是对孩子大脑最好的投资。

（3）塑造性格

长期运动的孩子不仅聪明，性格也特别好，整个人散发着自信的光芒，就连为人处世也特别得体。因为长期合理的运动需要孩子具备坚强的意志、拼搏精神以及团队意识，还得克服很多外在的束缚，勇敢地面对挫折、面对挑战、正视自己，在运动中培养出积极乐观、坚韧不拔的性格。

（4）学业需要

很多家长朋友也发现，近些年体育锻炼也被纳入中考，体育成绩占据一定比例，且分值逐年增加。很多省市的中考体育科目的分值已经提到了60分，个别省市甚至已经提到了100分。这意味着，如果孩子在体育方面表现出色，可以直接为中考总成绩加分，提高进入理想高中的机会。因此，家长督促孩子重视体育运动，让孩子养成锻炼身体的习惯十分必要。

二、孩子为什么不想动

经常听一些家长诉苦："我的孩子就是不喜欢运动，喊都喊不动！"

为什么孩子不爱运动呢？

（1）不善运动

有些孩子是因为从小体质比较差，在过往参加过的体育运动中排名靠后或者受过伤，对运动没有成功的体验，所以失去了信心。

（2）娱乐方式日益丰富

随着手机、电脑的普及，极具吸引力的短视频、游戏让孩子心甘情愿被"绑架"，逐渐养成不爱运动的习惯。

（3）为学习让路

身边很多家长有这样的念头：孩子的学习时间宝贵，晚上也得尽量10点前入睡，哪里有时间运动呢？

（4）场地、伙伴难凑齐

很多孩子都说周末的时候一般都是待在家里看电视、玩手机，因为打篮球、踢足球等体育项目，既需要场地，又需要组织很多人，很不方便。

三、如何培养运动习惯

作为家长，如何协助孩子培养运动习惯呢？

（1）营造氛围

相信孩子都是爱玩的，家长需要多花些时间，用心、刻意地为孩子营造适合体育锻炼的氛围。比如陪孩子一起看体育节目，在旁边对比赛进行解释，对孩子进行适当的引导，让孩子的内心升腾起积极参与体育锻炼的欲望；创造可运动的条件，在家里放置一根跳绳、一根弹力带、一副小哑铃，让运动看得见摸得着；父母动起来，在自己运动的时候影响、带动孩子。

（2）及时鼓励

家长在孩子勇敢迈出每一步、取得进步后要及时鼓励。孩子运动能力有了一定的提高之后，可以鼓励他参加学校里的运动会或者是校外的比赛。即使孩子没有获得名次，也表扬孩子尽力完成比赛的拼搏精神。另外，家长还可以设立小目标，每天或每周记录孩子的锻炼成果，给予他们必要的肯定和奖励，让他们感受体育锻炼的重要性和乐趣。

（3）循序渐进

所有的运动项目都要循序渐进，让孩子慢慢去接受，而不是强行逼迫。如果孩子本来就不擅长运动，更要从简单的运动开始。每天晚上吃完饭或者孩子写完作业之后，全家人就可以一起出门散步。散步的时候，家长可以和孩子做一些小游戏，在不知不觉中加大运动量。等到孩子已经适应了之后，可以就近取材，利用小区内的健身器材，和孩子一起锻炼。

（4）遵循规律

在孩子对运动不那么排斥之后，家长可以和孩子一起选择运动的项目。小学中高年级的孩子大多处于9—12岁，这个时期孩子的骨骼和肌肉虽然在生长，但和成年人仍然有很大的差距。

因此，这时孩子的运动应该以有氧运动为主，比如游泳、慢跑或骑自行车等。如果孩子对集体类运动、对抗类运动感兴趣的话，也可以带孩子去参加乒乓球、羽毛球、篮球、跆拳道等课程。

（5）零散时间

锻炼不一定需要1小时、2小时，5分钟、10分钟都是可以的。我们可以利用零散时间累计来实现运动效果，零散时间有哪些呢？饭前的时间、等车的时间、上学路上的时间、课间10分钟、洗完澡后的时间……可以做简单的运动，如步行或骑自行车上下学、用步行代替电梯上下楼；如果条件不允许室外运动，睡前做做室内操、平板支撑或者俯卧撑等运动，利用零散时间，孩子可以将运动方式见缝插针地融入日常生活。

（6）“周末战士”

“周末战士”指的是平时上学相对久坐不动的孩子，在周末进行长时间的运动。研究表明，他与那些有规律地进行运动的人之间并没有差别。因此，如果孩子因为学业繁重，无法在工作日挤出时间锻炼，但能在周末投入大量时间锻炼，这种方法就适合他。天气晴好的周末，不借助交通工具，规划一次徒步旅行，踢一场足球比赛，或是骑车探索周围的城镇，对孩子和大人的身体都有益。

（7）运动搭档

生活中，我们很难做到持之以恒地运动。那么，我们不妨多找些爱运动的搭档，约好固定的运动时间彼此督促。运动搭档可以是小区里的邻居，约定一起打篮球、慢跑，或是骑车等；可以是相同爱好的同学、朋友，互相监督跳绳、跳操等；有时也不用非要线下见面，加入线上运动圈，微信监督，互相打卡也一样可行有效。

我们始终都要坚信生命在于运动。运动，为孩子赋能，是孩子一生都该坚持的习惯。

处理同伴关系

进入中高年级，孩子与家长的交流渐渐变少，而与同伴交往的时间变长，可见在孩子成长的过程中，同伴关系起着非常重要的作用。良好的同伴关系有利于孩子社会交往能力的健康发展。但在与同伴交往的过程中，也难免会出现各种各样的问题，需要家长的引导和帮助。

一、同伴关系的重要性

我们发现在班级生活中，不同特点孩子的同伴关系是不一样的，根据孩子被接纳的程度，具体可以分为以下五类。

受欢迎的学生：那些在同伴中很受欢迎，只有很少人不喜欢他们的学生。

被拒绝的学生：那些被很多人不喜欢，只有很少人喜欢的学生。

有争议的学生：那些被很多人喜欢，也被很多人不喜欢的学生。

被忽视的学生：那些喜欢和不喜欢他们的人都比较少的学生。

一般学生：那些喜欢和不喜欢他们的人数都处于中等水平的学生。

研究发现，有外向的性格、友好的举止、良好的社交技能的孩子更容易受到大家的欢迎和接纳；被拒绝的孩子常常会做出一些攻击、扰乱秩序等不恰当的行为，他们更容易出现社会适应不良、心理失调、学习成绩不佳，以及孤独、焦虑等各种问题行为；而被忽视的孩子比较容易退缩，不愿表现自我，社交主动性低。

有一个孩子叫小杰，他会给同学们起外号，会在打篮球时故意把篮球扔得远远的，他甚至会在课堂上扰乱秩序，这导致很多孩子不喜欢他，不愿意接纳他，在与同学的合作中往往无法找到合作伙伴。他的妈妈经常教育他，甚至用打骂的方式想要让他“长个教训”，但效果并不好。小杰就是典型的被拒绝的孩子，无法与同伴友好相处，导致小杰不仅存在不当行为，也出现了不良情绪。

二、同伴交往受哪些因素影响

4—6年级孩子的同伴关系水平主要受两个因素影响，一是同伴交往意愿，二是同伴交往技能。

同伴交往意愿是指孩子主动积极与他人进行交往的意识，即喜欢与人交往，愿意和同伴在一起交流、玩耍，能够主动发起同伴交往行为或者加入到同伴的游戏、聊天等活动中，有稳定的交往对象。良好的同伴交往意愿是孩子主动进行同伴交往行为的前提，是良好同伴关系建立的基础。大部分中高年级孩子热爱交往，有很强的同伴交往意愿，但相当数量被忽视的孩子更愿意大部分时间单独行动，很少主动发起交往行为，欠缺良好的同伴交往意愿。

同伴交往技能是指孩子具有一定的同伴交往技巧，能够友好地维持同伴关系，关心、尊重他人，遵守人际交往中的规则，与同伴发生冲突时，能够积极妥善解决。在积极的同伴交往意愿基础上，同伴交往技能是孩子建立良好同伴关系的关键，也是我们对孩子进行同伴关系培养的重点。在同伴交往中，被拒绝的孩子大多就是缺乏同伴交往技能的人，他们常常会不遵守游戏规则，与同伴相处时过度活跃，经常出现暴力性、破坏性的行为，进而引起了同伴的反感，最终被大部分同伴排斥。

三、如何引导孩子处理好同伴关系

家庭是培养孩子同伴关系的重要场所，作为家长如何引导帮助孩子培养处理同伴相处关系的能力呢?

家长带着孩子一起参与社交活动，使孩子在潜移默化中学习家长的人际交往技巧。

人情世故不是一天就能学会的，需要长时间地学习和实践。中高段的孩子开始思考自己的朋友能够为自己带来什么的同时，孩子也开始对朋友有一定的评判标准，同伴关系开始从单向的帮助向双向帮助转变，即好朋友应该是互相帮助的。家长带着孩子参与社交活动，成年人阅历更为丰富，在与人相处的过程中，会尊重、会共情、会互助，这些都是孩子们可以学习的与人相处的方法。例如，当社交活动中家长之间见面打招呼、问好、朋友有困难主动帮助等，家长与同伴良好的关系处理会潜移默化地影响孩子。

为孩子留足时间，鼓励孩子主动与同伴交往，多安排孩子和同龄的小伙伴见面，为孩子创造与同伴一起交流、玩耍的机会。总有一部分家长朋友觉得孩子在玩儿就是没好好学习，然后忍不住想给他们布置点儿学习任务。要知道与同伴玩耍本身也是一种学习方式，他/她要学习制定玩耍的规则，要学会与他人协商，要学着处理矛盾冲突。有家长会说，我已经教了孩子与他人友好相处的方法，但是孩子就是学不会，家长不妨思考一下，孩子是否有足够的时间去尝试使用这些方法呢。

鼓励孩子自己选择朋友，避免对孩子的朋友品头论足，过分干涉孩子交朋友。

近期，明明的家长很苦恼：自己的孩子和班里的调皮孩子小川玩得很好，小川喜欢捉弄同学，学习也不认真，明明妈妈好担心自己的孩子被小川带“坏”了，她想要跟明明说不要和小川玩，但是每次刚一说，明明就很激动地说：“你们总是干涉我交朋友，我都五年级了！”明明作为五年级的孩子，有自己独立的思考，这也是他们思辨能力培养的重要时期，我建议明明妈妈和明明好好沟通，了解一下明明的想法。原来明明和小川是在课间打篮球，他们是很好的搭档，但是小川捉弄同学的行为，明明是不认可的，他也明确地向小川表达了自己的感受，小川也在逐渐管理自己的行为。小学中高年级的孩子希望能够更加独立，在同伴关系处理的过程中，我们的家长朋友可以鼓励孩子独立处理，给予帮助即可。

你的孩子回来告诉你自己被同班同学打了，你会怎么处理呢？

这是我要和大家沟通的最重要的一点，就是当孩子与同伴发生矛盾时，要鼓励孩子积极寻找解决方案，避免采用暴力或忽视的解决方式。

部分家长会对孩子说：“要反抗！”这就会导致孩子遇到问题就采用暴力的方式，不仅不能解决问题，更会导致问题激化，甚至双方都会受伤。最严重的后果是，别的孩子是不愿意与一个爱动手的孩子交朋友的，别的家长也会担心自己的孩子会不会被打。

还有部分家长会对孩子说：“是不是你没做好呢？”这种无视的方法也是不可取的，它既不能教会孩子正确处理同伴关系，更会让孩子安全感缺失，从而变成被忽视的孩子。

引导孩子处理同伴关系，需要家长们保持清醒的头脑，在关爱孩子的前提下当好孩子背后的“军师”，陪伴孩子积极寻找解决方法，鼓励孩子主动交往，运用有效的方法化解交往中的矛盾，帮助他们全面成长！

学会情绪管理

近年来，情绪价值已成为大家热议的焦点。情绪管理，作为提升情绪价值的关键，其重要性不言而喻。它关乎我们如何在压力下保持冷静，如何在挑战面前保持乐观，甚至决定我们如何与他人建立和谐的关系。但情绪管理究竟是什么？

一、情绪管理能力的内涵

情绪管理能力是个体在社会生活中适应和调整情绪的关键技能。它主要包含两个层面：首先，个体能够以恰当的方式表达自身的情绪；其次，个体能够控制情绪，保持情绪的适度，避免情绪失控。

二、培养孩子情绪管理能力的重要性

在孩子的成长过程中，培养他们情绪管理的能力对于其社会情感的发展至关重要，并且对他们将来的情绪状况、性格塑造以及心理健康状况有着长远的影响。

①培养积极情绪有助于孩子建立友好的人际关系。

②情绪管理能力的提升有助于孩子智力的发展，对认知活动起到积极的推动作用。

③情绪管理能力的发展有助于孩子个性的塑造。

④积极的情感体验可以增强孩子对知识的渴望，激发他们内在的智力潜力，从而提升他们对学习的热情。

三、如何培养孩子情绪管理能力

我们可以从几个方面去帮助孩子培养情绪管理能力。

（一）接纳与共情：情绪表达的自由

情绪的表达是孩子向外界传达他们内心不满和困扰的一种自然方式。在这一过程中，我们首要的任务是接纳孩子的情感，而不是急于纠正或忽略。我们需要展现同理心和真挚的态度，耐心倾听孩子对事件的叙述，深刻体会他们的情感，并给予他们深切的认同和支持。例如，当孩子因某事感到愤怒或悲伤时，应允许他们哭泣，作为情绪释放的一种方式。孩子哭泣结束后，我们可以通过身体接触，如轻抚孩子的头、拥抱孩子或轻拍他们的肩膀，来传达深切的关怀和支持，让孩子们感受到我是被支持的，被关注的。同时，父母可以温和地询问孩子的感受，并鼓励他们分享自己的经历和想法。

在孩子情绪宣泄的过程中，我们应避免打断他们或向他们传递负面情绪，避免说出如“不准哭，哭有什么用”或“你这个孩子简直没救了，你就这样吧”这样的话语。这些话语可能会让孩子感到被父母冷漠对待和误解，甚至可能加剧他们的情绪波动，导致孩子对父母产生不信任感，影响他们的情绪健康。

（二）倾听与关爱：内心世界的探索

（1）学会倾听

孩子在情绪表达之后，往往寻求父母的慰藉与情感支持。我们应确保孩子感受到我们的共情和关切，为他们营造一种稳固的安全感。我们要学会耐心地聆听孩子的想法，无论他们所言是否正确，都应让他们自由地表达，不打断，不夹杂任何指责或指导的语句。当孩子的情绪逐渐平静下来，我们再逐步地指导他们，协助他们认识并管理自己的情绪。

（2）表达关心

我们可以通过分享自己的感受来向孩子传达“你感到不快乐却未向我们透露原因，我们感到非常焦虑”或“你的不快也让我们感到心痛”的感情。这样的言辞能够让孩子感受到来自父母的爱与支持。

（三）解决与智慧：问题解决的指导

（1）启发孩子进行自我反思

孩子表达负面情绪通常是因为他们面临了难以处理的困境。我们可以通过了解孩子的具体处境，然后协助他们探索解决问题的途径。例如，当孩子在学校与同学发生冲突或受到老师的批评时，我们可以引导孩子进行深入思考：当时的情况是怎样的？你采取了哪些行动，你的想法是什么？有哪些做法可以防止类似情况再次发生？你是否能够做到这些？

（2）指导孩子解决问题

我们还可以利用情绪ABC理论（即激发事件、信念和后果）来帮助孩子转换对事件的看法，从消极情绪转向积极态度。如果孩子自己难以找到解决问题的方法，我们可以协助他们寻找策略，以防止未来再次发生类似事件。同时，我们可以教导孩子如何控制愤怒、表达和管理自己的情绪。在后续阶段，我们可以通过布置相关的练习和作业来不断巩固这些技能，并通过家校合作，共同监督孩子的行为，帮助他们摒弃不良习惯。在这一过程中，可以进行角色扮演练习，创建“情绪管理日志”，同时需要家校共同努力，制定家庭规则，改进教育方法。

家长在此过程中需要学会辨别，如果发现孩子在无理取闹，就要引导他们认识到自己的问题并进行适当的教育。只有在孩子真正遇到难以解决的问题时，父母才应该及时提供帮助，协助孩子找到解决问题的方法。

（四）引导与包容：换位思考的培养

有些孩子总是控制不好自己的情绪，遇事不能换位思考，面对问题时可能难以采取他人的视角，倾向于责怪他人。在这种情况下，我们首先需要展现理智，深入理解孩子的观点，然后指导他们尝试站在他人的立场上考虑问题。通过持续的教育和引导，父母可以帮助孩子学会从不同的角度思考问题。

（1）深入理解孩子的内心世界

在对孩子进行引导之前，我们应展现出共情能力，通过表达如“我明白了你的想法”或“如果我在你的位置，可能也会有相同的想法”，来充分接纳和理解孩子。接着，我们可以通过深入的对话，鼓励孩子思考：如果不可避免地遇到冲突或批评，我们还能采取哪些不同的应对方式？如果我们改变当前的看法，可能会有哪些不同的行动和结果？这种引导有助于孩子调整他们的认知，学习从多元视角来看待问题。

（2）培养孩子的共情能力

我们还可以教育孩子设身处地感受他人，通过提出“如果你处在他的位置，你会如何理解你的行为？”“当你受到父母的批评或同伴的指责时，你内心的真实感受是什么？”这样的问题，帮助孩子理解他人的情感和立场。通过这种方式，孩子可以更好地发展共情能力，学会在社交互动中考虑他人的感受。

每个孩子都是独一无二的存在，他们的情感表达和个性特点各不相同。然而，无论面对何种情况，耐心始终是教育的基石。让我们以耐心和理解为翼，陪伴孩子飞越情绪的海洋，迎接更加灿烂的明天。

应对叛逆

案例1

最近老师接到一位家长的电话，说她儿子小杰上5年级，近半年来经常跟她顶嘴，和家长频繁唱反调，母子俩还经常在一些小事上起争执。小杰妈妈也尝试过采取更加严格的方式来要求他，但这反而加剧了他们之间的矛盾。小杰妈妈特别焦虑，不知道该怎么办。

在你看来，小杰这些表现正常吗？在孩子的成长过程中，有四个叛逆阶段，分别是2—3岁的“叛逆潜期”、4—5岁的“儿童叛逆期”、9—10岁的“预备叛逆期”、13岁左右的“叛逆正期”，不同的叛逆期有着不同的身心发展特点。而4—6年级的学生正处于人生第三个叛逆期，就像小杰一样，他们可能变得特别爱面子，接受不了批评，喜欢跟大人对着干，这些都是孩子进入叛逆期的表现。

面对孩子的叛逆行为，家长们可以怎么办呢？我想给大家三点建议。

第一，读懂孩子。想要与孩子好好沟通，首先要读懂孩子，试着了解他们喜欢的事物。从孩子的视角去看待不同的问题，也许你也会有不同的发现，这些发现也一定会让孩子感到欣喜。

第二，改变沟通方式，学会倾听。首先，多提问，少建议。因为提出建议的背后是因为孩子没做对，但孩子往往不愿意直接面对，因此家长给的建议越多，他们的反弹就会更厉害。我们可以采用GROW的方式与孩子沟通，其中G是目标，R是现实，O是选择，W是意愿，这时，孩子的思路就逐渐清晰了。例如，当孩子告诉你他的理想是想当明星的时候，我们可以这样问：“那你离这个目标还有多少距离呢？”孩子答：“起码得考上北京电影学院吧。”此时孩子的目标很清晰很具体了。父母继续问：“那你离北京电影学院还有多大的距离？”孩子此时肯定很惊喜：“爸爸妈妈，你们同意我考北京电影学院了？我语文数学还可以，我英语得再提高，那就肯定能上。”爸爸问：“那怎么办呢？”孩子建议道：“我英语阅读能力比较弱，我坚持每天阅读英语文章，肯定能提高。”这是孩子想出来的办法，执行力度就大很多了。其次，与孩子共情。当孩子向我们诉说高兴的事，我们应该表示共鸣，一起享受孩子的快乐。孩子向我们诉说不高兴的事时，我们要回应他的情绪，并表达对他这些情绪反应的理解。

第三，设置“亲子时刻”，构建和谐的亲子空间。面对叛逆期的孩子，不要硬碰硬，要帮助孩子回归到“柔软”的状态，而不是整天都处于“战斗模式”。所以我们可以多组织一些家庭活动，一起享受“亲子时刻”，例如旅游啊，看他感兴趣的电影啊，陪他看喜欢的动漫展啊，实现他的一个小梦想啊，等等，并在此过程中表达你对他的爱与欣赏。当家长展现出无私的爱，展示出你对他的耐心与宽容，孩子也会慢慢柔和下来，跟你对话和谈心。

让我们做智慧父母，合理看待孩子的身心发展变化，学会与孩子和平相处，用欣赏的目光陪伴孩子的成长，帮助他们平稳度过叛逆期。

加强生命教育

生命最为宝贵。你的孩子珍爱生命吗？你的孩子珍爱自己的生命吗？很多家长朋友一定会说“当然”，的确，珍爱生命是每个人都应该做到的。

案例1

主人翁小艺同学，女孩子，11岁，六年级。她有一个妹妹，3岁。小艺与爷爷奶奶爸爸妈妈及妹妹同住。有了妹妹以后全家人心思都放在妹妹身上。而且，不怎么管小艺，妹妹犯错，所有责任都会怪在小艺身上，妈妈觉得小艺是姐姐就应该让着妹妹，姐姐大些就应该自己照顾自己。从而忽略小艺情感需求，孩子感觉特别难受，严重时有自残行为和轻生想法。

案例1中的主人翁具体出现了以下情况。

①情绪方面：逐渐表现出情绪低落，易怒，一些小事都能引发其冲动情绪，比如大喊大叫，莫名伤感、哭泣等。

②人际关系方面：与家人和老师的关系逐渐疏离，觉得他们都不爱自己。时常感觉家人只爱妹妹，老师只喜欢成绩优异的孩子。

③成绩方面：上课注意力不集中，经常打瞌睡，成绩明显下滑。

④行为方面：六年级开学初，出现自伤行为，用小刀片割手臂。

以上认知和行为的变化会给孩子带来怎样的后果呢？

①身体健康受影响：长期情绪低落，导致睡眠受到严重影响，入睡困难，身体素质变差。

②心理健康受影响：出现抑郁焦虑等情绪，对他人信任度降低。对生活感到迷茫。时不时会有轻生的想法。

那父母是怎么做的呢？

①未特别重视。小艺父母对于孩子的一些行为表现没有特别重视。如对于孩子出现的情绪变化大喊大叫、莫名哭泣，家长视作无理取闹，要么厉声呵斥制止，要么就是不予理睬；对于孩子成绩的下降更是时常指责，不曾真正从根源上关心、帮助、理解、安慰；而孩子人际关系方面的问题、孩子的感受，家长更是关注很少。

②未过多干预。受传统观念影响，觉得孩子各类异常举动都是孩子在闹情

绪。认为孩子长大了就应该懂事，即使在孩子已经出现用刀片割伤手腕的行为，家长也觉得是孩子故弄玄虚，不会动真格。甚至认为是“青春期到了，等过了就好了”，从而未及时主动采取相关措施。

直到学校心理老师发现，主动积极干预后，孩子情况才逐渐缓解。

一、什么是生命教育

《中华人民共和国家庭教育促进法》第十六条明确指出，未成年人的父母或者其他监护人应当针对不同年龄段未成年人的身心发展特点，以“关注未成年人心理健康，教导其珍爱生命”等为指引，开展家庭教育。可见，家长对孩子的生命教育起着至关重要的作用。那么，什么是生命教育呢？

生命教育是帮助孩子认识生命、珍惜生命、尊重生命、热爱生命，提高生存技能和生命质量的一种教育活动，其目标在于使其学会尊重生命，理解生命的意义，学会积极地生存、健康地生活与独立地发展，并通过彼此间对生命的呵护、记录、感恩和分享，获得心灵的和谐与生活幸福，从而实现自我生命的最大价值。

二、生命教育需要引起家长们的重视

人的生命只有一次。近年来在青少年中出现的轻视生命的案例让我们深感痛心。

自杀率在年龄分布上呈现特定趋势：其中5—14岁的自杀率相对较低，但近年来有上升趋势；15—19岁年龄段的自杀率稍有反弹，城市地区尤为显著；初中和高中阶段的自杀率较高，分别达到了30%和40%。自杀原因，首先是情绪压力和家庭亲子关系问题，其次是亲密关系和职业发展。

信息技术化时代，孩子获取信息的途径越来越广，受不健康或消极事物的诱导相对严重，已有研究发现，儿童自杀倾向一定程度上是受到错误的死亡观念的影响，缺乏对生命的敬畏之心。由此可见，加强生命教育显得尤为重要！

三、如何加强生命教育

生命教育如此重要，在家庭教育中，家长们可以做些什么来引导孩子珍爱生命呢？

有学者表示：生命教育贯穿于人的整个生命历程中。在孩子成长的不同阶段，生命教育的内容有所不同，关注重点也就有所差异。本次内容，我们着重分享小学阶段4—6年级孩子的生命教育——关爱自身、关爱自然，帮助孩子认识生活的内容、感受生活的乐趣。

比如，你的孩子是否爱自己、爱伙伴、爱亲人、爱生活？是否喜欢探索、充满求知欲、积极向上等？这些在家庭教育中，作为家长都可以采取一些措施加以引导改善，以此让孩子更加珍爱自己的生命，加强生命教育。

这里分享如下几点供参考。

（1）自我赋能

有抑郁自杀倾向的孩子，往往自我能量较低，没有目标与方向。而自我赋能就是让孩子通过外在的一些可实时操作的方式，让其慢慢积蓄能量，更有意愿和精力去做事情、做好事情。

比如，观看生命教育的书籍、影片，通过这些非直接方式让其懂得生命只有一次。此处可借鉴书籍《一片叶子落下来》，它是以树叶之间的对话，讲述了生命的起始和终结，认识存在的意义，死亡的不可回避等内容。是4—6年级孩子易于阅读理解的读物，从而让其更加珍爱生命。

比如，多运动，包括跑步、游泳、跳操等。运动可产生多巴胺和内啡肽。这是身体的一种“快乐激素”，会让人有愉悦感，给人一种轻松的状态。可改善焦虑抑郁情绪。

还比如引导孩子找到自己的兴趣爱好，做自己喜欢且健康的事情等。孩子喜欢绘画，那就支持他/她绘画创作；孩子喜欢唱歌，那就多带他参加音乐节活动；孩子喜欢轮滑，那就让他空闲时间多多练习。让孩子在自己所擅长的领域中发光发热。发现自己的闪光点，认可自己的优秀面，从而提升自信心。一个看得到自己优秀的、充满自信的孩子又怎么会轻易结束自己的生命呢？

（2）他人力量

这是来自孩子父母、亲人、朋友给予的力量。让孩子知道有很多人爱他/她，关心他/她，可以帮助到他/她。这份来自身边人的关爱，给予孩子不随意舍弃生命的勇气和力量。这里重点谈父母的言行如何给予孩子力量。

如果问家长：“你爱自己的孩子吗？”相信很多人都会说：“爱！”若问家长：“你向自己的孩子表达过爱吗？你亲自向他们说过‘爸爸爱你’或‘妈妈爱你’的言语吗？”可能很多家长都会沉默吧。

所以第一点就是多表达爱，说出那句“我爱你，孩子！”“爸爸妈妈永远爱你！”常常把爱挂在嘴边，行动也就随之而来了。表达爱还包括行动——爱的行动。重要日子的仪式感，比如在孩子生日时，氛围感拉满的场地布置，生日蛋糕的准备，孩子特别想得到某个礼物的惊喜，一家人围坐一起唱起生日歌，许愿吹蜡烛等。这个过程是爱的表达和传递，更是积蓄能量的源泉。

（3）理解与尊重

当然你也可以把它归于爱的体现之一。比如孩子犯错时，我们家长能否站在孩子的角度去理解他、尊重他，并给予正确的方式引导或支持，而不是抱怨、批评、指责。例如，孩子考试考砸了，弄坏了朋友的东西，做错了事情被同学告状，老师批评了等，请给孩子一个抱抱，一句“没关系，会好的”或“我们一起来想想更好的办法改善提高”等，而不是那些“你为什么总是这样！”“说了好多遍怎么就是不听！”“我没有你这样的孩子”等。家长判断你与孩子之间是否真正做到了理解与尊重的方式之一，就是察觉到孩子在遇到发生在他自己身上“不好”的事情时，孩子是否会第一时间给你诉说，寻求安慰或帮助。

（4）父母的正能量——积极乐观去影响孩子

比如，遇到困难是否积极面对，勇于克服困难的态度与行为，对待快乐的开心大笑，面对困苦的积极应对，镇定自若，都是给孩子言传身教的榜样示范。

（5）有效陪伴

孩子和父母在一起，父母各做各的事情，孩子有需求也只是简单地回应，这叫不叫陪伴呢？这只能叫陪着。真正的有效陪伴，是全身心地投入与孩子的相处。家长需要关注孩子的感受，和孩子一起高质量地沟通、分享、互动。

这里提供一些简单的方式。比如，和孩子一起看看书，沟通下书里的内容；聊聊天，说说生活上的事情；游戏一下，选择适合4—6年级的孩子健康的电子游戏；或者户外游戏、散步等。如果时间充足，还可以计划露营野餐、徒步登山、亲近自然、旅游等。这些有效的陪伴，既能够增进亲子关系，又能给处于青春早期的孩子找到释放压力的方式，从而加强生命教育。

（6）相互影响

孩子自身的生命力是根本，他人的力量是支撑。二者相辅相成则是助力。具体方法如下。

①营造积极的家庭氛围。有学者研究表明：对于家庭来说，营造家庭的“共时美”非常重要，即家庭成员共在的时间里，拥有一种美好的状态。

②一家人每日一小时的“分享会”，大家围坐一起，关掉手机，聊一聊当日的事情，可以是开心的，也可以是难过的，可以提出问题请求帮助，也可以是无关紧要的小事相互倾诉等。一周一次的集体小短途，一家人出门在近郊游玩、散心、娱乐等。一月一次的“赞美”或“批斗”聚会。这些都可以是家庭成员之间相互商议、确定、执行。

③一起劳动——打扫卫生、洗衣服、整理房间等。有没有家长认为，孩子现

在只需要读好书、读书好就可以了，其他事情可以不用。有研究表明，青少年做一些力所能及的事情，或有挑战的家务，有利于培养孩子责任意识。家庭成员可以一起做家务，如妈妈洗碗时，孩子可以清碗，收拾碗筷；妈妈打扫卫生时，孩子可以扫地、倒垃圾。这样不仅培养了孩子的责任意识，还增进了亲子关系。一个充满责任意识的孩子，又怎会轻易放弃生命呢？

④全家一起参加各种集体活动。无论是学校的集体活动，如运动会、亲子活动，还是家庭亲朋好友的集体聚会，全家人都一起加入。让孩子在集体的氛围中感受环境的美好，感受来自周围人的关爱，从而提高自我力量。这样，孩子在遇到困难时，才会明白有更多的人可以求助。即使是参加去世亲人的吊唁仪式，也可借机与孩子探讨死亡，了解生命的意义。直面死亡，不回避，才能更好地面对未来的生命。

⑤家长在日常生活中还可以与孩子一起照顾植物、饲养小动物，在照料的过程中了解生命的过程。若小动物不幸死亡，不可随意丢弃。必须认真地做一个告别，比如挖土掩埋，表达伤心与不舍。网络上，看到报道学生跳楼自杀这类负面消息时，家长也大可不必回避，而是借机与孩子一起讨论青少年自杀的话题，从中了解孩子的想法，引导其树立正确的人生观，讨论关于生命的意义，从而增进亲子感情。若家长都觉得不可控时，可寻求专业心理辅导的帮助，找专业的心理咨询师进行干预。国家提供的生命教育与危机干预服务热线4 001 619 995，成都市心理援助热线962 028，都可以在需要的时候拨打求助。

生命只有一次，每一个生命都是与众不同的，需要家长根据孩子特性及日常生活中的表现，灵活运用。总之，加强孩子的生命教育是一个长期而复杂的过程，需要家长的耐心和智慧。

专题四 安全教育

注意户外安全

四川素有“天府之国”美誉，有着众多的户外景点供出行选择。暑假期间，有很多家长都会带着孩子到凉爽的山沟、河沟、山林里去玩，体验和感受风景优美的大自然，但有一些安全隐患和危险，却在悄悄地靠近。

案例1

2022年8月13日15时30分，小鱼洞社区龙漕沟突发山洪，河道内未撤离游客被卷入山洪。成都市民小博回忆起那惊魂一刻，仍有些害怕。“我们一行十几个人连忙跑上岸，天幕、桌椅等露营设备都没敢要，全部被水冲走。”小博向中新网记者回忆道，他们一行人爬上岸后，便沿着河道向下游撤退。“沿路看到很多被冲走的人爬起来，水太急了，我现在有种劫后余生的庆幸。”

多么惊心动魄的一场灾难，那里是山洪沟，随时有可能发生意想不到的危险，可不是玩耍的地方。而且明明有很多明显的安全标志，可是人们根本不重视，所以才有了悲剧的发生。

相信很多家长也知道这个案例，那么如果家长带孩子外出旅游的时候，可以做些什么来保障户外安全，最大限度地降低安全隐患呢?

一、了解水域安全，防范溺水风险

严禁孩子独自或结伴到未知水域游泳、戏水。家长应时刻关注孩子的行踪，确保他们在安全的水域活动，教育孩子了解深水区、浅水区、禁止游泳等水域的安全标志，并严格遵守。

教育孩子遇到溺水者时的正确应对方法。告诉孩子应大声呼救并拨打110，切勿擅自下水救援。同时，教会孩子识别紧急呼救标志和救生设备标志，学习基本的溺水急救知识，以便在紧急情况下迅速反应，为孩子提供及时的救助。

二、关注山林安全，避免出现迷路情况

进山前了解天气情况，为孩子准备合适的衣物和鞋子。教育孩子识别山林中的安全标志，如禁止攀爬、注意落石等，教育孩子遵守景区规定，不随意离开指定路线，并识别救援标志以便及时寻求帮助。教孩子遇到迷路情况时的自救方法，除了发出求救信号，还可以教孩子利用自然环境中的标志，如树木、河流等，来判断方向和寻找出路。

三、应对天气变化，确保孩子安全

夏季户外天气多变，外出时注意天气预报。提醒孩子携带雨具和防晒用品，以便在恶劣天气来临前做好防范准备。

教育孩子遇到雷雨天气时的正确应对方法。如寻找安全避雨处，避免在大树下、空旷地带停留。

四、增强孩子的自我保护意识

鼓励孩子携带紧急联络卡，上面写有家庭联系方式，以便在紧急情况下能及时联系到家人。同时，教育孩子了解并识别紧急联络标志，如电话亭、警察局等。

教育孩子穿着合适，户外活动时应穿着舒适、透气的衣物和鞋子。告诉孩子选择适合的户外装备的重要性，并教他们识别装备上的安全标志，如防滑、防晒等。

准备必要的装备，如防晒霜、雨具、水壶、小零食等，确保孩子在户外活动中能够应对突发情况。同时，教育孩子了解并使用这些装备上的安全标志和说明。

五、与孩子共同制定家庭户外安全计划，并认识安全标志

与孩子一起讨论并制定出行前的准备事项，包括检查装备、了解天气等。告诉孩子出行前要了解并遵守目的地的安全规定和标志，制定遇到紧急情况时的应对措施，如迷路、受伤等，确保孩子知道如何寻求帮助。

鼓励孩子分享户外活动中的安全隐患，并一起提出改进建议，增强孩子的安全意识和应对能力。同时，引导孩子关注周围环境中的安全标志，并教育他们如何根据这些标志来做出正确的判断和行动。

家长是孩子们的第一道安全防线。通过了解和掌握以上户外活动安全指导建议，家长可以更好地保护孩子们在户外活动中的安全。同时，教育孩子认识和理解安全标志是增强他们安全意识和自我保护能力的重要途径。让我们共同努力，为孩子们创造一个安全、快乐的成长环境！

专题五

网络教育

预防网络诈骗

随着网络的普及，青少年接触网络的时间逐渐增加，不法分子也开始将黑手伸向他们。他们年龄小，社会经验不丰富，缺少一定的防骗意识和能力，已经逐渐成为电信网络诈骗新的受害群体。在我们身边就有着这样的案例，让我们一起来看看发生在这个小朋友身上的真实故事吧！

案例1

四年级的小学生小竹，他用父母的手机玩游戏时，刷到有“蛋仔派对”游戏皮肤免费领取的广告，便添加了对方的QQ。对方要求小竹提供游戏账号截图后，谎称皮肤已到账。可小竹登录后发现没收到，再次与对方联系，按照对方的要求添加另外一个QQ好友，并扫码了对方提供的二维码，填写了一些父母的身份证号、手机号等个人信息，跟着对方的要求一步步完成，结果骗子把手机里的7万余元全部骗走。

在生活中，这样的案例数不胜数，许多孩子都在遭受网络诈骗。那么，作为家长，我们平时应该怎样提高孩子的防骗意识，减少此类事情的发生呢?

第一，严格管控电子设备的使用时间。家长作为第一监护人，要有效监督孩子正确使用电子设备，妥善保管网络支付账号及密码，谨慎保护手机验证码，定期清理不常用或涉诈应用。孩子在使用电子设备时，不要让其长时间脱离自己的视线范围，可以偶尔走到孩子跟前跟他搭搭话，关注孩子的使用情况。同时，家长也可以利用一些方法引导孩子进行合理的游戏时间管理。比如，可以引入“游戏时间奖励制度”，在孩子认真完成家务或作业后，可以获得一定的游戏时间，这样既教会了孩子时间管理，又让他们学会了责任感。

第二，教育孩子保护网络隐私，关注孩子网上交友情况。家长应该给孩子明确哪些信息是私人的，例如家庭地址、身份证号码、电话号码、学校名称等都不应该在网络上分享。同时，网络上有着无数的社交平台和社区，孩子们很容易与世界各地的人建立联系，因此，家长应该教导孩子谨慎添加社交媒体好友，不要随意添加陌生人，慎重对待每一个在线友情，定期检查自己的好友列表。家长们在平时生活中也应当给孩子创建一个开放、支持的环境，让孩子感到舒适，把你当作朋友，与你分享他们在网上的经历和顾虑，这样，方便你随时关注孩子的网上交友情况。

第三，加强孩子的防骗教育，提高孩子的安全意识。家长在日常生活中可以利用讲故事、看动画片、讨论新闻中的案例等方式，让孩子了解常见的网络诈骗手段，如免费皮肤“大陷阱”、红包返利、领取明星周边等。孩子在了解诈骗的情况下，才能进行有效的防范。同时，家长也可以利用一些零碎的聊天时间做防骗情景演练，给孩子一个真实的案例，引导孩子说说自己的看法，当他遇到相同的情况会怎么做？这时，家长应当认真听取孩子的看法，说得好就大力表扬；有不妥当之处，家长再适时输出自己的观点，并告知孩子一些有效的防范措施。比如：不乱点陌生网络链接，不轻易扫描二维码；不轻信网络上所谓“免费领取”等说辞；不轻易收取网友赠送的虚拟物品；不向陌生人转账或汇款。最后，一定不要忘记对孩子强调：当你遇到这样的情况时，不要害怕说出来，爸爸妈妈会帮助你一起解决的。

当然，若孩子已经遭受了诈骗，作为家长，我们也不能一味地指责谩骂，他们还是未成年人，被骗后容易产生自责心理，带来较大的心理压力，进而影响学业和生活。因此，家长发现孩子受骗应当及时拨打110报警备案，保存手机截屏、聊天记录、汇款凭证等，以便在需要时可以作为证据。同时，利用这一时机，对孩子进行适当的防骗教育，避免再次受骗。

亲爱的家长们，希望你能借助这些方法切实有效地帮助孩子树立高度的安全意识，预防网络诈骗，切实保障孩子的财产与人身安全。

管理上网时间

一、案例与分析

案例1

小杰，是一名六年级学生。自从他进入六年级后就开始变得叛逆，再加上父母因为工作忙碌，缺少陪伴和情感交流，长时间疏忽督促，慢慢地小杰开始迷恋上网，他每天都会花费大量时间在社交媒体、游戏和视频网站上，甚至还瞒着父母向游戏公司充值了大量费用。小杰沉迷于上网，表现出以下问题：无法专注于学习、作息时间混乱、人际交往受挫、受到不良信息的侵害。

小杰迷恋上网后具体表现如下。

①无法专注于学习。每天放学后，小杰都会迅速回到自己的房间，打开电脑，沉浸在游戏的虚拟世界中。随着时间的推移，他的学习成绩逐渐下滑，他的注意力和精力都被游戏所吸引，思维变得浮躁，无法专注于学习。

②作息时间混乱。长时间的上网还导致他的作息时间混乱，经常熬夜玩游戏，白天则感到疲倦无力，身体素质也有所下降。

③人际交往受挫。他逐渐减少了与同学、朋友的交往，对现实生活中的活动失去兴趣。

④受到不良信息的侵害。互联网上存在着一些不良信息，比如色情、暴力等内容。小学生缺乏辨别能力，很容易受到这些不良信息的影响，从而对他的心理和行为产生负面影响。

二、如何管理好学生的上网时间

（1）加强沟通与监督

①与小杰建立良好的沟通渠道，了解他的想法和感受。尝试理解他的困境，不要过分严厉或批评，而是给予支持和鼓励。

②对小杰的上网行为进行监督。在遇到问题时，家长和老师要及时与小杰沟通，引导他认识到过度上网的危害，并帮助他建立正确的网络使用观念。

（2）激发学习兴趣，利用网络资源学习

网络是一个巨大的知识宝库，为了引导小杰正确使用网络，家长为他推荐了一些有益的学习网站和资源，鼓励他利用互联网查找学习资料等，提升自己的知识和技能。

（3）多结交现实生活中的朋友

鼓励小杰通过兴趣爱好多跟同龄人玩、寻找自己的好朋友，这样玩电脑和电子游戏的时间就会减少，同时也能找到交流的对象。

（4）共同参与其他活动

家长和小杰一起参加其他活动，如户外运动、家庭读书时间、手工制作等。这样可以丰富他的生活，减少对互联网的过度依赖。

（5）针对不良信息可以这样做

一些互联网企业开发了专门提供适合儿童使用的网站、应用，供家长和孩子一起选择。小杰家长和小杰一起筛选一些与他年龄相适应的内容，并在电子设备上安装不良信息拦截、过滤软件。在安装设置这类软件时，他们会探讨这样做的目的和好处，避免孩子产生抵触情绪。

（6）设定明确的上网时间限制

家长与老师协商后，为小杰设定了每天上网时间的上限。他们利用家庭网络设备，设定了每天固定的上网时间段，如晚上7点至9点，并限制在其他时间使用电子设备。这样可以帮助小学生控制自己的上网时间，避免过度使用互联网。

管理学生上网时间是一个需要耐心和智慧的过程。家长和教育者应该关注孩子的网络使用行为。通过一些措施的实施，家长可以帮助孩子建立健康的网络使用习惯，促进他们的全面发展。同时，家长也应该关注孩子的心理健康，帮助他们树立正确的价值观和人生观，以应对网络世界带来的各种挑战。

欣赏优秀节目

你的孩子平时看电视吗？他喜欢看什么样的电视节目呢？电视剧、体育赛事、综艺节目或是短视频？你对于孩子看怎样的电视节目进行过引导吗？

一、心理学实验：电视节目对孩子成长的影响

看暴力电视节目会增加孩子的攻击性吗？人们对于青少年的发展提出了这样的问题。于是，心理学家班杜拉进行了经典的波波玩偶实验来回应这个问题。

实验是这样做的：心理学家把参与实验的孩子分成了A、B两组。A组儿童被带到玩具室，观看这样一段视频：视频中，一位成年人正在对房间内的“波波玩偶”（大不倒翁玩偶）实行暴力行为——用锤子敲、把玩偶抛到空中、嘴里发出“砰、嘣”的声音。B组的儿童被带到玩具室后，也观看一段视频，但是视频中的成年人只是安静摆弄玩具。随后，实验人员留儿童独自在玩具室玩耍，玩具室里有一个和视频中类似的波波玩偶，家长们也可以预测一下，A组和B组的孩子们对待玩偶的行为会有不同吗？

实验发现：观看了成年人用暴力行为对待玩偶的A组孩子也几乎用了同样的方式暴力对待身边的玩偶，而B组的孩子却很少表现出这样的暴力行为。

班杜拉由此提出了著名的观察学习理论：人们不用亲身体验，仅仅观察他人的行为以及行为结果就可以学会某种复杂的社会行为，比如这个实验里的暴力行为。

从观察学习理论可以看出，影视作品对未经世事的孩子影响是很大的。孩子分辨能力差，人生观、世界观、价值观尚未完全成熟，很容易被一些不良作品带偏。

有的家长可能觉得，孩子偶尔看看带有暴力动作或情节的影视片无伤大雅。那么不良影视作品对孩子的影响究竟有多大呢？

1972年，有专家做了一个实验，让5—9岁的儿童分成两组，一组观看电影中剪辑出来的3分钟暴力片段，包含两次打架、两次枪击和一次用刀刺人的画面；另一组观看3分钟的非暴力片段，一场令人兴奋的运动会。随后，每个儿童被依次带到另一个房间，里面有个操纵台，上面有一个标示着“帮助”的绿色按

钮，和一个标示着“伤害”的红色按钮。工作人员告诉被测试的孩子，当操纵台前的一个白灯亮起时，他可以选择按下其中一个绿色按钮来帮助另外一间房里正在玩操纵游戏的孩子，或者是按下另一个红色的按钮伤害对方。每个孩子的被测试期间，白灯都会亮起20次。

测试结果发现，不论男孩女孩，如果观看了暴力影片，他们更倾向于按伤害按钮。这表明：即使是三分钟的暴力视频节目，就能导致儿童对同伴采取更多的攻击性行为，尽管他们在电视上看到的暴力行为与他们在实验中的行为毫无相似之处。

由此可见，媒体暴力有激发攻击性行为的作用。而且它在自然环境中，对较强攻击性儿童来说，暴力行为的激发作用更强，更持久。

也就是说，哪怕几分钟的暴力视频，对孩子的行为影响都非常显著，如果孩子长时间暴露在不良影视作品前，孩子的行为甚至心智发育都会受到非常大的影响。

二、案例分析

随着经济社会发展，电子产品已成为家庭中不可或缺的设备，孩子看电影、电视剧或者网络综艺等也成了习以为常的事。

如今，大量高科技技术运用于影视剧拍摄制作，暴力血腥场景表现得更加逼真。在社会开放度越来越高的今天，影视剧在表现情爱方面也更加露骨，经常让人“脸红心跳”。更有一些吸烟、喝酒、打架斗殴等镜头。

案例1

小松，一个活泼可爱的小学四年级学生，最近迷上了武侠剧的世界，那份对江湖侠义的向往让他在家里也不时地挥舞着晾衣杆，模仿着剧中人物的英姿飒爽，偶尔还会兴奋地喊出几句台词。妈妈看到这一幕，心里不禁有些担忧，她轻声对爸爸说：“你有没有觉得，小松最近一激动起来，就会模仿电视剧里的打斗场面?”

爸爸也忧虑地说道：“是啊，我也注意到了。他最近一直在追一部武打剧，我偶尔瞥了一眼，发现里面确实有些暴力血腥的画面。小孩子模仿能力强，长期接触这样的内容，确实可能会对他的心理和行为产生影响。”

妈妈着急地说：“那我们得想想办法，怎么引导他看一些更合适的影视作品。”

爸爸点了点头说：“我们可以先和他聊聊，了解他对武侠剧的兴趣点在哪里，然后有针对性地推荐一些既包含武侠元素又积极向上的影视作品。比如，那些讲述正义战胜邪恶、友情与勇气并存的动画片或电影，这样既能满足他的兴趣，又能引导他形成正确的价值观。”

妈妈听后，觉得这是个不错的主意，两人决定找个合适的机会和小松好好谈一谈，共同为他营造一个更加健康、积极的成长环境。

案例1说明在当今这个网络信息爆炸的时代，青少年面临着前所未有的诱惑与挑战。不良影视节目以其隐蔽性、刺激性，悄无声息地渗透到孩子的日常生活中，成为影响他们身心健康的潜在威胁。这些内容往往充斥着暴力、色情等不适宜未成年人接触的元素，容易扭曲孩子的价值观，诱导他们形成错误的行为模式和思想观念，进而可能引发一系列社会问题，包括但不限于学业荒废、道德沦丧，乃至最终滑向犯罪的深渊。

面对不良影视节目的侵袭，家长、学校乃至社会各界都应提高警惕，共同构建一道坚实的防线。家长应加强与孩子的沟通，了解其网络使用情况，引导他们树立正确的网络观念；学校应加强网络素养教育，提升学生辨别是非的能力；而政府和社会组织则应加大对不良网络信息的打击力度，净化网络环境，为青少年营造一个健康、安全的成长空间。只有这样，我们才能有效抵御不良影视节目的侵害，保护孩子们免受其害，让他们在阳光下健康、快乐地成长。

三、给家长们的建议

现在孩子观看影视节目的渠道很多，除了电影院、电视，还能从各种视频网站上观看。但是影视作品良莠不齐，有些影视节目并不适合未成年人观看。孩子小，辨别能力较差，模仿剧中角色而导致的一些伤害事件在新闻报道中屡见不鲜。

如何在众多影视作品中挑选适合孩子看的内容，培养并及时引导孩子养成正确的观影习惯，培养孩子的是非观和价值观，是家长的重要责任。当然，优秀的影视节目本身也是很好的教育手段。教育部和中宣部联合发布的《关于加强中小学影视教育的指导意见》中指出，优秀影视作品对中小学生素质教育具有重要意义。用优秀的影视作品对小学生来进行影视教育，可以帮助孩子感受世界、开阔视野、体验情感。因此，家长也应该主动为孩子挑选并推荐一些内容健康向上、知识丰富的优秀影视节目。节假日也可主动带孩子到影剧院一起观看，既可增进交流，又可丰富指导。那么，如何引导孩子欣赏优秀的节目呢？我们可以从这几方面做。

（一）精选节目内容

首先，父母必须先了解孩子喜欢看的电视节目，千万不要太武断地认为卡通就一定是适合孩子看的。有些卡通节目或者太过暴力，或者剧情过于荒诞，都不适合孩子观看。因此，给孩子选择电视节目时，必须了解孩子所看的节目内容。

其次，家长在为孩子们挑选影视节目时，应当倾注心力，可以关注教育部、中宣部等权威机构所推荐的优质节目，这些节目不仅蕴含深刻的教育意义，还具备高度的艺术价值。特别是那些荣获奖项的儿童电影与纪录片，它们内容丰富多彩，寓教于乐，能够让孩子在观赏中收获知识与乐趣。

建议家长提前查阅节目单，精选一周的纪录片、科普节目、传统文化、时事新闻、体育赛事等高质量内容，并记录下来。待孩子完成学业任务后，可邀请其共同观赏，以此增进亲子间的情感交流，共度美好时光。

对于网络综艺节目，孩子们往往也表现出浓厚的兴趣，但家长需严格把关，确保内容健康积极。可与孩子协商制订合理的观看计划，如每周一次或每日限定观看时间，以平衡孩子的兴趣与娱乐时间，避免沉迷其中。

此外，央视的《朗读者》《中国诗词大会》等节目，以其丰富的知识性和启发性，深受家长与孩子的喜爱。这些节目不仅有助于提升孩子的语言表达能力与思维能力，还能培养其文学素养与审美情趣。同时，部分家长还坚持与孩子一同观看《新闻联播》，以此增强孩子的国家意识与社会责任感，拓宽其视野与见识，这无疑是一种值得提倡的教育方式。

对于4—6年级的孩子而言，央视的纪录片更是不可多得的学习资源。这些纪录片涵盖了人文、地理等多个领域，内容丰富多样，能够满足孩子的好奇心与求知欲。家长可每日抽出半小时时间，与孩子共同观看纪录片或科普节目，通过互动交流，引导孩子深入思考，促进其全面发展。这样的亲子活动，不仅简单易行，还能营造温馨和谐的家庭氛围，何乐而不为呢?

为了方便家长更好地引导孩子观看优秀影视节目，我整理了一个适合4—6年级孩子观看的影视节目表格见3-2所列。

表3-2 适合4—6年级孩子观看的影视节目

节目类型	节目名称
纪录片	《跟着书本去旅行》《苏东坡》
	《传承》《如果国宝会说话》
	《故宫100》《敦煌》《第三极》
	《河西走廊》《航拍中国》
科普类	《加油！向未来》《最强大脑》
	《机智过人》《未来新世界》
	《大先生》《门捷列夫很忙》
	《我的牛顿教练》
传统文化类	《典籍里的中国》《朗读者》
	《中国诗词大会》《国家宝藏》
	《经典咏流传》《汉字解密》
时事新闻类	《新闻联播》《互鉴》
	《焦点访谈》《畅聊中国》

如果发现某个节目不太适合孩子观看，家长要及时跟孩子沟通，把原因说清楚。要让孩子明白，我们不是不让他们看电视，而是觉得那个节目的内容不太合适，可能会对他们有不好的影响。这样，孩子就能理解家长的用心，也能学会自己判断哪些内容适合观看，哪些需要避免。

（二）陪孩子一起观看

在孩子观看电视的时候，家长不妨先放下手边的事情，坐下来陪孩子一起观看。全家一起看电视，不但可以促进亲子之间的感情，更可适时指导孩子汲取正确的知识与观念。

陪孩子看完影视节目后，家长可以和孩子探讨影视剧里的人物形象、受到的启示，也可以对影视剧的某个情节展开辩论，培养孩子的思辨思维。

比如，看完《大圣归来》后，家长可以引导孩子思考：你觉得大圣最让你佩服的地方是什么？接着，可以进一步探讨：如果大圣在面对困难时选择了逃避，故事会是怎样的发展？通过这样的讨论，不仅能加深孩子对大圣这一角色的理解，还能激发他们对勇敢、坚持等品质的认同。

而看完《头脑特工队》后，家长则可以与孩子一起探讨情绪的多样性和复杂性。比如："乐乐总是想让莱莉保持快乐，但有时候忧忧的出现也是必不可少的，这是为什么呢?"可以引导孩子理解每种情绪都有其存在的价值，它们共同构成了我们丰富多彩的情感世界。同时，也可以讨论电影中的某个具体情节，如当莱莉的岛屿崩塌时，她的内心经历了怎样的变化？这个过程让你想到了什么？这样的辩论，可以培养孩子的思辨能力，让他们学会从多个角度看待问题。

（三）设定合理的观看时间

父母在对孩子喜爱的电视节目内容做出判断后，再安排看电视的合适时长。对于4—6年级的孩子（大约在9—12岁），建议每天看电视时长不超过60分钟，家长可以根据孩子的具体年龄和学业负担，在这个范围内进行微调。

建议家长将孩子每天的总观看时间分配到不同的时间段，避免孩子长时间连续看电视。例如，可以设定上午、下午和晚上各有一段时间可以观看电视，但每个时间段不宜过长。如果近距离看电视，建议遵循"30—10"法则，即每30分钟休息10分钟。

（四）家长做好榜样

家庭教育是潜移默化的，家长看电视要注意做好表率。对于电视节目的喜爱，不要说儿童，即便是成人，也很难控制自己。就拿我来说，有时候也会沉迷其中无法自拔。比如我晚上计划要做几件事，如果不打开电视，一般都会按时完成。可是有时觉得时间还早，先看十分钟电视再做吧。这样往往会因为看到某个十分喜欢的节目而耽误时间，甚至到最后干脆放弃工作而看电视去了。于是，我就下定决心，从开始就不打开电视机，也免得左右挣扎。既然有了这些亲身经历，当然会理解孩子为什么会对电视节目如此着迷。

强硬阻止会适得其反的，堵不如疏。我要让孩子明白，电视不光是用来看动画片的，电脑不光是用来打游戏的。还可以用来学习知识、开阔视野、增长阅历。以前，我经常陪儿子观看《走近科学》，孩子从中对科学探索产生了无尽的兴趣。不过这档节目的播出时间是八点半，看完都要九点了，会影响孩子的睡眠，后来就用其他的同类型的节目替换了。

无论是看电视、电影，还是网络综艺，我对自己的要求是全程陪伴，作为妈妈，我不会把孩子一个人放在电视和电脑前的，这是一个原则。也希望爸爸妈妈们能花更多的时间陪伴孩子，这本来就是很重要的亲子时光。同时我也非常享受和儿子一起看纪录片和科普节目的过程，那是思维的碰撞，更是知识的延伸。我们共同讨论了一个又一个不解之谜：宇宙是怎么起源的？恒星是如何发光的？黄石公园里面有最热的温泉，怎么还有最冷的严寒？鬼谷子是怎么攀上绝壁来到天门洞的，他在里面修炼了吗？黄帝内经是什么样的书籍？黄帝和炎帝有什么关系呢……

我们的相互探讨，不仅丰富了儿子的视野、拓宽了知识面，我也收获了一份亲密无间的母子情谊！

影视节目在孩子成长过程中扮演着举足轻重的角色，它不仅能够拓宽孩子的视野，增长知识，还能在潜移默化中塑造孩子的价值观，同时对于增进亲子关系也大有裨益。

专题六

性教育

科学解释初潮

一、正确认识月经

“妈妈，你咋流血了?”“妈妈，他们说的大姨妈是什么啊?”“妈妈，来月经每个月都要流一次血，那我会流血而死吗?”你的女儿是不是正在经历，或者已经经历过这些场景?作为母亲，每到这个时候是不是都有点感到难以启齿，都在想应该说点什么吧，但是又不知该说点什么。

从截至2023年家庭开展性教育的情况来看，很多家长朋友对月经初潮选择避而不谈，人数达到了46%，这就导致许多孩子不知道月经初潮，基本都是姐妹、同学之间相互交流才知晓。直接交谈的占37%，这些家长会给孩子解释月经初潮的知识，但也不知道如何去引导，也不知道怎么教，该教些什么。“那个”“例假”“大姨妈……”这是女生之间心照不宣的暗号，它们指的都是月经。

电视剧《以家人之名》中，女主人公李尖尖在餐桌上开心地宣布自己来例假，家人却满脸尴尬。电视剧虚构的剧情反映了现实的问题：全世界有一半的人会经历，为什么“月经”成了不能说的秘密?由此可见中国家庭教育对于月经初潮知识的普及教育都是相对保守的，即使在多元文化的环境之下，很多家庭都存在避免和孩子谈及月经初潮教育的问题。可是，选择逃避问题就能解决问题了吗?家长在对孩子普及月经方面的教育也存在一定的误区。

一是把月经称为“来那个”“大姨妈”“例假”等，为月经盖上一层遮羞布，不愿谈及。二是把月经教育与生理卫生教育等同起来。三是认为孩子太小不适合教，等他们长大了自然而然就知道了。由于家长朋友们的遮遮掩掩，不恰当的教育方式，让孩子们对月经产生一些认识上的偏差。

“那时候不懂，第一次来月经以为自己得了什么绝症，还写了满满3页遗书，在厕所里面大喊妈，我要死了，快来见我最后一面。”缺少父母正确的引导、学校没有相关的课程……月经这件事，成了女孩子人生中的一道坎。一旦没有跨过去，她们的心理状态和人生走向很可能被困在其中，因为自卑和羞耻而不敢抬头，心理阴影蔓延到整个青春期。特别是身处农村的孩子，相对城里的孩子，农村孩子能接受到月经普及教育的机会更少，在乡村孩子们的身上，闭口不言性教育造成的后果，要远远超出你我的想象。

月经是我们正常的生理现象，月经首次来潮称为月经初潮。家长需要跟孩子反复强调的是月经不等于流血，而是类似于“血”的液体物质，更不会出现流血而亡的说法。月经初潮多在青春发育期出现，一般年龄为12—16周岁。少数早于10岁或迟于16岁才来月经，这些都是正常的。

月经每月循环一次，周期从28天到35天都是正常的。当然，也有个别女孩的月经周期是15天或是40天，只要月经的时间是规律的，都没关系。月经是个“常客”。以一位正常女性12岁初次月经来潮、50岁月经停止计算，在这38年的时间里，除去妊娠和哺乳，大约每个月经历一次月经，每次月经来潮持续3—7天，相当于要经历456次月经来潮。合计下来，每位女性一生中共有3.7—8.7年不等的时间在“流血”。而且月经是个“不安分子”，几乎所有女性都会遭遇“捣蛋”，出现这样那样的月经相关问题，如痛经、经血量大或量少、周期不规律、经期过长或过短等。

二、普及月经初潮知识的方法

那么如何向孩子普及月经初潮的知识呢？

第一，不回避月经的话题。家长如果与孩子谈到月经时感到难以启齿，把月经称为“来那个”“大姨妈”，这些都表明家长内心深处认为月经是羞耻的，这就是一种错误的价值观，就像电视剧《以家人之名》中李尖尖的家人一样。正确的教育和引导至关重要，家长采取不回避、不夸大的方式与孩子科学地普及，孩子就会接收到自然健康的月经知识。当女孩子长到9岁左右，就一定要提前向她科普最全面的月经知识，我们可以通过视频、绘本、生活事件等方式，避免孩子在经历月经时没有准备时产生紧张、恐惧。

第二，给予温暖的支持。身体的变化会令孩子产生心理的变化，心理素质高的孩子会顺利度过这个时期，而有的孩子则会感觉处处不适应。为了让孩子接纳自己的变化，要做好孩子的心理保健工作。父母可以在女孩子初潮时，给她一个满满的仪式感，准备一份小小的礼物，配上一封父母的书信，告诉孩子这是成长路上最重要的一步跨越，爸爸妈妈会一直陪在你的身边。家长一句温柔的话语，一个安抚的动作，都能让孩子感受到温暖。手把手教孩子贴卫生巾、提醒孩子生理期如何爱护自己，都是满满的爱意。

第三，做好心理安抚。第一次来月经，相信很多女孩都是害怕、紧张的，这时家长们及时做好心理安抚工作显得尤为重要。“恭喜你长大了”，作为母亲送上一句祝福，无疑能安抚女孩的忐忑不安。同时家长告诉孩子要保护好自己，因为月经的到来意味着女性身体已经具备了完整的生理功能，代表着她们已经发育成熟了，也有了生育能力，这时对孩子进行适当的性教育必不可少。

专题七

家庭沟通

与孩子在一起

案例1

小欣，是一名五年级的班干部，以她的踏实与认真赢得了师生认可。但近期班级纪律问题频发，班主任让班干部监督纪律。小欣肩负起责任，认真记录违纪情况。

自习课上，她的朋友们似乎忘记了这是在上课时间，依然保持着往日的轻松与随意。小欣心中焦急，她几次轻声提醒，但并未引起足够的重视。于是，她只能忍痛将朋友们的名字记录在了本子上。

没想到，此举竟然引发轩然大波，那些曾经与她亲密无间的朋友，此刻却埋怨她向老师打了小报告，她成了“告密者”。

放学后，小欣的心情沉重而压抑，面对爸爸的询问，泪水如决堤般涌出。

爸爸认为这是一个帮助女儿提高管理能力和沟通能力的好机会。他给小欣分析了情况，给她讲了一堆道理。但是一向乖巧的小欣却不能接受，哭着说：“都是我的错，行了吧！我什么也不想听！”爸爸的劝导也陷入了僵局。

对案例1进行分析，可以发现爸爸和小欣所处的位置不同，爸爸作为成人认为应该恰当地处理事情，于是把自己的经验全都传授给孩子，以为能帮到孩子，可孩子却不领情。其实在孩子已经情绪失控的情况下，家长说再多孩子都听不进去，孩子当下需要的是理解支持而不是指导说教。

为何小欣会有这么强烈的情绪反应呢？因为，小学中高年段孩子的自我意识已经开始发展起来，他们很看重自己在他人眼中的形象，父母要理解“朋友”对小欣有重要意义，面对友情与纪律的两难抉择，孩子的内心正陷入困境。

（1）责任与友情冲突

小欣作为班干部，在维护纪律与珍视友情间很难抉择，两难境地让她倍感煎熬。

（2）内心挣扎与自我怀疑

记录违纪时，小欣内心如翻江倒海，既忧心班级秩序，又惧怕友情破裂，自责与痛苦交织。

（3）外部压力与误解

被误解为“告密”，指责与埋怨如潮水般涌来，小欣深感孤独与误解，内心困境加剧。

面对以上问题，可以按照如下的方法解决。

（1）先理解情绪再解决问题

当孩子诉说委屈时，家长不要急于打断，而是温柔地坐在身旁，一边注视，一边点头表示倾听。

（2）鼓励孩子准确表达情绪

小学中高年段孩子的语言表达能力已经发展得很好了。家长要鼓励孩子依照以下三个步骤说出自己的心情和想法：描述行为或具体事件，如实表达自己的内心感受，勇敢说出自己的期望。

（3）与孩子分享自己的经验

在情感支持之后，爸爸可以分享“我小时候也纠结过，但通过坦诚沟通，朋友们都理解了。我们还共同改善了纪律，既尽责又维护了友情”。然后问问孩子：“如果你遇到这些问题，你会怎么解决呢？”在讨论中启发孩子找出更多应对的方法。

家长与孩子，心手相连，共鸣在每一个瞬间，这才是真正的“在一起”；家长蹲下身，目光平视，珍视孩子的每一步成长，这才是真正的“一家人”。

个性化家教

一、个性化教育的魅力

我们知道，每个孩子都是独一无二的，他们拥有不同的兴趣、天赋、学习方式和节奏。在家庭教育中，如果每个孩子都采用一样的教育方式，而忽视孩子的个体差异，那会出现什么样的结果呢？这就像试图用同一把钥匙去打开所有的锁，结果往往会让我们大失所望。

“一刀切”的教育方式可能让孩子的学习过程变得枯燥无味，像没有色彩的图画，失去探索的兴趣和求知的渴望。缺乏个性化的教育，实际上就是忽视孩子的独特性，压抑他们的创新力和创造力。孩子们可能会因为无法达到统一的标准而感到挫败，自信心和自尊心受损。更糟糕的是，他们的潜能和天赋可能因此被埋没，发展变得不均衡。而为了弥补这样的教育缺失，家长们往往不得不寻求额外的辅导和培训班，这不仅增加了家庭的经济负担，更给孩子的学习增添了不必要的压力。

既然每个孩子都是独一无二的，那么教育方式自然也应该是“量身定做”的。这就是所谓的个性化教育。它并不是简单的“填鸭式”教学，而是真正根据孩子的兴趣、特点和需求，来制订教育计划。

为了让大家更直观地了解个性化家庭教育的魅力，我们引入一个案例。

案例1

小立是个10岁的孩子，聪明伶俐，对世界充满了好奇。然而，小立的父母最近发现他在课堂上的注意力总是不太集中，成绩也时好时坏，这让他们非常担忧。

小立的父母深知每个孩子都是独一无二的，他们决定尝试为小明寻求一种更适合他的教育方式。于是，他们找到了一位经验丰富的老师，一起为小立制订了一个个性化的学习计划。

在这个计划中，小立的父母和老师深入探讨了小明的兴趣和优势。他们发现小立特别喜欢数学和科学，对数学和实验有着浓厚的兴趣；同时，他还喜欢音乐和绘画，能在艺术的世界里找到自己的乐趣和满足感。

为了让小立的学习更加有趣和高效，他们决定将这些元素融入学习。比如，在学习数学时，他们不再只是枯燥地让小立做题，而是引导他通过搭建积木、拼图等游戏来理解数学概念和原理；在学习科学时，他们鼓励小立自己动手做实验，通过观察现象、记录数据来探究科学原理。

当然，小立在课堂上分心的问题也不能忽视。为了解决这个问题，老师向小立的父母介绍了“蒙特梭利”的教育法。蒙特梭利教育法是一种尊重孩子自然成长规律的教育方法，它强调孩子的学习应该是一个自主、自由、自我发现的过程。在这个方法中，教师不再是知识的灌输者，而是孩子学习的引导者和观察者。

对于小立来说，蒙特梭利教育法意味着他可以按照自己的节奏和方式来学习。通过家校沟通，在课堂上，老师会尽量为他准备丰富的学习材料，如积木、拼图、模型等，让他在玩耍中探索和学习；同时，老师也会引导他关注自己的学习过程，学会自我反思和调整学习策略。

在家中，小立的父母也尝试将这种教育法融入日常生活。他们为小立创设了一个充满爱和自由的学习环境，鼓励他自主选择学习内容和方式；同时，他们也会定期与小立进行沟通，了解他的学习进展和困惑，并给予适当的支持和指导。

经过一段时间的实践，小立的学习状态有了明显的改善。他的注意力和专注力得到了提高，学习成绩也变得更加稳定。最重要的是，小立开始享受学习的过程，变得更加自信和积极。

从这个案例中，我们可以看到个性化家庭教育的巨大潜力和价值。它尊重孩子的个性，发展他们的兴趣和优势，让孩子在快乐中成长，在探索中进步。

个性化家庭教育的魅力可不止这些。它不仅能激发孩子的学习兴趣，让他们在自己擅长的领域里大展拳脚，还能培养孩子的创新精神和实践能力。更重要的是，通过个性化的教育，我们能更深入地了解孩子的内心世界，建立更加和谐、亲密的亲子关系。

二、制定个性化教育的方法

每个孩子都是一本独特的书，作为家长，我们怎样才能更准确地为他们“量身定制”适合他们的个性化教育方案呢？我来给大家支几招。

首先，让我们做一回“侦探”，深入孩子的内心世界，去探寻他们的秘密花园。观察他们的日常表现，聆听他们的心声，了解他们的性格特点、兴趣爱好和成长需求。这可不是件容易的事，但只要我们用心，就一定能发现他们那些藏在心底的小秘密。比如，孩子喜欢涂鸦，那可能是他们未来的艺术天赋；孩子总爱拆东西，那可能预示着他们是个机械天才。别小看这些“小动作”，它们都是孩子内心世界的真实写照。

其次，我们要根据这些“情报”，为孩子量身定制一份个性化教育计划。这份计划可不是随便写写的，得根据孩子的兴趣和需求来定制。我们要明确学习目标和学习内容，想象一下，如果你把一本关于篮球的书塞给一个对钢琴痴迷的孩子，他会喜欢吗？当然不会！所以，我们要根据孩子的兴趣来选择学习内容，让他们在自己喜欢的领域里自由翱翔。我们还得考虑学习方法和时间安排。每个孩子的学习方式和节奏都是不同的，有的孩子喜欢独立思考，有的孩子则更喜欢与他人交流讨论。我们要根据孩子的特点来制定合适的学习方法，让他们在学习中既能收获知识，又能享受过程。

有了计划还不够，我们还得为孩子准备充足的“弹药”——那就是教育资源。这些资源可不是越多越好，而是要选对、精选。书籍、网络课程、实践机会……一切都要以孩子的兴趣和需求为导向，让他们在学习中找到乐趣，在乐趣中收获知识，在适合自己的领域里茁壮成长。

当然，我们还得鼓励孩子成为自己的“导演”，让他们学会自主学习。这可不是说让他们“放羊”，而是要引导他们养成良好的学习习惯，让他们学会独立思考、解决问题。比如，我们可以让孩子制订自己的学习计划，自己安排学习时间，自己解决学习中遇到的问题。这样，他们就能逐渐养成自主学习的习惯，为未来的学习打下坚实的基础。同时，我们也要给他们足够的空间和时间，让他们在自己的节奏下学习。

最后，别忘了和孩子保持“热线联系”。我们要时刻关注他们的学习进展和困惑，当他们做得好时，别忘了给他们点赞、鼓励；当他们遇到困难时，也要及时给予指导和支持。这样，我们才能和孩子一起度过充实而愉快的学习时光。

所以，个性化家教，就是根据每个孩子的独特性和个体差异来制定教育方案。它是一种全新的教育理念，它的核心是尊重和理解。我们尊重孩子的独特性，理解他们的需求和兴趣。在这个信息爆炸的时代，我们更需要关注孩子的内心世界，为他们提供最适合的教育。从而为他们量身定制最适合的教育路径。

三、实施个性化教育的挑战

当然，实施过程可能还会遇到一些挑战。

第一个挑战是，每个孩子都是独一无二的，他们的兴趣、特长、学习方式都不一样，我们家长从哪儿入手呢？

首先，深入了解孩子的特点，多和他们聊聊天，看看他们喜欢什么，擅长什么。其次，根据多年来对孩子的观察了解来和他们一起制订适合的教育计划。最后，尊重孩子的兴趣和意愿，让他们在自己喜欢的领域里自由探索，这样才能真正激发他们的学习热情。

再来说说第二个挑战，那就是家长的教育理念和方法可能有些过时了。我们这一代人，很多时候都是按照传统的方式来教育孩子的，但现在时代变了，孩子也变了，我们也得跟上时代的步伐。

首先，多学习，多“充电”。关注教育领域的最新动态和研究成果，了解现在的孩子需要什么、喜欢什么。参加一些家长教育课程或者寻求专业的家庭教育指导服务，这样我们就能更科学、更有效地教育孩子了。其次，家庭氛围和环境对孩子的成长影响也很大。一个和谐、温馨的家庭环境，能让孩子更放松、更自信地去学习和成长。所以，要多和孩子打成一片，了解他们的情感需求，给他们足够的关爱和支持。同时，也要给孩子提供一个有利于学习和成长的环境，如安静的学习空间、丰富的学习资源等。最后，现在的孩子压力都很大，家长们也都希望孩子能出人头地。但是，过高的期望值可能会让孩子感到喘不过气来，反而影响他们的身心健康和全面发展。所以，最优解就是我们家长要调整自己的心态，不要过分追求短期内的成绩和表现。每个孩子都有自己的成长轨迹和发展速度，放在一生幸福的背景下去思考，鼓励他们按照自己的节奏和方式成长。

四、个性化教育的资源

综上所述，我们不难发现个性化教育有多么重要，以下是一些个性化家庭教育资源。

（1）书籍资源

第一本书叫作《谁拿走了孩子的幸福》，作者是李跃儿。这本书不仅是谈教育的，更是谈怎么给孩子爱的。它告诉我们，在教育孩子的时候，别忘了关心他们的情感需求和幸福感。还有一本《正面管教》，是美国的简·尼尔森写的。这本书里，她教给我们一种既不打也不宠的管教方法，帮我们和孩子建立一种积极、健康的关系。再来说说《童年的秘密》，这本书是蒙台梭利老师的经典之作。帮助家长深入解读孩子成长的内在规律，让家长更了解孩子，为他们创造一个充满爱和安全感的环境。

（2）在线教育资源

比如，国家教育资源公共服务平台“一师一优课”，上面有很多优质课的课堂实录和教学设计，让我们可以了解学校的教学内容，更好地配合学校教育。另外，还有国家数字图书馆，那里面有海量的电子图书，涉及各个领域。我们可以引导孩子通过阅读来拓宽知识，开阔视野。

但在选择这些资源时，大家记得要根据孩子的具体情况和兴趣来选，别盲目跟风。同时，也要尊重孩子的个体差异和成长规律，给他们一个充满爱和支持的成长环境。

个性化家庭教育真的不容易，但只要家长们保持耐心、智慧和勇气，就一定能挖掘出孩子的潜力，培养出他们的创新精神和实践能力。

建立良好家规

一、制定家规的方法

中国人自古注重庭训家教，孟母三迁、岳母刺字等故事耳熟能详、深入人心。在历代著名的家训家规中，中国传统文化中的仁义礼智信、忠孝节义、礼义廉耻和修身齐家治国平天下的品行与美德，被不断宣扬与传承。家训家规通过日常生活影响孩子的心灵，塑造孩子的人格，是一种无形的力量，是最基本、最直接的教育。

如今，越来越多的人已经认识到，我们的教育过于依赖学校而忽略了家庭，过于重视外在而忽略了内心，过于追求物质而冷落了幸福感。其中一个根源，在于多数人忽略了祖宗留给我们的谆谆教诲。

那么家庭如何制定、践行家训家规呢？我觉得要注意这几点。

（1）学习经典

比如，弟子规、朱子家训、颜氏家训、诫子书等，从传统文化经典中汲取营养，结合自己家庭实际，制定家训家规，如下面这篇家训：

刘氏家训三字经

家有女，初长成。常微笑，爱相随。
德为先，和为贵。勤为本，学在前。
孝父母，敬长辈。友兄弟，亲姐妹。
交益友，唯德学。学人长，补己短。
人胜我，勿嫉妒。人弱我，勿鄙吝。
胸宽广，心豁达。不攀比，不贪贿。
有胆识，讲礼仪。遇困难，不退缩。
学和做，要勤奋。定目标，要践行。
长规划，短安排。挤时间，见缝学。
学书本，苦钻研。学社会，重实践。
勤锻炼，强体魄。勤耕耘，事竟成。

我们一起来解读这篇家训家规。

“家有女，初长成。常微笑，爱相随。”意思是爸爸妈妈希望女儿成为一个健康快乐、关爱他人的人，将微笑盛开在脸上，将博爱刻在心里，生活中来点小幽默，和谐发展，茁壮成长。在父母长辈爱的沐浴下，整天笑眯眯的，遇到挫折也能坦然面对。

“德为先，和为贵。勤为本，学在前。”这十二字是对孩子的总要求，爸爸妈妈希望女儿品德高尚，尊重他人，勤奋努力，学习进步，和谐发展。在生活和交往中，孩子的品行和习惯很重要，“德、和、勤、学”四字引领了孩子身心发展的道路，也总领了家训三字经的全文。“德”是指品德、品行要高尚，既要有中国传统的孝敬长辈，友爱兄弟姐妹等为人处世的要求，又要有现代社会公民的基本素质：尊重他人，珍惜所有，勇担责任，学会生存，坚持信念，刚毅专注。“和”则希望孩子身心和谐，与自然环境和谐，与社会生活和谐。“勤”要求孩子学习要勤奋，做事情要勤劳，讲效率。“学”是女儿孩提时代、青少年时代的主要事情，希望孩子学会学习，喜欢学习，终身学习，学无止境。

“交益友，唯德学。学人长，补己短。人胜我，勿嫉妒。人弱我，勿鄙吝。胸宽广，心豁达。不攀比，不贪贿。有胆识，讲礼仪。遇困难，不退缩。”这是爸爸妈妈对孩子“德”“和”的具体要求和具体做法：对父母长辈要尊敬孝顺，对兄弟姐妹友爱，与品德高尚的人交朋友，谦虚不傲娇，心胸宽广，为人豁达，文明有礼，勇于承担责任。这也是对他人的尊重和珍惜。在生活中，孩子也许会经历波折甚至是挫折，但只要有勇气，就一定能克服它、战胜它。

“长规划，短安排。挤时间，见缝学。学书本，苦钻研。学社会，重实践。勤锻炼，强体魄。勤耕耘，事竟成。”这是爸爸妈妈对孩子“勤”“学”的具体要求，具体指导孩子学习、做事情、锻炼要勤奋。

（2）定期召开家庭会议

通过家训家规，孩子需要知道界限在哪里，哪些是该做的，哪些是不该做的，没有规则孩子反而没有安全感。家训一旦制定，就应坚决执行，并每隔一段时间，应对家规作调整和修补。定期召开家庭会议，使全家一起分享生命发展的过程，发展民主，相互尊重，享受爱的氛围。

（3）父母双方要保持一致性

在践行家训家规时，父母应该保持一致，这样孩子可以建立统一的行为标准。即使母亲对父亲的管束有异议，也最好在孩子不在场时，再与他进行讨论。这样做，也可以树立父母双方的权威性。不要惩罚得太多：不可从生理和心理上虐待孩子，要把孩子管好，最好的方法就是对他好的表现进行奖励。

（4）正面告诉孩子应该做什么，而不是不该做什么

传统型教育者的居高临下的姿态，总是对孩子说“不准打人，不准在沙发上吃东西”等，这种负面的口气只会将注意力引向并集中于负面的行为；而孩子仍然不知道好的行为是什么，自己应该做什么。积极的说法是用美德修正孩子的行为，如“你忘记了与人和平相处”或“我们是在餐桌上吃东西的！”

（5）身教胜于言传

通过家训家规，父母需要主动地将基本的价值观和行为方式教给孩子。以便于孩子在社会上健康成长。当然，在这方面，身教胜于言传，我们可以做孩子的好榜样。创建良好的家庭氛围是很重要的。因此，我们不可以让孩子去做他们不愿意做的事，也不可以自己做一套，让孩子去做另一套。只有我们以身作则，注重孩子价值观与礼貌的培养，才能教育出品德高尚的下一代。

二、家校配合

此外，家长也应该积极配合参加学校开展的家风家训相关活动，我以某小学的一场活动来和家长一起探讨。

（1）家训集锦，入学第一本书

学校发给一年级孩子的第一本书就是《某小学家训集锦》，孩子和家长可以此书为蓝本进行亲子阅读，共同学习优秀家训。同时安排拓展阅读《弟子规》《朱子家训》《颜氏家训》《诫子书》等。

（2）家家有家训，“一个也不能少”

家长积极参加各班的“家家有家训，人人能践行”的主题活动。回家后，针对孩子的个性表现与存在的问题共同研制自家的“家训”，并张贴在屋中显眼位置。同时，学校会选取部分优秀“家训”制作家训文化墙，并通过学校微信公众号展示推广，余下部分也通过班级文化墙展示，努力做到“一个也不能少”。

（3）丰富活动，家训伴我成长

“家训”作为家庭成员共同遵守的行为准则，践行是重点，家长的躬身示范是个关键。学校会利用电话、班级QQ群和微信群、家访等形式随时跟进调查、指导“家训”的践行情况，并请家长和孩子共同总结经验。家长通过参加“二十四孝”故事会、“感恩班队会”活动、每年六一节“家训伴我成长”图片展等，共同营造出教育生态链。

（4）榜样示范，鼓励家长网络学习和参与

学校每周一升旗仪式开展“亲子家训大讲堂”活动，会邀请“榜样家庭”在

升旗仪式上宣讲践行“家训”的心得体会。还利用喜马拉雅FM平台和微信公众号平台，制作电台节目。设置了“家家有家训 人人能践行”优秀家训故事展播、“优秀家训”和“中国传统美德故事”欣赏、“心灵驿站”等板块。这种形式方便快捷，能让家长更容易获取有效的家教方法和指导。

习近平总书记在不同场合多次谈到，我们要重视家庭建设，注重家庭、注重家教、注重家风。每个家庭认真制定家训家规，重新拾起祖先们留给我们的珍贵遗产，必将更好地实现学校、家长、学生之间的沟通，形成学校教育、家庭教育与学生自我教育的合力。良好的家训家规必将为孩子的幸福人生成功奠基！

学会亲子沟通

你是什么时候开始感觉孩子不愿意和你沟通交流的？你一说话，孩子就不愿意听，要么扭头就走，要么捂住耳朵不听。其实，在和孩子沟通的这件事情上，是可以用一些技巧的。

一、关于沟通，你知道多少

（1）什么是沟通

沟通是人与人之间传递情感、态度、事实、信念和想法的过程，它是人际关系中最重要的一部分。沟通不仅仅是说话，更是通过言语、肢体语言和表情来表达自己的感受，同时也要用心去听对方在说什么，了解对方的想法、对方的感受。沟通的目的是达成彼此的利益。

沟通的三个关键点分别是信息发送者、信息接收者和我们所传递的信息。它的本质就是一个人发出信号，另一个人接收并理解。那么，是不是我们所发出的信号，就是别人所接收到的呢？通常情况下，我们所想的和我们所选择用来表达的语言，说出口时可能会与一开始想的有一定区别，那么，别人理解的意思有可能只有一小部分是我们所要达成共识的信息。

（2）无效沟通和有效沟通

无效沟通：在沟通过程中，信息没有被正确、清晰或有效地传达，导致误解、冲突或目标没有达成。例如，你在看孩子作业时，发现有很多的错误，非常着急，就脱口而出："你看你，又错这么多！你究竟在干嘛啊？"又如，你看到孩子在玩手机，就说："每天就知道玩手机，还要不要读书？"其实，我们这样说的目的是想让孩子做题时放下手机，提高正确率，多学习多看书。可孩子呢，接收到的信息就是我不行，我只会玩手机。这就是无效沟通。

有效沟通：积极了解对方的想法、愿望和需求，不是发泄不满，更不是批评、指责。像上面的例子，我们可以换个角度来说：孩子，你看今天的作业很棒，做对了这几道题，你仔细看看这一道题，做加法的时候如果仔细一点，那么就又正确了。孩子，看书学习的时间到了，我们该学习了。我们对比一下，这样说，孩子会不会更愿意接受呢？

有效沟通能够化解矛盾，消除误会，有效的亲子沟通可以增进亲子关系，促进家庭和谐，有助于孩子的身心健康。孩子的很多问题，我们都可以在亲子沟通中得到解决。

二、怎样进行有效沟通

小康，11岁，小学五年级孩子。平时爸爸妈妈工作都比较忙，很少和孩子聊天，小康逐渐变得不爱和父母交流，亲子关系越来越紧张。

一天妈妈下班回家，带着疲惫的身体打开门，看见正在看电视的小康，火气一下子就冒出来了："还不去写作业，又不知道要什么时候才能把作业做完了，说过多少次了，一定要先做完作业才能玩！"小康听后什么都没说，直接走进自己的房间使劲把门关上。

像上面这种情况在小康家常常发生，时间一长，家里成了家长的一言堂，孩子是没有发言权的，慢慢地，也会引发出很多其他的问题。

（1）沟通可以用"7-38-55"原则。

既然沟通这么难，有没有什么技巧呢？当然有，"7-38-55"原则就是沟通的技巧。

"7-38-55"定律是心理学教授艾伯特·麦拉宾在20世纪70年代，通过长达10年的一系列研究，得出的结论：

7%：我们在表达时用的语言文字；

38%：我们在表达时的音量、语速、音质；

55%：我们在表达时的姿态和动作、脸部表情，包括眨眼、呼吸等。

可总结为一个公式：沟通时信息的全部表达=7%内容+38%声音+55%肢体语言。

从这里我们就可以看出，肢体语言、神情等都会是我们的沟通的重要因素，那么，在沟通时我们的情绪管理就很重要了。

（2）沟通时的情绪管理

一个人的情绪是会传染的，所以，在和孩子沟通前，我们应该先调整自己的情绪，用最舒服的状态来面对这次沟通，然后再想想我们这次沟通的目的是什么（我要什么+孩子想要什么+我希望对方做什么），最后决定我怎么说。在说的时候，注意使用"7-38-55"原则。

（3）沟通时的倾听也很重要

我们在和孩子沟通时，一定要注意认真倾听。倾听在沟通中扮演着至关重要的角色。我们在和孩子交流的过程中，要认真倾听孩子的想法，这里不仅仅是用耳朵听孩子说出的话，还要用心去感受并了解孩子这样说的意图和他的情感，这样，我们才能更好地回应孩子。

用这个方法，我们再来看看上面的案例。

妈妈上班一天了很累，但想到一回家就可以看见家人，心情大好。带着愉快的心情打开门，看见正在看电视的儿子，说："宝贝，我回来了！"我们想想，这时，孩子还会对我们不理睬吗？接着，妈妈就说，宝贝，我们一起去洗手（转移孩子注意力），"妈妈马上就开始做饭，你准备做什么呢？（让孩子有选择的权利）"如果孩子说做作业，那我们就不用多说了，可以抱抱孩子，还可以提出我们的要求：要是明天放学回来就开始写作业，就更棒了！如果孩子说要先看电视，吃完饭才去写作业，你可以告诉孩子晚饭后的安排，我们还要出去锻炼，和小朋友一起玩，可能就没有时间完成作业了。

（4）学会积极暂停

当我们家长和孩子在情绪激动的时候，我们要选择积极暂停。这里的积极暂停是指暂时放下这件需要解决的事情，先稳定情绪。等我们的情绪稳定下来再解决这件事，而不是回避这件事。积极暂停的好处是让大人和孩子都冷静下来，接通理性脑，从而有利于用理性的大脑来思考问题。

积极暂停的方法：我们可以布置一个让自己感到放松的积极暂停区域。比如，我的积极暂停区就是屋外的院子，我给它取了个名字叫"快乐园"。同时会给家人约定好，当我心情不好的时候，就会去院子里劳动，等情绪平静了，就会回到家里来解决所遇到的问题。那么，我们的孩子也可以布置一个让自己平静放松的积极暂停区，孩子可以选择自己房间，可以选择客厅的某个角落，总之是一个能让孩子平静放松下来的地方。

说话也是一门艺术，用孩子喜欢的方式表达出你的要求，相信孩子会越来越喜欢和你沟通！

专题八

父母成长

升级教养方式

一、多子女家庭的挑战

近年来，随着多子女生育政策的落地，多个子女在给家庭带来欢乐和惊喜的同时，也给父母带来了很多头疼的事情。

案例1

前几天一位家长带老大去买衣服，出门前跟老大说了只给他一个人买衣服。但当他们走进商店时，却给老二买了打折的防晒衣。老大见后不高兴，认为家长说话不算话。于是，该家长立即给老大也买了衣服和零食，但他仍哭闹不止，甚至还背着父母收拾老二。他家长因此揍了他，他居然闹着要离家出走。

案例1中老大为什么会对家长给老二买衣服反应这么大呢?

老大觉得自从有了弟弟后，家长对他关爱减少，对他要求增多。要是他们兄弟俩发生矛盾，家长也经常责怪老大，让老大让着弟弟，有时甚至会动手打老大。他总是认为家长很偏心，因此感到非常失落。

在多子女家庭中，父母们常常面临着一个复杂的挑战：如何公平地对待每一个孩子。然而，正如世间万物难以完全均衡一样，一碗水也难以端得绝对公平。其中的原因，往往深藏在家庭生活的细微之处。

首先，每个孩子都是独一无二的。他们的性格、兴趣、才能以及需求都各不相同。父母在关爱和教育孩子时，难免会根据孩子的特性进行个性化的调整。这样的调整，在某些情况下，可能会被其他孩子视为“偏爱”，但实际上，这只是父母试图以最适合孩子的方式去关爱他们。

其次，父母的精力是有限的。在多子女家庭中，父母需要同时关注多个孩子的成长和发展，这本身就是一项巨大的挑战。在日常的忙碌和疲惫中，父母可能会在某些时候对某些孩子投入更多的时间和精力，这并非出于偏爱，而是因为在那个特定的时刻，那个孩子更需要他们。

最后，社会环境和家庭氛围也会影响到父母的行为。在某些家庭中，父母可能会受到传统文化或社会压力的影响，对某个孩子（如长子或幼子）寄予更高的期望或给予更多的关注。这种关注，虽然在某种程度上可能促进了那个孩子的成长，但也可能会让其他孩子感到被忽视。

二、升级教育方式的方法

那多子女家庭的家长应该如何升级教养方式，平衡多子女之间的关系呢?

（1）更新观念

①摒弃“棍棒底下出孝子”的观念。体罚孩子不仅不能纠正孩子错误的行为，反而会对他的心理健康造成伤害。当孩子犯错时，父母应当耐心倾听，及时了解孩子的真实想法，帮助孩子共同解决问题。

②转变“父母就是裁判”的观念。当孩子间发生冲突时，父母应更多地扮演引导者的角色，而非裁判员。通过了解事情经过，给予每个孩子发言的机会，鼓励他们自行解决冲突，从而找到彼此相处的最佳方式。

（2）言传身教

①营造氛围，感受温暖：父母的一举一动以及父母彼此之间的感情都潜移默化地影响着子女的情感观念、价值观念等。创造一个积极的、支持的、关爱的氛围，让孩子感受到彼此的重要性和家庭的温暖。

②制定规则，共同遵守：家长应该和孩子们共同制定公平合理的家庭规则，并共同遵守。比如，说话算话、尊重彼此隐私等。

（3）寄予爱意

尊重孩子，平等交流；关注孩子情绪变化，及时给予温暖回应；重视孩子疑问，给予耐心解释。

（4）公平对待

家长应避免对孩子存在双重标准，不应放任一个孩子而严格要求另一个，也不应对一个孩子过度关心而忽视另一个。我们应当对所有孩子一视同仁，给予他们同等的关注和关爱，确保每个孩子都能拥有专属的高质量陪伴时光。

总之，升级多子女家庭的教养方式无疑需要家长们倾注更多的心血和时间。家长应关注孩子需求、强化互动沟通、追求教育平衡公正，并关注孩子的情绪调控与心理健康，为孩子营造温馨和谐的成长环境。

克服自身焦虑

一、自我关怀的定义

如果焦虑看得见，你觉得它是什么颜色？如果焦虑可以用数字0—10来测量，你会给自己的焦虑打几分？焦虑和压力一样，每个人都会经历，这很正常。身为父母的我们，不仅要面对自身生活、工作的挑战，还要承担养育孩子的艰辛。当感觉到焦虑增加，甚至影响生活质量时，就可以通过自我关怀来进行调节。

自我关怀是什么？是对自己说一句“你辛苦了”“你已经做得很好了”，还是给忙碌的自己来点美食犒劳一下？自我关怀其实是一种积极而重要的自我认知态度，由美国心理学家克里斯汀·内夫在积极心理学的发展背景下提出。当人们处在焦虑、挫折、痛苦、失望等不好的情景中时，能够对自己消极的状态保持开放和友善，同时用行动安抚和关心自己。它包括以下三个核心内涵。

第一是自我宽容：善待和理解自己，千万别严厉地自我批评。

第二是人性共通：认识到自己的消极状态是人类共同生命经验的一部分，我不是唯一在受苦的。

第三是正念：对自己的当下状态保持清醒的判断和客观的接纳，它就在这儿，我可以平和地去面对和处理。

自我关怀是对自己好，是安抚自己的有效方式。比如，一名家长又一次接到老师的电话；老师指出了孩子一直没改变的问题，她有点焦虑，但选择去散会儿步、逛会儿街或者进行短暂的休息，恢复精力和稳定情绪后再去处理。这种自我关怀的行为是积极的，因为它有助于家长调整状态，以更好的心态去解决问题。另一名家长也为孩子的成长感到焦虑，但是她选择刷视频等方式来缓解情绪，这只会让她更加疲惫和消沉，对解决问题和改善现状没有实质帮助，就不算有效的自我关怀。

二、自我关怀的方法

在日常生活中，我们可以通过哪些行动来做好自我关怀呢？

第一是安抚情绪。在日常生活中，总会遇到各种让人头疼的问题：孩子的不省心、竞争的压力、工作的困难、家庭的琐事……这些问题往往会让人情绪失控。这时，我们可以深深吸一口气，再慢慢吐出来，重复几次，会发现内心慢慢恢复平静。

第二是掌控事情。作为家长，我们每天的任务可能都像是在和时间赛跑。做早饭、叫孩子起床、送孩子上学、上班、接孩子放学、辅导作业等。事情太多太杂时，我们可以提前列一个清单，每完成一项就在清单上打个勾，看见做了这么多事情，会让我们心中有数并且有成就感。

第三是保持健康。身体是革命的本钱，这句话对家长来说尤为重要。因为若家长的身体垮掉了，可能整个家庭都会受到巨大的影响。因此，家长应定期体检、适当锻炼、均衡饮食、充足睡眠。只有身体健康，心理才会更健康。

第四是良性社交。与家人、朋友和同事保持良好的沟通与互动，不仅可以让我们得到情感上的支持，还能够从他人的经验和建议中获得成长的动力。

第五是保持爱好。除了工作带娃，家长更要过好自己的生活。适当培养个人兴趣爱好，不仅可以丰富业余生活，还能提升个人魅力。

后　记

《教子有方》这本书的诞生，离不开成都市 23 个区（市）县三百多名中小学一线教师的辛勤付出与无私奉献。在编写过程中，他们秉持着对教育事业的热忱与执着，将自己在日常教学中积累的宝贵经验、独到见解以及对孩子们成长的深切关怀融入稿件之中。

这些一线教师们忙碌于三尺讲台，却在繁重的教学任务之余，抽出时间参与本书的编写工作，他们的敬业精神令人钦佩。他们中有的教师在课堂上是知识的传播者，用生动有趣的教学方式点燃学生对学习的热情；有的教师是学生心灵的守护者，耐心倾听学生的心声，为他们排忧解难；还有的教师是教育创新的践行者，不断探索新的教学方法与理念，以适应时代的发展和学生的需求。正是这些不同角色的教师汇聚在一起，才使得本书的内容丰富多样，涵盖了从家庭沟通技巧到学生品德培养，从学习习惯养成到心理健康关怀等多方面的实用教育方法与策略，为家长们提供了全方位的育儿指导。

在此，我们衷心感谢每一位参与本书编写的一线教师，你们的智慧与心血是本书最宝贵的财富。以下是参与编写的一线教师名单（按姓氏拼音顺序排列）：

白柯、白玉梅、包佳慧、蔡雪梅、曹琳飞、曹潇月、曾曾曾、曾靖、曾雄英、陈冬妮、陈静文、陈念池、陈沁怡、陈锐、陈文静、陈星宇、陈旭、陈宣合、陈艳红、陈永春、陈宇、陈羽、成利容、代婧、代维、代宇翔、邓琳双、邓婷、邓旭、邓艺涵、丁大川、丁海燕、董梦瑶、方紫丹、冯馨尹、冯毓、高欢、高琰妮、郭洁、郭梦影、郭婷、郭小娇、韩明娟、郝婧、何咸悦、何盈、何颖、贺颖、侯川美、胡小琴、黄芳、黄镜霖、黄鹭、黄群、黄英、贾锦娟、姜凤琴、姜蔚、姜夏、蒋曦杰、靳艳、景瑾、赖思佚、雷丹、李丹、李静瑜、李莉、李林娟、李倩、李涛、李婷、李昕、李杏、李妍沁、李玥芸、李姿霖、梁娜、廖家璐、赁信萍、刘欢、刘捷、刘丽苹、刘莉、刘璐、刘敏、刘新星、刘燕、刘羽曦、刘语希、柳凤昭、柳黎、龙超琼、卢杰敏、卢雪梅、鲁俊、陆巧绎、罗丽、罗艺、骆晨曦、马碧、马菱、毛敏、毛娜、潘瑾、潘树东、庞小娅、庞晓雪、彭佳、彭丽红、彭思遥、蒲思宇、施敏、帅鸿、宋丹艺、宋利阳、宋文、宋小丽、孙林峰、谭静怡、唐琦、唐侨蔚、陶韵如、田欢、田静、田玉历、童望望、涂悦、汪倩、王丹、王尔玉、王刚、王慧、王景、王丽娜、王璐璐、王妹、王梦园、王茜、王小君、王怡为、王梓涵、韦晓、卫梦吟儿、文萍、文倩、巫晨曦、吴彬、吴林锬、吴瑞、吴小庆、夏冠宇、夏路平、肖莉、熊瑞雪、熊颖婕、熊又嘉、熊梓祺、徐欢、徐映雪、徐玉双、徐源、薛冰雨、杨彬、杨娟、杨平燚、杨蓉、叶思含、易嘉璇、殷秀娟、尹缙杰、尤佳缘、于博颖、余文、禹婷、袁玉琴、昝彬彬、张艾娜、张程、张瀚月、张莉、张露丹、张梦娟、张芃、张庆、张小燕、张鑫、张艺潇、张颖、赵玲玲、钟灵姝、钟文娟、钟易、周娟娟、周玲、周倩、周思佳、周小青、朱江玲、卓越、邹莉。

愿这本书能够成为家长与教师之间沟通的桥梁，助力孩子们茁壮成长，也期待未来能有更多教育工作者携手合作，共同为教育事业贡献更多力量。

最后，我们还要感谢所有支持本书出版的单位和个人，是你们的关心与帮助，让这本书能够顺利与读者见面。再次向所有为本书付出努力的人表示最诚挚的感谢！

《教子有方》编写组